公共外交新走向丛书

世界新公共外交
模式与趋势

New Public Diplomacy in the World:
Patterns and Trends

李华 著

时事出版社

图书在版编目（CIP）数据

世界新公共外交：模式与趋势/李华著．—北京：时事出版社，2017.2

ISBN 978-7-5195-0057-3

Ⅰ.①世…　Ⅱ.①李…　Ⅲ.①外交—研究—世界　Ⅳ.①D80

中国版本图书馆 CIP 数据核字（2016）第 254625 号

出版发行：时事出版社
地　　址：北京市海淀区万寿寺甲 2 号
邮　　编：100081
发行热线：（010）88547590　88547591
读者服务部：（010）88547595
传　　真：（010）88547592
电子邮箱：shishichubanshe@sina.com
网　　址：www.shishishe.com
印　　刷：北京市昌平百善印刷厂

开本：650×980　1/16　印张：19.25　字数：294 千字
2017 年 2 月第 1 版　2017 年 2 月第 1 次印刷
定价：82.00 元
（如有印装质量问题，请与本社发行部联系调换）

谨以此书献给我最敬爱的父母

目　　录

绪　论 …………………………………………………………………… (1)

第一章　智库公共外交 ………………………………………………… (8)
　第一节　智库公共外交概论 ……………………………………… (8)
　第二节　智库公共外交案例 ……………………………………… (13)
　第三节　中国智库公共外交 ……………………………………… (28)

第二章　媒体公共外交 ………………………………………………… (36)
　第一节　媒体公共外交概论 ……………………………………… (36)
　第二节　媒体公共外交案例 ……………………………………… (45)
　第三节　中国媒体公共外交 ……………………………………… (58)

第三章　文化公共外交 ………………………………………………… (69)
　第一节　文化公共外交概论 ……………………………………… (69)
　第二节　文化公共外交案例 ……………………………………… (79)
　第三节　中国文化公共外交 ……………………………………… (98)

第四章　企业公共外交 ………………………………………………… (109)
　第一节　企业公共外交概论 ……………………………………… (109)
　第二节　企业公共外交案例 ……………………………………… (122)
　第三节　中国企业公共外交 ……………………………………… (127)

第五章　卫生公共外交 ………………………………（138）
第一节　卫生公共外交概论 ………………………（138）
第二节　卫生公共外交案例 ………………………（148）
第三节　中国卫生公共外交 ………………………（156）

第六章　国际组织公共外交 …………………………（169）
第一节　国际组织公共外交概论 …………………（169）
第二节　国际组织公共外交案例 …………………（176）
第三节　中国国际组织公共外交 …………………（209）

第七章　宗教公共外交 ………………………………（220）
第一节　宗教公共外交概论 ………………………（220）
第二节　宗教公共外交案例 ………………………（234）
第三节　中国宗教公共外交 ………………………（241）

第八章　侨务公共外交 ………………………………（252）
第一节　侨务公共外交概论 ………………………（252）
第二节　侨务公共外交案例 ………………………（254）
第三节　中国侨务公共外交 ………………………（275）

参考文献 ………………………………………………（289）

后记 ……………………………………………………（301）

绪　论

自1856年1月15日英国《时代》杂志首次出现“公共外交”一词到1965年美国塔夫茨大学埃德蒙·格利恩教授关于公共外交经典演说词①的广为流传，历经两次世界大战和冷战对抗岁月的洗礼，直至“9·11”事件后美国对公共外交的重新检视，公共外交作为国家形象与国家软实力提升的重要路径已成为国际外交实践和理论研究领域普遍达成的共识。

从公共外交的历史发展契机来看，冷战后以互联网为代表的一系列新媒体的出现和发展是推动传统公共外交凤凰涅槃的重要诱因，而“9·11”事件则成为引发国际学术界尤其是欧美学者对“新公共外交”进行探讨的重要标志性事件。正是“9·11”事件以及其后美国政府在世界范围内特别是中东地区所开展的一系列公共外交活动引发了欧美学者对全球化时代新公共外交的研究热潮，这股热潮直接推动、影响了世界各国公共外交的推陈出新和崭新实践。

本研究认为，与时俱进不仅是实践的本性而且也必须是理论的品质，传统的公共外交概念的界定也必须与时俱进。据此，本研究聚焦于公共外交的动向及其最新发展趋势，并将新公共外交做如下界定：

---

① 目前，国内学界在谈及公共外交时普遍援引的是1965年美国塔夫茨大学（University of Tufts）弗莱彻法律与外交学院（Fletcher School of Law and Diplomacy）院长埃德蒙·格利恩（Edmund Gullion）在爱德华·默罗公共外交研究中心（Edward R. Murrow Center）成立仪式的演说中所使用的说法，即“公共外交指的是公众态度对外交政策的形成和执行所造成的影响。它涵盖了超越传统外交的国际关系领域，包括‘一国政府在其他国家境内培植舆论；一国利益集团与他国利益集团的互动；有关外交事务及其影响的通讯报道；职业外交官和驻外记者之间的联络与沟通和跨文化沟通的过程’”。

公共外交是一国政府与非政府行为体为了影响与改变外国公众观念、塑造自我良好国际形象而开展的信息、知识和价值传播活动。如果说公共外交是对传统外交的补充和发展，新公共外交则是传统公共外交的更新，是国家在全球化和信息化时代塑造国际形象，构建合法性和认同度，增强国际话语权的一项重要战略。

与传统公共外交相比，新公共外交的“新”首先体现在它强调行为主体多元化，并且更多聚焦非政府行为体在公共外交中的作用和职能。传统公共外交大多奉行从政府到公众的“垂直化模式”，这种模式是以中央政府为行为主体，外交部和国家外交服务机构更多地扮演“守门人”的角色。这种模式强调政府外交行为的“自上而下”过程，但近年来呈现出政府和非政府行为体作为公共外交的行为主体，共同影响他国公众的二元模式，即：新公共外交行为主体的日益多元化生成了“垂直化”和“网络化”并存的实施结构。[①] 公共外交在全球持续升温带动了非国家行为体的介入。这些非国家行为体既包括企业、媒体、大学、智库、各种民间组织和国际组织等，也涵盖了各方面的精英人物（如学者、企业家、宗教领袖、演艺界人士等）和广大公众。在公共外交这个共同的语境下，不同的行为体之间互相取长补短，汲取经验。从一定意义上讲，政府也是希望各种非政府行为体在公共外交中发挥重要作用和影响的。因为从公共外交的实施效果看，政府主导的“垂直化”模式总是难以逃脱“自我吹捧”的嫌疑，而从公众到公众的“网络化模式”则让对方感到更加真实、可信。伴随越来越多的非政府行为体介入公共外交，新公共外交中“公众到公众”的交流模式日益活跃，随之衍生出的“市民外交”（Citizen Diplomacy）成为公共外交的重要组成部分之一。早在1956年，美国艾森豪威尔总统就曾在白宫组织市民外交的高层论坛，其最直接的影响就是建立了“国际民间交往协会”（People to People International）和“国际姐妹城市”（Sister Cities International）两个非政

① 郑华：“新公共外交内涵对中国公共外交的启示”，《世界经济与政治》，2011年第4期。

府组织。这两个组织在二战后蓬勃发展的主要驱动力是为避免世界大战而加强民间交流与合作，增进相互理解。美国政府资助的市民外交项目的显著特点之一就是政府与私人机构（多为非营利组织）的合作，即“政府埋单，私人机构负责实施”，其最大优势在于淡化政治色彩，充分了解美国文化，易建立互信，减少政府投入。不言而喻，市民的个体素质和作风会折射出整个国家的形象。2007 年年初，美国国务院为鼓励公司、学术机构和其他非政府组织在提升美国国家形象方面做出贡献，特设立“本杰明·富兰克林奖”。无独有偶，为改变“天然气阀门加武力”的僵硬呆板国际形象，俄罗斯一直以来高度重视以联合国为中心的国际组织外交。2010 年，俄罗斯政府专门成立了公共外交援助基金会，负责向非政府组织拨款，促进其更积极地参与国际合作。为加强与欧美在民主理念和制度体系上的对接与沟通，回应西方压力和展现俄“民主形象”，俄罗斯还效仿西方智库在世界各地布局的战略，在巴黎和纽约成立了“民主与合作研究所”，向西方广泛宣传俄政治、民主、人权发展成果，并与西方专家、学者及政界人士就民主等问题进行广泛交流与对话，积极树立俄罗斯开放、民主、进步的国家形象，从而间接对国际舆论施加影响。[①] 近年来，伴随政府将越来越多的公共外交事务“外包”给非政府机构，有学者甚至发出了“公共外交是否进入了私有化年代”的质疑。[②] 这也是有专家呼吁公共外交已正式进入全民参与时代，“公共外交，匹夫有责”的主要原因。[③]

其次，新公共外交的“新”体现在信息传播手段和技术的更新，这具体体现在以 Web2.0 为代表的社会媒体活跃所引发的海量信息生成及其为公共外交专业工作人员带来的严峻挑战。公共外交本质上是一种信息、知识和价值传播活动。在互联网时代，Web2.0 的日趋活

---

① 许华：“俄罗斯：应对国家形象困境”，《对外传播》，2011 年第 3 期。

② Kathy R. Fitzpatrick, “Privatized Public Diplomacy,” in Philip seib, ed: Toward a New Public Diplouaa－Policy, 2009, pp. 155－172, Toward a Ncw Public Diplouaa.

③ 赵启正：“‘公共外交，匹夫有责’等八则”，2010 年 9 月 7 日，http://www.qs-theory.cn。

跃使得“社会媒体”（Social Media）在传播中的作用和影响力凸显。社会媒体通过文本、图像、音乐和视频等不同形式，使用户借助网络平台彼此分享意见、见解、经验和观点。其中，博客、网络论坛、播客、微博等作为流行的社会媒体传播介质备受网络用户青睐。公众不但可以通过与传媒本身进行互动，而且公众自身也可以加强和世界其他公众之间的联系，让公众在国家和国际事务中具有前所未有的话语权，这种把大众传播变得“个人化”和“个性化”的特性是传统媒体从未具有的。与此同时，数字化时代传播技术的更新使公共外交的专业工作人员面临严峻的挑战。信息准入门槛大大降低使得信息制造者和散布者多元化、复杂化。布赖恩·麦克奈尔（Brian McNair）就曾指出，“信息源的扩散为国际新闻和远程通讯公司开创了‘混乱模式’”。[①] 同样，网络用户参与信息制造和传播的模式亦为公共外交的从业人员带来了前所未有的“混乱”，正如美国新闻署前工作人员所言：“事实上，新技术使得大众传播更加困难，而不是简单了。互联网散播谣言的速度要远远高于官方的正面报道……用信息控制谣言将成为一大难题。”换句话说，21 世纪传播技术和信息环境的改变使得政府难以操控信息的流动，信息传播的跨国界行动使政府应对的是一场无国界斗争。一方面，网络用户在对全球化带来的海量信息进行筛选、阅读时，囿于区域活动范围的限制和工作、生活的需求，往往更为关注当地信息，以至于出现“全球化”和“本土化”的复合体——“全球本土化”（Glocalization）；另一方面，传统“一对多”的信息传播模式在遭遇 Web2.0 技术挑战时，使得网络用户由被动的信息接受者逐步转化为信息制造者、传播者和独立的信息观察员。后现代的网络用户在收集、筛选、甄别各种信息之后，往往会做出颇具批判意识的独立判断，并再次借助网络传播个人观点。但是，新媒体技术对公共外交的挑战并不总是负面的，换句话说，在外交事务国内社会化（Domestic Socialization of Diplomacy）的浪潮中，社会媒体广

① Brian McNair, Cultural Chaos: Journalism, News, and Power in a Globalised World, London: Routledge, 2006.

为使用为政府带来的不仅仅是头脑风暴，公民社会的草根议题常常会为政府外交事务的议程设置提供思路，更提供了邀请目标群体积极参与公共外交活动创设的机会。此外，政府利用网络空间引导网民进行网络协作亦不失为加强民族凝聚力的有效手段之一。

第三，新公共外交的“新”体现在公共外交与公共事务之间的界限日益模糊。从传统意义上讲，公共外交（Public diplomacy）与公共事务（Public affairs）的本质区别之一在于二者的目标群体不同，前者是跨国界、跨文化的交流，目标群体是外国公众，而后者主要是针对国内公众。人们普遍认为在信息传播方面，公共事务的主要任务是“告知”（Informing），而公共外交的主要目的是“影响”（Influencing）。在美国公共外交发展史中，1948 年的《美国信息和教育交流法案》（The US Information and Educational Exchange Act）、1972 年《对外关系法》（The Foreign Relations Act）中的相关修正案和 1985 年的“佐林斯基修正案”（Zorinksy Amendment）均对美国新闻署传播信息的内容和工作职能做出过明确规定，严格地执行“内外有别”的路线，公共外交的目标群体应远离美国公众，如：“禁止将在境外传播的信息向本国公众扩散”，“禁止美国新闻署资助影响美国公众意见的读物，禁止在美国境内散发相关项目的读物”等等，但在国家间相互依存度日益加强的全球化时代，信息流动加快，人员互访频繁，严格地区分公共外交和公共管理并非易事。换句话说，公共外交和公共事务之间的联系比以往任何时候都更加紧密。这预示着公共外交信息传播“内外有别”的传统套路在 21 世纪已然面临严峻挑战。在互联网和廉价机票的时代，伴随公民社会的迅速发展壮大，外交事务国内社会化逐渐成为社会主要议题之一，因而，公共外交与公共事务势必要相互协调，相互补充，共同发展。

最后，新公共外交的“新”还体现在更为关注公共外交实施效果的考量方面。长期以来，由于传统公共外交旨在强调他国公众中建立对本国长期、稳定、积极的认知，公共外交的实施效果并不容易测量。但“9·11”事件以及此后布什政府在中东的一系列行为引发了学者更深层次的思考。“9·11”事件最初引发的是美国学者关于

“他们为何痛恨我们”（Why do they hate us?）的反思。学界普遍认为是美国政府在后冷战时代大幅削减公共外交的财政预算，导致在中东地区的公共外交缺位所致。但布什政府随后在中东地区开展的一系列公共外交均未奏效，学者们继而反思究竟是何种因素直接影响到政府公共外交的实施效果？换句话说，公共外交的活跃与频繁并不会自动确保能在交流者中构建对本国的良好认知，有时甚至会出现“了解越多，失望越多，不满越多”的情况。“9·11”事件之后，华盛顿涌现出一大批指责美国公共外交严重缺陷并试图开出救治药方的文献，但最深刻的分析莫过于直指问题的关键：“不在于政策的表现形式，而在于政策本身”，即一个国家的公共外交目标若与其外交政策和军事行动不一致，将很难获得成功实现。美国的中东政策和其在伊拉克的军事存在，大大诋毁了美国公共外交的声誉。“金钱和肌肉是无法确保公共外交成功的。如果面对他国一群心存疑虑的公众，投钱进行自我鼓吹，那真是低估了后现代公众的判断力。”[①] “9·11”事件爆发的原因及其后美国试图挽救自身形象的事实证明，公共外交实施目标与外交政策相一致，国内政策与外交政策相一致将有助于提升公共外交的实施效果，公共外交的主管部门在官僚机构中的角色定位则成为关乎公共外交成败的核心要素。

毋庸置疑，21世纪的时代特征赋予了公共外交新的内涵，并对中国公共外交的研究和实践提出了新的要求。无论从中国发展的内外部环境，还是对世界的影响来说，中国通过加强公共外交来提升国家的国际形象和软实力都是时代的呼唤，均具有重要的理论与现实意义。当代中国公共外交的基本任务是向世界说明中国，促进外国公众认识真实的中国——包括中国的历史文化传统、社会经济发展状况、政治体制和内外政策等等。通过公共外交，可以更直接、更广泛地面对外国公众和主流社会人士，能更有效地增强中国的文化吸引力和政治影响力，改善国际舆论环境，维护国家的利益。

值得注意的是，无论是传统公共外交，还是新公共外交的理论虽

---

① Jan Melissen，The New Public Diplomacy：Between Theory and Practice. p. 7.

不具有高深的学术性，但它在实践中往往需要高度的智慧，而这样的智慧并不仅仅集中在政府，而更多地蕴藏于非政府和民间，这无疑对目前中国正在开展的公共外交提出了全新的挑战。现实表明，中国的公共外交目前仍主要采用“从政府到公众”的发展模式，孔子学院和海外中国文化年均为政府主导的备受西方瞩目的公共外交项目。2008 年北京奥运会和 2010 年上海世博会以及重大国际赛事和展览活动引发的“市民外交”虽带有一定非政府色彩，但在整个公共外交活动中所占比重较少。伴随全球化时代由非国家行为主体主导的“去政府化”行为成为公共外交发展的重要趋势，中国作为 21 世纪全球政治舞台上的崛起大国，尽管其国际定位、战略文化和民族传统有其自身的发展特质，但中国公共外交的发展势必在全球新公共外交的宏观语境下进行。因而，把握全球新公共外交的特点，顺应时代发展潮流，将成为发展中国公共外交的首要考虑。本研究将目前世界风行的公共外交新趋势和新动向进行系统梳理和解读，其目的正缘于此。

目前，国内对公共外交的著述已经非常深入，关于新公共外交的论文也偶见诸纸墨之间，但尚无对新公共外交做出系统性论述的专著，关于新公共外交与中国方面的论述更是非常少见。笔者本着学习与探索的态度，不避浅陋，尝试前行，试图对当代世界公共外交领域已经出现的几种有代表性的新型公共外交形态进行阐述和分析，对世界新公共外交的发展趋势及其走向做出前瞻性评估，进而提出中国新公共外交的战略和策略。

鉴于当代公共外交起源于西方，兴盛于世界，成熟于美国，而中国公共外交起步相对较晚，故本书行文中对一些西方国家公共外交的成熟做法与经验不免多有“溢美之辞”，而对于处于迅速发展进程之中、尚存在诸多不足的中国公共外交实践多了些许“哀其不幸，怒其不争”式的善意“批评”。但笔者相信，中国新公共外交的未来虽然征程曲折，但前途一定是光明的。

第一章

智库公共外交

第一节　智库公共外交概论

智库也称“思想库”（Think tank），这一叫法起源于一战中被大规模使用的“坦克”（Tank），亦即人类思想也有像坦克那样的威力，而从之后智库的表现来看，这架“坦克”确实也表现出了惊人的威力和魅力。

日本智库研究专家铃木尚广（Takahiro Suzuki）曾对智库做出过一个非常精练的界定：“智库是从事公共政策研究的机构”。智库研究领域知名专家斯通（Diane Stone）则将智库视为“相对独立于政府、政党和压力集团，从事当下政策议题研究和分析的机构”；在政治科学百科全书中，拉迪（Stella Ladi）将智库描述为“有别于政府机构的，致力于运用专业知识和网络活动为多元政策议题提供建议的研究机构”；瑞奇（Andrew Rich）基于美国视角将智库界定为“独立的、中立的、非营利性的，以专业知识和思想观点产出为基础，获得资助并影响政策过程的研究机构”。因此，在当代西方国家的语境中，智库通常是指一种相对稳定、独立于政府决策机制，并以影响公共政策和舆论为目的的政策研究和咨询机构。

近年来，随着智库数量的急剧增多和其显性影响力在全球范围内迅速提升，国内外学界对智库及其在国际关系和公共外交中发挥的重要作用给予了越来越多的关注和讨论。有学者认为，智库是外交思想的“掮客”（Idea Broker），是外交议题的设置者和政策倡导者；[①] 也有学者认为，智库协助外交团队出谋划策，在预防性外交和冲突解决中扮演着重要角色；[②] 更有学者认为，智库是外交过程不可或缺的一部分，是名副其实的“影子政府”。[③]

一般而言，智库具有独立性、实践性和专业性等特征，这些特性决定了智库在国际上的学术地位和政策影响力。智库的最鲜明特征是它的独立性。在欧美国家，独立性是智库得以安身立命的关键，可以确保智库专家能够“闭关修炼”，不受各种政治力量的干扰。所谓独立性，既包括在法理上不从属于任何政府体系及其分支，有独立的经费、人员以及独立行为的能力，也包括在政治上能够对政府、政党、大众传媒、利益集团和其他社会力量具有免疫力，不受其干涉。智库是不从属于政府部门、非党派的独立研究机构，特别是在财政上是独立的。智库的财政来源是多元的，既有政府合同，也有企业和社会捐助，从法律上都属于免税资金。智库利用这些经费独立从事知识、思想和观念的生产，不以盈利为目的，一定程度上保证了智库研究相对独立于权力。例如大名鼎鼎的美国布鲁金斯学会就是由一家零售商创办的，虽然有偏好民主党的倾向，但学会并不主张为任何一个单一的政党服务，其自成立以来的历任主席也由两大党出身的人平分秋色，以免为政治偏好所裹挟、为权力当局所左右。智库的独立性还表现在客户有选择不同智库的自由，智库也有发表自己独立报告、不迎合政策的权利。独立是智库公正和权威的前提，一味迎合政府高层喜好而不顾实际发展和客观规律的报告短期内很风光，但最终只会沦为错误

---

① James Smith, Idea Brokers: Think Tanks and the Rise of the New Policy Elite, New York: Free Press, 1991; Donald Abelson, Do Think Tanks Matter? Assessing the Impact of Public Policy Institute, McGILL－Queen's University Press, 2002.

② James McGann, Comparative Think Tanks, Politics and Public Policy, Edward Elgar, 2005; James McGann, Think Tanks and Policy Advice in the U. S: Academics, Advisors and Advocates, Rout ledge, 2007.

③ Michael Bark, Independent Think Tanks and Patronage: Interest Representation in the Policy Process, Ph. D Dissertation, Kansas University, 1996.

政策的陪葬品。当然，智库独立性与智库思想偏好并不矛盾，作为“思想掮客”，智库在政治价值观和意识形态上可左可右，可自由也可保守，只要是独立思想的结果就不影响智库的独立性。当然，智库为了使其思想产品有效作用于实践，必须与政府保持最紧密的联系，其独立性更注重的是思想的独立，“品格”的独立。纯粹的独立在实践中很难做到，所以智库最重要的还在于“公共”二字。智库在为政治活动家提供菜单，并列出轻重缓急的政策选择的同时，也须谨记国家政治生活各有分工。智库的功能是咨政而不是参政议政，不能利用自己的影响力为特殊利益集团服务，更不能成为追求特殊政治利益的组织。

智库的最终目的是影响决策者，这是智库实践性和专业性的具体体现。抛开渠道和决策者本身的好恶，智库影响力不外乎以下三个方面，且都需要在实践中体现出来。一是预判性。政策研究最重要的是对未知事态的预测，在事情还未发生或正在发生时就能提出准确的前瞻性的判断，而不缺“各种可能性不能排除”的辩证法，或者“事后诸葛亮”式的反证。二是可行性。纷繁复杂不断发展变化着的实践，是论定公共智库能力的唯一标准。智库提出的政策建议不仅能够落地，而且能够成功实施收到良好效果，从而印证建议的正确性，这是所有国际知名智库评价工作成败的通行标准。三是阐释性。现代国家中，民众对政府及其政策的天然不信任是很正常的。智库的作用之一就是充当政府与公众沟通的平台，利用权威性和公信力把公共事务领域内的正确见解传播到更广阔的领域，为政策的实践创造友善的政治氛围。

从国际政治的现实来看，智库无疑是一个相当重要的外交舞台，有时甚至还是外交斗争与较量的阵地，因此智库外交的重要意义就得以呈现出来。

智库外交是指一个国家为了化解外交事务中的知识危机，制度化吸纳智库及其人员参与决策、执行、监督、评估等外交过程的一切关系、形式和活动的总和。通常意义上的智库外交大致包括两层含义：一是以智库为主体，智库之间的国际交流；二是以外国政府和智库为对象与目标的国际交流，包括由本国政府官员到外国重要智库进行专题演讲，向外国智库派出访问学者或者智库人员受邀出访他国等。政府官员或智库人员在他国智库举行演说、做报告，及时阐述本国政府的政策立场或研究机构的观点看法，有助于影响来自世界各国的精英听众，给外界留下深刻与良好的印象，有助于主动塑造与不断改善本国的国际形象，增加政府及其政策的透明度、亲和力、感染力与说服力，也有助于增加外界对本国的了解与尊重。因此，“智库外交”不仅是国家总体外交的重要环节，也是一个国家外宣工作的重要内容，还是多方搜集情报、准确研判形势、及时制定有效对策的重要渠道，更是培养高层次外交外事人才、锻炼队伍的重要方式。

按照智库参与外交所扮演的角色不同，可以将智库外交大致分为三种形式：知识外交、“二轨外交”和公民外交。①

在知识外交中，智库扮演了“思想掮客”和“幕僚”的角色，主要任务是为政府和外交系统提供思想、理念知识和政策等方面的咨询和建议，不直接参与任何具体履行外交使命的外交实践。比如美国人柯庆生在离开国务院后继续被聘请为美国国务院的亚太政策顾问、中国很多研究机构的专家参加外交部的政策咨询会等，都是知识外交的活动。

“二轨外交”是与通常所说的第一轨道（政府）外交相对应的概念，1982 年由美国外交官约瑟夫·蒙特威尔首次提出，具体指的是存在冲突或争端的组织或者国家之间进行的一种非官方的、非正式的接触和互动，主要由非官方或半官方人士（包括学者、退休官员、公共人物和社会积极分子等）参与双边或多边外交对话，目的在于寻找冲突解决和信任创建的机会。如果把官方外交称为“硬外交”，那么，“二轨外交”就是“软外交”，它通过“理性的”或“善意的”专家互动，更多地体现在影响国际社会舆论和提供价值素材这些“软实力”方面，是对官方外交在思想价值领域的有益补充，也

① 相关内容参见赵可金：“中外智库外交的五维比较”，《公共外交季刊》，2014 年第 4 期。

是在保证自身安全基础上进行的意识形态交锋。智库作为第二轨道外交的重要组成部分，是国内与国际交流的一个平台，在双边和多边外交事务中发挥着重要作用：一是支持政府的外交政策。研究机构中的政策专家是支持和巩固政府政策非常重要的力量。二是提供并试验新思想。政治家在大多数情况下无法发明新思想，即便有新思想，政治家们也需要政策专家对它们进行重新包装与合法化。一些新思想可以通过不同国家间的“二轨”互动来测试其可行性与可接受性，特别是对一些敏感的安全问题。三是冲突问题的事前协商以及为“一轨”会谈做准备。智库就某些涉及双方利益的重大问题进行合作研究，有时会成为在幕后推动双边关系的助推器。与知识外交不同，在“二轨外交”中，智库开始接受明确的外交使命，正式参与官方外交对话，或者得到官方授意以公开的、非官方论坛的形式探索实现外交目的的途径。比如被称为东亚“二轨外交”领头羊的东亚思想库网络、“9·11”后亚太地区新出现的英国国际战略研究所（IISS）发起、在新加坡政府支持下举办的香格里拉对话会中的智库参与等，都是“二轨外交”的典型案例。

公民外交是普通公民无意中或者精心设计作为国家代表参与的科技交流、文化交流、教育交流以及体育交流等国际交流，进而为两国外交关系创造机会之窗，特别是当两国官方交流渠道不可靠或者不畅通的时候，公民外交就是理想的外交工具，它可以补充官方外交甚至突破官方外交的限制。冷战期间的物理学家罗伯特·W. 富勒（Robert W. Fuller）在20世纪70—80年代对苏联的访问就对缓和美苏冷战起到了十分重要的作用。在公民外交中，智库所扮演的角色更加自主，对外交的参与仅仅是“呼应者”的角色。随着全球化和信息革命的发展，智库网络化趋势加快，智库的此种公民外交影响力必将稳步上升。

当然，从外交知识化和知识外交化的交互运动的大格局出发，智库外交的形式远远不限于以上三种。只要立足外交需要，充分考虑知识分子群体的特点，就完全可以拓展智库外交的新空间。

从公共外交的视角看，智库的功能主要体现在以下三个方面：一是提供政策建议和决策咨询。公共外交实质上是一场“思想之争”，而智库是公共外交的“思想工厂”和“议程设定者”，为国家决策提供专业指导和智力支持。二是搭建互动平台，开展“二轨外交”。作为弹性有限的第一轨道（政府）外交活动的有益补充和角色替代，智库所承担的第二轨道外交功能有助于国家或地区之间就重大利益问题展开沟通协商、对话合作，有助于测试针对敏感问题的外交举措的可行性与被接受程度，有助于为冲突或争端寻求建设性的处理与解决方案，有助于在外交事务中达成深层次的理解、和解和妥协。三是传播政策理念与价值观，引导和影响公众舆论。智库的这一功能通常经由三层传播模式加以实现，即：将本国的外交理念、文化价值观、意识形态等内容通过智库人员与各国学者政要所构建的人脉关系网络进行人际传播；通过举办国际会议、合作研究、交流项目等形式进行组织传播；通过大众传媒尤其是借助新媒体的力量进行大众传播，以引领国际舆论导向，影响他国的外交政策，构筑本国的国际话语权与影响力。

第二节　智库公共外交案例

近几十年来，智库在西方国家内政外交政策的制定中发挥着日益重要的作用，在美国的影响力尤为显著。美国作为全球首屈一指的超级大国，智库的历史不仅源远流长，其作用更是举足轻重，在世界各国智库中，美国智库对公共政策和舆论所发挥的影响力也是最大的，它不但影响美国公共政策和社会思潮，还对世界政治和经济走向发挥着重大影响。

据美国宾夕法尼亚大学公布的《2015 年全球智库报告》显示，美国是全球智库研究能力最强大的国家，在全球 7000 多家智库中拥有 1800 多家，在智库十强国家中，比其他九国的总和还要多。其中华盛顿也成为全球拥有智库最多的城市，高达 350 家，智库云集的华盛顿“K 街”闻名于世。在每年的运营经费上，前十强的美国智库拥有超过5.606亿美元，而非美国的全球十大智库只有约1.122亿美元。这些智库从诞生之日起，就以精准全面的分析研判、与政界广泛深入的联系以及在社会公众中的影响力，左右着美国政治、经济、社会、军事、外交、科技等方面的重大决策，以致有学者将美国智库视为继立法、行政和司法之后的“第四部门”。自20世纪70年代以来任何想入主白宫的政治人物无一例外都要借助智库的帮助。每届政府上台后，也大都要从智库中聘请一些人担任要职，以致许多智库被称为“影子内阁”“美国的大脑”。

智库在美国享有如此崇高的地位与历届美国政府在决策方面高度倚赖智库的作用息息相关，而智库影响力的产生则基于以下几个方面：其一，较高的研究质量。美国的高等教育水平较高，因而美国智库的研究人员普遍具有较扎实的研究能力，一些转行做研究的政府官员也有较好的研究素养；其二，美国智库独立性强，它们的工作不是简单地给政府做背书或做政策解读，而是针对政策提出有操作性的建议，有时对现行政策的批判性还比较强；其三，美国智库与政府部门之间的“旋转门”，促成了人员在智库与政府之间流动，退休官员对政策和人脉的熟悉程度直接影响着其智库影响力。

在美国，各类智库都自觉地将基础理论研究作为智库建设的根基，以期用权威的思想理论为资本主义意识形态摇旗呐喊和保驾护航。第二次世界大战之后，社会主义和共产主义思想在全球影响力空前提高，资本主义影响力岌岌可危。1947年美国智库外交关系协会主办的《外交事务》主动出击，发表了时任美国驻苏联代办乔治·凯南（George Frost Kennan）的《苏联的行为根源》一文，提出“遏制”苏联的主张，成为美国冷战时期“遏制战略”的思想基础。1962年，美国著名经济学家米尔顿·弗里德曼（Milton Friedman）出版了其代表作《资本主义与自由》，主张自由放任资本主义，成为影响美国20世纪下半叶社会思潮与官方意识形态的代表性著作。借此东风，1976年他荣膺诺贝尔经济学奖，次年加入“右翼思潮的智库”——斯坦福大学胡佛研究所，继续为美国政府的意识形态建设贡献力量。冷战结束后，面对苏东剧变后西方思想和战略界失去竞争对手的迷茫，1993 年的《外交事务》杂志适时刊登了美国政治学家塞缪尔·亨廷顿（Samuel P. Huntington）的《文明的冲突》一文，用西方文化中心主义和美国霸权主义思想重新凝聚起美国的官方共识，确立了后冷战时代美国意识形态安全的战略指针。再如小布什政府的先发制人战略，基本上可认为是美国新世纪计划（PNAC）和对外关系委员会的杰作，而“邪恶轴心”一词则主要来自同时在曼哈顿政策研究所与美国企业研究所任职的前白宫撰稿人大卫·弗鲁姆（David Frum）。而奥巴马政府关于巧实力、全球核零点方案、环境外交等一系列政策方针也来自于布鲁金斯学会、战略与国际研究中心、美国进步研究中心以及全球发展中心等智库专家。

在政府与智库关系上，美国通过设置独特的“旋转门”机制构筑起国内政治精英与学术精英紧密的思想联盟。每次换届选举后，政府部长等高级阁员不是由议会党团产生，也极少来自公务员，而是来自群英荟萃的思想库，而卸任后的政府官员也有很多会到思想库去继续从事政策研究，从执政者变为研究者，这种学者和官员之间有规律的流动被形象地称为“旋转门”。“旋转门”机制的重要功能主要体现在以下三个方面：一是构建人际传播网络。通过“旋转门”，美国智库可以直接与政府决策者进行沟通，进而影响政策制定。二是搭建知识与权力的桥梁。通过“旋转门”，美国智库不但可以为下届政府培养人才，也打通了知识进入政府决策并转化为权力的通道。三是建立了外交的特殊渠道，智库凭借与官方决策的特殊关系以及自身非官方的身份，在国际政治中发挥着独特而又重要的外交作用。

世界外交舞台上的“常青树”基辛格原是哈佛大学国际问题研究中心教授，以提出“均势”理论闻名于世，先是被尼克松总统任命为国家安全事务助理，后又担任卡特政府的国务卿，卸任后在乔治敦大学任客座教授，兼任全国广播公司顾问。以“软实力”“巧实力”理论著称的约瑟夫·奈（Joseph Nye），1964 年获哈佛大学政治学博士学位后留校任教，曾出任卡特政府助理国务卿、克林顿政府国家情报委员会主席和助理国防部长，后来重回哈佛，任肯尼迪政府学院院长，现为该院教授。奥巴马在竞选总统期间着手成立了约 300 人的庞大外交智囊团，其中包括很多来自各大智库的专家学者。他们在奥巴马就任之后继续撑起了奥巴马外交政策的“半壁江山”。比如，著名自由派智库布鲁金斯学会聚集了数量最多、影响力大的前政府官员和学者，成为美国研究中国问题的一个中心。布鲁金斯学会现任的200多名研究员中，有一半具有政府工作背景，担任过驻外大使的有6位。原中国中心主任杰弗里·贝德在加入布鲁金斯学会之前一直服务于美国政府，他曾是美国驻纳米比亚大使（1999—2000年），也曾任美国国家安全委员会亚洲事务主任。奥巴马政府上台之后，贝德又重返政府。2011年5月他再次穿越“旋转门”，成为布鲁金斯学会的研究员。这种人际关系网络带来的最直接效果就是，布鲁金斯学会的政策理念不但可以迅速到达白宫、国会和政府各个机构，也可以通过贝德等人在从事政府工作期间与世界各国政要建立起的人际网络，影响他国的外交政策。

美国智库在公共外交中的角色和功能主要体现在以下三个方面：设置政策议程、推行“二轨外交”及传播政策理念。

从某种意义上说，一个国家公共外交是否成功推行决于其所传递的思想和价值观能否为大众接受，而智库的一个重要作用就体现在影响国家思想和价值观的形成与对外政策的制定方面。1962年，巴查赫（Peter Bacharach）和巴热兹（Morton S. Baratz）在《权力的两面》一文中指出：能否影响决策过程是权力的一面，能否影响议事日程的设置是权力更为重要的另一面。美国政治学家托马斯·戴伊认为，思想库在政策制定过程中起着决定性作用，是制定国家政策的中心协调机构和核心。[①] 在美国外交政策制定过程中，虽然政府是直接的政策制定者，但事实上在政府采取任何执行措施之前，关于某项政策的议事日程和具体方案构建早就已经从思想库开始了。体现在公共外交政策的制定和实施方面，美国思想库虽然处于政策制定的核心主体——总统、国会、政府行政机构之外，但却凭借自身的独立性、思想创新

① 托马斯·戴伊著，鞠方安等译：《自上而下的政策制定》，中国人民大学出版社，2003年版，第51页。

能力、专家地位和舆论影响力，在政策制定过程中掌握着设置政策议程的强大力量。

在美国公共外交政策的不断演变和调整历程中，几乎每一项政策的出台、实施和改革都与思想库有着密不可分的关系。无论是冷战时期美国政府对公共外交的大力倚重，克林顿政府硬实力与公共外交的双重使用，“9·11”之后小布什政府对公共外交的改革，还是奥巴马政府上台之后推行的“巧实力”外交政策，背后都有思想库在发挥着作用。

以“9·11”之后美国公共外交改革为例，“9·11”事件发生后，如何打赢一场“观念与心灵”之战，成为小布什政府首要考虑的问题，而这场战争的关键就是公共外交。为此，以布鲁金斯学会、美国企业研究所、对外关系委员会、传统基金会、美国和平研究所、国际战略研究中心等为首的著名思想库，通过各种形式展开对公共外交的研究，为美国政府如何有效开展公共外交，打赢这场思想之战提出了很多具体的政策建议和方案。2001 年 10 月，布鲁金斯学会在其制作的第一份重塑国家安全战略的报告中，从政府、公众的角度提出了反击恐怖组织的大方向和具体建议。而布鲁金斯学会学者保罗·皮勒则在第一时间出版了《恐怖组织与美国外交政策》一书，及时、深入分析了美国面临的困境并给出应对策略。2001 年 11 月 27 日，也就是“9·11”事件发生之后不到 3 个月，卡耐基国际和平基金会召开了以“赢得心灵和观念：信息时代的宣传和公共外交”为主题的研讨会。2002 年 5 月，布鲁金斯学会成立了萨班——中东问题研究中心，其成立目的之一就是研究如何在中东地区传递美国政策和价值观。美国企业研究所在 2003—2004 年连续召开了 8 次有关公共外交的研讨会，传统基金会则在 2003—2004 年连续召集顶尖学者，以“如何恢复美国在海外的声音”为题，对改革美国的公共外交进行研讨。

美国思想库在公共外交方面的很多具体建议，在美国政府 2002 年的《国家安全战略报告》以及之后的一系列重大举措中都得到了体现。2002 年，美国政府在《国家安全战略报告》中表示，美国将发动一场“观念之战”，“以赢取国际反恐的胜利”，对此，“需要一个崭新的全方位的公共外交，来帮助全世界人民了解和理解美国”。如此高调推崇公共外交，并将其置于美国安全战略的重要地位，这在美国现代历史上还是第一次。美国国会研究部 2005 年 10 月曾向国会提交一份题为《公共外交：对过去建议的评估》的报告，对由美国主要思想库“9·11”以来所提交的有关公共外交政策的 29 份报告做了总结性评估，这些报告被美国国务院认为“可信度高、包含有价值的建议”，“每份报告都提出了针对当前公共外交政策的改革建议和反思”。

在奥巴马当选总统之后，在美国国内外的外交政策圈中出现了一批要求新政府重新思考美国在亚太地位的政策分析报告，其中特别值得一提的是，“美国新安全中心”的合伙创始人、后来担任亚太事务助理国务卿的柯特·坎贝尔（Kurt Campbell）等人在 2008 年 6 月发表了题为《均势：美国在亚洲》的报告。该报告指出，在小布什政府时期，“虽然美国也在亚洲取得了一些战术上的成就，加强了美国与日本和韩国的同盟关系，与中国和印度进行了更多的建设性交往，但是这些战术性的成果并没有集合成为一个成功的全面战略。美国的战略由于偏重于伊拉克和阿富汗而削弱了其向亚太地区进行重大权力转移的能力，这对美国传统上在这一地区平衡权力的作用构成了很大的挑战。”[①] 正是在这种背景下，奥巴马政府开始认真地重新思考美国的亚太战略，奥巴马政府在 2010 年做出亚太政策的调整和“战略再平衡”与这些智库的分析报告有密切关系。

奥巴马政府执政后，其“巧实力”外交政策及其奉行的公共外交理念也直接源于美国智库的政策规划。2004 年，美国和平研究所学者苏珊娜·诺塞尔在《外交》杂志上首次提出“巧实力”思想，强调美国外交应摒弃保守主义的“单边主义”战略，重视综合运用

① Kurt M. Campbell, Nirav Patel and Vikram J. Singh, The Power of Balance: America in Asia, http://www.cnas.org/files/documents/publications/CampbellPatelSingh_iAsia_June08.pdf.

软实力与硬实力。2006年，约瑟夫·奈在《外交政策》杂志上发表题为《重新思考软实力》一文，提出美国必须变革其外交战略，要将美国的“硬实力”（经济实力和军事实力）与“软实力”（社会政治制度、意识形态和价值观等）巧妙结合起来，形成“巧实力”。同年，美国国际战略研究中心发起成立了“巧实力委员会”，由小布什政府副国务卿阿米蒂奇和约瑟夫·奈共同担任主席。该委员会由20多名国会议员、前政府官员、退役将军和商界精英以及学者共同组成，横跨民主、共和两党，研究的重点之一是如何更好地推行公共外交，重塑美国形象。“巧实力委员会”于2007年11月发表了名为《一个更灵巧、更安全的美国》的报告。该报告建议美国政府在对外战略上应从五个方面进行改进，其中非常重要的一个方面就是推进公共外交。与此同时，如兰德公司、布鲁金斯学会、对外关系委员会、美国全球接触中心等思想库也把“巧实力”和公共外交作为美国外交的战略方向，“巧实力”外交逐渐成为美国思想库研究界的共识。2009年1月，美国国务卿希拉里在参议院提名听证会上表示，美国政府将推行“巧实力”外交政策，有效维护美国利益和国际地位。2010年5月，奥巴马总统公布任内第一份《国家安全战略报告》，“巧实力”思想得以充分体现。

美国智库在制订政策议程方面的主要做法有：一是自办杂志。例如美国对外关系协会的《外交事务》，卡内基国际和平基金会的《外交政策》，战略和国际研究中心的《华盛顿季刊》，尼克松中心的《国家利益》，都是国际上著名的学术期刊，经常针对重大政策问题发表文章引导舆论和政策。二是出版研究报告。2006年，美国战略和国际研究中心与彼得森国际经济研究所联合出版的《中国：决算表》一书，是其“账本中国”研究项目成果之一，旨在应对中国崛起。三是在著名报刊开辟专栏。在诸如美国《华盛顿邮报》《纽约时报》，英国《金融时报》等大报上发表文章，阐述对于某些政策问题的看法、观点。四是利用电视和网站积极发声。智库成员经常出现在电视时事评论节目中，甚至智库自设演播室录制电视节目，放到自己的官方网站上引导公众舆论走向。五是利用教育机构和学术平台。每年会举办大大小小的研讨会、讨论会、学术论坛，经常邀请现任或前任政府官员、社会各界精英、新闻记者等参与主题讨论，根据时政热点设置辩论议题。哈佛大学肯尼迪政府学院一直为美国新当选议员进行任职前培训，灌输美国官方意识形态，使其在内政外交工作中始终贯彻统一的指导思想并进行行为约束。

美国智库在公共外交方面的第二个重要角色是推进“二轨外交”。正如前面所述，“二轨外交”是公共外交的重要组成部分，并且在公共外交中处于极为重要的地位，其突出特征是非官方性但却有意识地影响官方决策。美国智库作为“二轨外交”的重要组成部分，是美国国内与国际交流的一个平台，在双边和多边外交事务中发挥着重要作用。

以中美关系为例，美国政府高层官员在访华之前，通常都会选择一家与政府关系密切的智库进行前期演讲，并且选择一家智库来打前站。智库则带着访华的一些议题与中国各方面进行接触，试探中国的态度，在掌握各方情况后，为美国政府的决策做充分准备。1998 年克林顿总统访华时，上海社科院、上海国际问题研究所、美国哥伦比亚大学的研究机构等，在会前一起谈论了此次访问涉及到的几个重要问题，形成备忘录，为双边关系提供政治和外交参考。后来克林顿访华时关于台湾问题的“三不”提法，就吸取了双方思想库商讨的结论。2009 年奥巴马总统出访亚洲四国前不久，美国布鲁金斯学会与中方智库“中国战略与管理研究会”于 2009 年 10 月下旬在北京钓鱼台国宾馆联合举办了一场名为“中美清洁能源务实合作战略”的高层论坛。中国国务院有关部门负责人、部分省区及副省级城市领导、国家大型能源企业负责人、能源研究单位专家，以及美国能源部等政府部门和研究单位代表、世界银行、国际能源机构等国际组织的代表等共约 350 人参加了论坛。美国国务卿希拉里和能源部长朱棣文虽没有与会，但通过视频发表了讲话。论坛从两国政府间的战略层面和具体项目层面就清洁能源议题进行了探讨。之后，中美两国元首会晤时宣布的有关合作协议，很大程度上就是源于这次论坛提交的政策建议的推动。[①]

美国政府大多数重大对华政策出台前，也会尽可能地听取智库的意见，有时还请智库的学者专家做专题报告。兰德公司的故事充分证实了这一点。朝鲜战争前夕，兰德公司组织大批专家对朝鲜战争进行评估，并对中国是否参战进行分析，得出的结论概括为一句话：中国将出兵朝鲜。当时兰德公司欲以 200 万美元将研究报告转给五角大楼。但美国军界高层对兰德的报告并不感兴趣。在他们看来，当时的新中国无论人力财力都不具备出兵的可能性。然而，战争的发展和结局却被兰德公司言中。这一事件让美国政界、军界乃至全世界从此对兰德公司刮目相看。还有冷战时期“承认一个中国，但不是现在”以及冷战后的对华“遏制 + 接触”等政策都出自兰德公司的报告。

2005 年 9 月，美国副国务卿佐立克首次公开提出，希望中国成为“负责任的利益攸关方”。事实上，在佐立克公开提出“利益攸关方”这个概念之前的一周，布鲁金斯学会就拿到了佐立克的演讲报告，有针对性地提出了不少修改建议。佐立克的演讲发表后，“利益攸关方”一时成为热门术语，并带来很多不同的解读。布鲁金斯学会专门派高级研究员到中国与相关机构接触，向它们做解释工作，同时听取中方的反应。2005 年 12 月 8 日，佐立克与时任中国外交部副部长戴秉国在华盛顿举行了第二次“中美战略对话”。会谈前，布鲁金斯学会做了大量准备工作，派研究人员到中国，与中方的研究机构进行了会谈，中美两边的智库后来分别把会谈结果向戴秉国和佐立克做了汇报，使得战略对话进行得非常成功。

美国智库发挥“二轨外交”的作用，还体现为积极充当政府替身，为政府在国际外交上穿针引线，发挥某些官方外交渠道所发挥不了的作用。尤其是在外交关系出现大的波折或遭遇重大突发事件时，政府间沟通受阻、谈判不顺时，往往借助智库人士穿梭于当事国之间

① 参见袁铁成：“布鲁金斯：超级大国的意见领袖——专访美国布鲁金斯学会董事会主席约翰·桑顿”，2010 年 9 月 26 日，http://finance.sina.com.cn/roll/20100926/10598705071.shtm。

说合斡旋，或帮助政府寻求解决问题之道。卡内基国际和平基金会从20世纪80年代中期开始，就在华盛顿主持召开了一系列会议，把南非重要的政治家、牧师、商人、劳工代表、学者和流亡的自由派人物，与美国国会成员和行政机构的官员聚集在一起。这些持续了8年多的聚会，帮助美国在微妙的政治转折期对南非的未来增进了了解。同样，国际战略研究中心有一项以改善前南斯拉夫境内的种族关系，调和以色列宗教与世俗的分歧，推动希腊和土耳其对话为目的的计划。

在中美关系方面，要化解中美两大国之间不断凸显的矛盾，仅仅依靠弹性有限的“一轨外交”显然远远不够。智库所营造的特有的灵活和宽松的外交氛围，可以使中美双方在不受特定谈判指标限制的情况下，充分展示自己的观点，了解对方政策和行为的真正意图，以及其政治文化和决策背景的特殊性，从而达至双方更深层次的理解，进而共同提出有建设性的意见和建议。以西藏问题为例，自2005年至2007年，布鲁金斯学会中国中心组织专家学者多次与达赖喇嘛及其“流亡政府”主要成员进行沟通、对话；布鲁金斯学会也组织专家学者们与中国智库国际战略研究基金会和中国现代国际关系研究院的学者们就西藏问题进行交流，提出政策建议。2007年10月中旬，布鲁金斯学会在华盛顿组织专家学者再次与达赖喇嘛及其代表进行内部交流、对话，之后，布鲁金斯学会把政策建议和会谈内容呈交中国政府相关机构和中国驻美大使馆。[①] 同样，因台海形势而上下波动的中美关系中，智库的身影也十分清晰。这些智库除了为美国政府提供参考意见之外，还积极为美国政府在海峡两岸及美国三方之间穿针引线，发挥了一些官方外交渠道所发挥不了的作用，业已成为美国对华、对台政策极为重要的一环。

由此可见，通过推行“二轨外交”，美国思想库已经从一个独立于政府之外的政策研究机构，演变成为一个对国内、国际政策具有重

---

① 王莉丽：“美国公共外交中智库的功能与角色”，《现代国际关系》，2012年第1期。

大影响力的权力机构。美国思想库所承担的“二轨外交”功能有巨大的潜力来使缺乏沟通的国家之间、易发生冲突的地区和遭受战争破坏的社会建立和平、达成和解。思想库或者可以作为美国政府努力的补充，或者可以作为当美国官方不适宜介入时的替代者。

另外，美国思想库在公共外交中作为一个重要的行动主体，还通过各种传播媒介和方式对国外公众进行政策理念的传播。对于美国智库而言，影响政策制定、维护国家利益和影响国内外舆论是其核心目标。为此，美国智库不但花费巨资致力于通过各种传播媒介和策略影响国内政策和舆论，还着力影响国外公众舆论，在公共外交中发挥着全方位传播美国政策理念和价值观、在世界各国政策精英之间构建人际传播网的重要作用。美国智库数量众多、类型多样，尽管其规模和资金来源不尽相同，但多数思想库在信息传播的渠道和方式上大致相同。

具体而言，美国智库在公共外交中所采取的主要传播方式有三，即人际传播、组织传播和大众传播。这三种传播方式是同时采用，互为补充的。人际传播主要是通过思想库学者个人的关系网络进行的公共外交活动，组织传播主要是指组织国际学术会议和国际交流项目，大众传播主要通过广播、电视、网络媒介展开，其中网络媒体以其信息传播的快捷性、互动性、全球化成为美国思想库公共外交战略中的重要一环。值得注意的是，这三种传播方式在多数情况下并不是“孤军”奋战，而是同时采用、互为补充的。

首先，在人际传播方面，“政治旋转门”机制为美国智库进行政策理念传播构造了一个纵横交错的人际传播网。美国智库董事会所构建的人际传播网，经常以世界舆论领袖的地位在全球发挥影响。美国智库的最高决策和管理机构是董事会，它们通常由政界、商界、学界、非政府组织的著名精英组成。仍以布鲁金斯学会为例。布鲁金斯学会现任董事长是约翰·桑顿，董事会成员包括里根政府白宫办公厅主任肯奈斯·达博斯坦、亚洲协会总裁丁文嘉等。约翰·桑顿曾经担任高盛公司总裁兼首席运营官，目前是清华大学教授、全球领导力项目负责人、美国艺术与科学院院士、汇丰银行北美执行主席。他不但与南非总统、澳大利亚总理、英国首相、英特尔总裁、福特总裁、新闻集团默多克等众多政界、商界领导人关系密切，与中国政界高层也有密切交往。达博斯坦是美国著名的舆论领袖，经常出现在各大媒体的访谈节目中，在世界上有着广泛的高层人脉。①

其次，美国智库采用的组织传播模式，主要是指通过组织国际会议、合作研究、交流项目或者在国外直接设立研究机构等方式进行政策理念传播。所有的智库都会经常就国内外的热点和重点问题举行对公众开放的论坛、研讨会、新书发布会、纪念会等，以此来同政府官员、同行、媒体和公众进行交流和互动。例如 2011 年秋冬在威尔逊中心举行了一场智库人士之间关于美国对台湾政策的辩论，辩论的主题是“美国是否应抛弃台湾”。这场辩论是由一篇发表在《外交》杂志上的文章引发的，该文章建议停止对台湾出售武器，理由是，台湾问题是可能在中美之间引起战争的唯一原因。此外，台湾问题阻碍了中美关系的改善，造成了中美之间的相互猜疑。而同中国建立起互信，有助于解决美国同中国在海洋安全、核安全、网络安全和太空安全方面的分歧。同时，作者一再强调，停止对台售武并不意味着美国抛弃台湾。虽然这场争论最终并没能改变美国对台军售政策，但它在美国政策界引起了广泛的关注和思考。

为了进一步扩大国际影响力，近些年来，美国各大智库纷纷在国外直接设立研究中心，其运作模式借鉴跨国公司在海外设立分支机构的方式，力图使它们成为传播美国政策理念和价值观的海外平台。2006 年，布鲁金斯学会在中国设立了研究中心，直接聘请中国学者开展工作，并向其华盛顿总部负责。五年多来，布鲁金斯学会在中国设立的研究中心举办了大量公开学术活动，汇聚了众多中国学界、政界、商界精英，在中国的金融改革、税制改革、企业改革、能源与环境、医疗改革等问题上提供了大量政策建议。2010 年，卡内基国际和平基金会与清华大学合作设立了卡内基—清华中心，其运作方式与

① 参见布鲁金斯学会网页，http：//www. Brookings. edu/about. aspx。

布鲁金斯学会相似。[①] 除了在中国拓展影响力之外，美国智库还在俄罗斯、印度、日本、中东等与美国利益有重要关联的地区和国家不断设立新的智库中心和研究项目，以此为美国公共外交的顺利推行，搭建重要的信息传播平台。

美国思想库在组织传播中采取的另外一个重要策略就是在各国学者之间举办培训、交流项目。通过这种培训、交流项目，一方面可以使得思想库的学者们有机会与政策制定者直接交流思想，并与各国学者就政策问题交流信息，构建一个有国际影响力的传播网络；另一方面可以对项目参与者产生直接影响。

关于国际交流项目，布鲁金斯学会东北亚中心的访问学者项目非常值得一提。东北亚研究中心是布鲁金斯外交政策项目下属的一个研究中心，现任负责人是著名"中国通"卜睿哲。这个访问学者项目创建于1998年，自1998—2009年，每年从中国内地、香港、台湾，以及日本、韩国、蒙古邀请一位访问学者到布鲁金斯学会进行访问研究，为他们提供为期八个月、每个人大约四万美金的研究经费，并且安排他们参加各种会议活动，与政府官员直接交谈，访问纽约、西雅图等城市，以加强他们对美国政治的了解。自2009年8月开始，这个访问学者项目每年分为两期，每期四个月。被邀请的访问学者不限于学术领域，也可以是政府官员、媒体从业者和企业界人士。这个项目不但为东北亚地区的学者提供了一个了解、参与美国政治的机会，也同时在东北亚各国的精英群体中建立了一个布鲁金斯学会的政策影响网络。通过影响这些来自世界各国的舆论精英，美国思想库实现了影响力的全球传播。

再次，美国智库还非常注重大众传媒尤其是新媒体的力量，鼓励学者们接受世界各国传媒的访问，在世界范围内进行政策理念的传播。在各种媒介中，美国思想库充分意识到网络媒体在公共外交方面

---

① 参见布鲁金斯学会网页，http：//www. Brookings. edu/lang/Chinese. aspx?；卡内基国际和平基金会网页，http：//www. Carnegieendowment. Org/ programs/china/chinese/index. cfm。

的巨大力量，通过网络媒体，全球网络用户都可以了解美国思想库对公共政策的分析报告和观点解析，从而潜移默化地在全球范围内建构起美国的软实力。

目前，几乎所有的美国思想库都有自己的网站，并且通过博客、播客、“推特”（Twitter）、“脸谱”（Face book）等各种新媒体方式进行信息传播。每一个网站都是思想库全方位展示自己的平台。实力雄厚的思想库都会花费巨资用于网络的设计、维护和更新。像布鲁金斯学会、卡内基国际和平基金会、国际战略研究中心、对外关系委员会、传统基金会、兰德公司这些思想库的网站，都是非常方便地了解美国公共政策的窗口。在网络上，受众既可以阅读思想库的政策报告、购买书籍，也可以收听、收看思想库举办的会议以及思想库学者在各大电子媒体上接受访问的录音或者录像。受众只要简单注册为会员，就可以定时收到思想库免费发送给他们的最新政策信息和会议举办的邀请信息。这些网站同时允许访问者免费下载所有的研究资料。除此之外，思想库的网站上公布思想库管理层的成员名单和所有学者的名单及其联系方式，受众可以非常方便地与这些学者进行观点的直接沟通。

新媒体的传播活动具有开放、多元、瞬时、互动、无障碍等传统媒体难以企及的优势，因此成为表达意见、建立认同、塑造行为的有力工具。美国智库借助新媒体将美国的外交决策、文化价值观、意识形态等源源不断地传送到“他国”，动摇其民众的文化根基和意识形态，争夺政治话语权。

在美国众多智库的新媒体传播战略中，卡内基国际和平基金会和布鲁金斯学会应该说是走在最前列的。早在2004年，卡内基基金会就推出了中文网站，旨在向中国的政策制定者和学者广泛介绍来自该机构的著作、杂志、活动及其他信息资源，以增进中美之间国际政治和公共政策领域的学术交流及相互了解。[①] 网络用户只需在网站上进

① 参见王莉丽：“美国公共外交中智库的功能与角色”，《现代国际关系》，2012年第1期。

行简单的邮件注册，就可以免费定期收到《卡内基中国透视》电子月刊。《卡内基中国透视》利用卡内基国际和平基金会的人力与信息资源，向中国政策制定者和学者介绍美国政策界对当前中国和国际问题的看法，提供客观而深入的分析与思考。

布鲁金斯学会在2008年就酝酿推出中文网站和其他几种语言的网站。2009年其中文网正式推出，其主要目的也是提升布鲁金斯学会在中国地区的品牌知名度和政策影响力。布鲁金斯学会的网站上不但有邮件信息订阅服务，还有多媒体和博客等，可以说是一站式服务的媒体超市。从公共外交的角度而言，网络媒体将会成为美国思想库全球战略中越来越倚重的传播媒介。

随着全球化进程的加速和深化，中国逐渐成为世界政治、经济舞台上的重要因素，公共外交作为一个国家“软实力”构建的重要途径被赋予了更为重要的意义。近几十年来，世界各国学者对于中国发展模式的观察和探讨从未停止过。特别是在改革开放之后，中国取得举世瞩目的“中国奇迹”更是燃起了世界各国智库寻求解释中国发展模式的热情，美国智库对中国的研究兴趣更加浓烈。但是，美国智库在对华政策上总体右倾，各种各样的所谓“中国威胁论”“中国崩溃论”等层出不穷，智库通过为政府、国会等提供右倾化的预言、制造舆论、提供交流平台等等对美国对华政策施加了强大的影响，形成一种总体上对中国不利的局面，对中美关系的发展造成不良影响。因此，为了推动中美关系深入发展，中国对美外交应把美国的智库和“中国通”作为工作的重要对象。明确美国思想库在公共外交中的重要地位和功能，将有助于中国政府廓清和加深对美国思想库的了解，从而在公共外交中更具主动性、策略性和有效性。中国不但可以通过影响美国思想库，进而影响美国政府对华政策和美国社会舆论对中国的印象，还可以在与美国思想库的交流中为其提供正确、及时的信息，从而使这些思想库做出有利于中国国家利益的决策。

第三节　中国智库公共外交

党的十八大以来，习近平总书记高度重视智库建设，并强调要从推动科学决策、民主决策，推进国家治理体系和治理能力现代化、增强国家软实力的战略高度，重点建设一批具有较大影响和国际影响力的高端智库，重视专业化智库建设，把中国特色新型智库建设作为一项重大而紧迫的任务切实抓好。2014 年 10 月 27 日，中共中央审议了《关于加强中国特色新型智库建设的意见》，2015 年 1 月，中共中央办公厅、国务院办公厅印发了《关于加强中国特色新型智库建设的意见》，反映出新一代领导人更加讲求科学治国理政，其政治学含义与西方古已有之的“治国方略”亦有相通之处。不管是顶层设计还是“百家争鸣”，智库都已成为中国国家治理能力现代化的重要补充。

根据资金来源，当前中国的智库主要分为四类：第一类是政府专门成立的机构；第二类是独立经营的民间智库；第三类是民办非企业单位法人型；第四类是挂在大学名下，由国外资金资助的智库。

与西方国家相比，中国智库目前在组织架构、功能定位、运营模式、成果质量等方面还存在着许多不足，中国智库与其他国家智库之间的交往还远不能满足新形势下国际关系的需要，社会公信力和国际影响力也亟待大力提高。另外，独立性原本是智库的生命线，也是每一家智库所追求的，但资金来源却决定了智库所能提出的观点。中国智库从数量上或许不比西方智库差多少，但质量不高，真正具有世界声誉的中国智库很少。中国智库大多属于官方智库，真正的民间智库很少，且大多不成气候。

美国宾夕法尼亚大学所属的“智库与公民社会项目”研究小组 2015 年年初公布的《2014 年全球智库报告》，比较形象地道出了当前中国智库的尴尬处境。据其统计显示，中国的全球排位已跃升至第二名，拥有 429 个智库，而美国却拥有 1823 个智库，是中国的 4. 25

倍。该报告按照综合能力、地区分布、研究领域、特殊成就等类型，对全球智库进行了38项排名推荐，列入其中的中国智库数量只有20个，占该报告统计的中国智库总数的4.7%。虽然这份评估报告未能完全客观地反映中国智库的现状和特点，但发展相对滞后，国际对话能力不强，与国家软实力发展的需要远不相称，却是中国智库不争的事实。

从公共外交视角看，中国智库与国外的差距主要体现在下述几个方面：

第一，在建言献策方面，智库作为“思想工厂”，其生存的根本在于思想的生产以及思想的质量。尽管包括中共中央政治局在内的各级决策机构经常就国内外重大议题邀请专家授课、听取意见，智库专家也以各种形式、不同程度地参与了国家安全和外交决策，但总体而言，智库的研究成果还远不能满足国家决策和社会发展的需要。相较于西方，我国智库高端人才少，创新产品少，直接服务于国家“四大角色”——和平发展的实践者、共同发展的推动者、多边贸易体制的维护者、全球经济治理的参与者的成果少，在前瞻性研究、战略性研究、对策应用性研究以及国别、地区和人物研究等领域更显不足。相比西方智库，中国智库呈现“两极化趋势”：一是有的中国智库所提出的政策建议大多是已有外交政策的注脚，或者提出一些不着要害的措施；二是没有充分考虑外交可行性，完全从概念、理论和逻辑推理出发，提供了一些大而空的泛泛之谈，缺乏战略和策略精神。总体上，中国不缺乏经院性的纯理论研究，也不缺乏实践性的对策研究，最缺乏的是理论与实践相结合的研究。

第二，在“二轨外交”方面，以美国为代表的西方智库已经能将功能扩展到参与预防性外交、敏感问题磋商、冲突处理与争端解决之中，不断提出和应用新思想，推动协商沟通，充当外交政策的助推器，承担公共外交实践者的使命责任，更在其中体现出积极作为、灵活运作、婉转迂回、潜移默化的特质。反观中国智库，虽然与部分国家建立了交流机制，并且越来越多地涉及到重大和敏感内容，但在整体外交实践中，仍缺乏主动的应对博弈策略与长远谋划布局，“二轨外交”成效尚不理想。

第三，在影响舆论方面，根据材料显示，各国智库十分重视开展有关中国经济、政治、社会、外交、军事和人物等方面的深入研究，并通过多种渠道将其成果、思想和倾向性观点传播推广到中国，影响大众舆论和公共决策。有的国外知名智库甚至直接参与了中央部委和地方政府的改革方案和政策研究。国外智库通过组织学术活动或设立专项访问研究计划，邀请中国专家前往国外智库开展短期访问研究，还在华直接设立研究中心，搭建思想传播平台。如布鲁金斯学会、卡内基国际和平基金会都在中国设立了研究中心。而中国智库在对全球政治经济格局有重大决定意义的地区安全、外交关系模式、金融体系、贸易规则等方面则缺乏观点和创见，对各国共同面临的全球性议题的贡献力有限，中国智库专家们似乎主要是在使用知识而不是创造知识；在规模与效能上，与西方庞大的智库集群相比，中国有智库却没有品牌，有研究人员却没有智库群，显得分散和零碎，形不成公共外交的合力；在国际事务的话语体系中，中国智库专家在国际组织或会议上少有机会阐释政策、表达观点，在国外主流媒体上露面少、声音弱，缺乏对本国政策理念、价值体系的系统转化与有效包装，缺乏与境内外媒体沟通交流、整合运用新媒体等传播方式的意识与经验。

毋庸置疑，走向世界舞台中心的中国，尤其呼唤中国特色新型智库的大发展，尤其需要智库发挥更大的公共外交作用。中国智库应聚焦国家现实和长远发展需求，全面加强能力建设，不断推出高质量的思想产品与创新成果，扩大国际话语权。而提升公共外交能力，是“中国特色新型智库”建设的应有之义。做强“第五权力中心”，已经成为中国发挥世界大国领导力的迫切需要和提升国家软实力的重要来源。

在中国和平崛起和“一带一路”战略宏伟蓝图实现的征程中，中国智库肩负着服务国家“走出去”战略的重大使命，研究解决国家发展和崛起中现实和紧迫课题的任务，行使公共外交功能提升国家软实力的责任。中国的快速崛起，又为智库开展公共外交创造了强大的需求、有利的条件和施展的舞台。

第一，改革创新智库管理体制，激发智库创新活力。独立性是智库影响力的重要源泉。欧美智库之所以有强大的影响力，独立性是最主要的原因之一。改善中国智库外交的首要之举在于推进官方智库“科学办智库”的战略，解放和大力发展民间专业智库，鼓励重数据、重实证、重定量的科学方法，推进智库的科学化和专业化建设。作为外交部门，要尽可能开放政策研究空间，鼓励创新性研究，鼓励不同学术观点，鼓励政策辩论和战略争论，在争论中检验政策观点的说服力和有效性。事实上，如果智库更多表达与政府相同的观点，反而可能会令政府闭目塞听，智库更多表达与政府不同的声音，才能提醒政府重视可能的另外思路，刺激政府做出更全面更准确的判断。总之，智库独立程度越高，智库服务外交的能力反而越强，水平也越高。

值得指出的是，欧美智库提倡的“独立性”，更多指的是基本立场相对于各党派的“独立”，学理逻辑与论证的客观，以及它们在出台政策报告过程中保持一定的独到观点。智库并不会刻意与政府保持距离，有的资金大量来自于政府，比如战略与国际研究中心（CSIS）的 2012 年年度预算有 21% 来自于政府。中国特色新型智库建设，既要防止“独立性”的误解而出现与政府对立化趋势，也要避免仅为政策出台做注脚的“迎合化”倾向。在中国当前制度背景下，中国智库的发展不可能、也不应该是完全独立的，而应是多元的，在保持专业客观的同时为政府、社会团体多出谋划策。

第二，聚焦中国战略需求，切实提升智库产品的质量、实践力和影响力。思想是智库的生命线。智库除了要有很强的独立性之外，还需要充满活力的思考。智库所从事的不是纯粹的学术研究，而是以“问题解决”为导向的战略研究和政策研究，以知识、思想和观念的生产为根本使命。中国智库要加强公共外交能力，必须打好基础，聚焦于中国面临的全球挑战和重大现实课题，生产出高质量与创新的思想产品。比如：如何加强公共外交，提升国家的软实力；如何适应、影响、改变和制订国际规则，建设性地塑造国际体系；如何开创大国关系新模式，走出一条避免传统大国之间必然对抗冲突的新路，建立“新型大国关系”；如何维护日益扩大的国家利益；如何抢占国际道德制高点，影响并引导国际舆论；如何介绍推广中国的价值理念、发展和治理的成功经验，宣传中华民族伟大复兴的“中国梦”；如何化解外界的误解疑惑，塑造中国的良好国际形象；如何凝聚社会共识，争取国内民众对国家安全和外交政策的支持等等课题，都需要我们的智库进行专业评估，为政府机构提供全面、专业、具体的政策选择方案，同时还要直接参与到成果发布、思想推广、媒体引导、沟通游说等公共外交实践中去。

随着中国的崛起，世界各国更加期待中国对本国的价值观念、行为模式、外交决策、国情经验、发展动态以及决策背景等提供更多权威解释，对各种外界看法和疑问做出系统说明。海外有关中国的和平崛起、市场潜力、实力增长前景、在世界的自我身份认定、国家利益的定义、价值观，还有中国的外交理念、地区影响力、在全球治理中的角色、外贸依存度、企业“走出去”、孔子学院、领土争议等方面的疑虑、误解、曲解，中国的智库和学者都有义务予以解释，用有说服力的成果，来维护中国负责任的大国形象。为此要强化智库的前瞻性研究。必须承认，缺乏前瞻性的战略思想是中国智库相当普遍存在的问题。要按照适度超前的原则，增强战略思维能力，以富有前瞻性的政策建议，展现智库的核心竞争力。同时智库也要强化全球视野。智库是国家软实力的重要组成部分、国际竞争力的重要因素。随着中国智库的不断发展，要强化全球视野，站在全球的高度，拓展思维空间，提升国际化水平，探索增强中国智库的国际竞争力与影响力的有效方式与路径。

第三，广拓渠道，培育高质量的智库队伍。智库专家是公共外交的重要实践者。在智库公共外交实践方面，要紧密跟踪国际学术前沿问题，完成高水平的研究工作，要在国际一流刊物上发表文章，扩大影响，要及时发布、向国外推广智库研究产品，要走出去与国外官方和民间交流对话，要开拓进取设立海外研究中心等等，都离不开高水平、高素质和国际化的智库专家的亲力亲为。而正是缺乏众多这样的高素质、国际化人才，严重制约着中国智库“走出去”。中国智库优秀人才若能更多地走向世界，有利于沟通思想、承载文化、传播知识、收集信息，有利于扩大中国的国际学术影响力，打造出具有中国特色、中国风格、中国气派的国家文化软实力。

因此，我们要乘习近平主席关于建设“中国特色新型智库”批示的东风，以人才为中心进行智库创新。一是优化组织机制和管理模式，公平配置学术资源，淡化政府财政投入色彩，减少行政化干预，按科学规律办事，鼓励协同创新，最大限度地调动优秀人才的积极性和创造性。二是坚守智库的公共属性和社会责任，保护科研人员的学术独立性，杜绝学术腐败，保证研究成果的科学和实践价值，提升我国智库体系的整体公信力。三是改变衡量标准，不用机构的属性、单位的归属、大楼的面积、人员的数量、专业的种类以及硬件的优劣来衡量智库的长短，而是把主要精力放到培养自己的国际知名学者和顶尖人才上去。四是探索具有中国特色的“旋转门”制度，将人才流动起来，智力发挥出来，使智库为决策服务的道路更为通畅，在理论和实践之间搭起桥梁。当前中国政学两界的“旋转门”机制还不健全，智库应该利用自己的特殊身份，更积极地发挥两者的桥梁作用。五是吸引和选拔优秀学生进入智库，尤其是专业知识广博、外语语言基本功扎实，具有国际视野、良好的跨文化沟通和交际能力，了解和熟悉国际事务运作规则，具备分析与解决问题能力的国际化、创新型人才。

第四，在智库外交方面，积极开展与世界各国尤其是西方精英智库的对话交流。首先，可以依托政府主管的国内基金会等形式在他国智库中设立中国问题研究项目，引导他国智库加深对中国国情和相关社会问题的了解和研究，从而纠正他国决策者头脑中存在的对中国的偏见和无知。通过项目招标的方式将中外关系发展有关课题交给他国的智库进行开发，举办各种类型的研讨会，组织专家学者之间的访问交流，在学术探讨中用理论和事实纠正他们研究中存在的误解，进而间接影响他国政府的决策者和民众。

其次，要加强与各国智库的交流。包括建立智库之间的姊妹关系、互享研究成果、互相访问、互相提供长驻访问学者机会、建立长期的人员交流机制。鼓励中国前政府官员加入两国的智库交流互动，包括互相访问、互相提供长驻访问学者机会。国内相关官员与他国智库交流时，不能光停留在我大政方针与大原则上，还应更多触及中国面临或外界普遍关注的现实，更加重视对方听众的感受，增加演说、研讨的现实针对性，避免泛泛而谈、空洞无物、大而化之，从而改进与增强“智库外交”的成效。

再次，中国也可根据自己需要，主动邀请外国智库组团，或其学者个别访问中国，组织中国的官员和学者与其进行有针对性的对话，了解他国政府及学术界的思想动向。“请进来”有助于其他国家智库专家更多地了解中国与中国人民，从而提出更有利于中国，至少是更为客观的建议与预测。

第五，要加快建构中国特色的智库评价体系。中国特色的智库评价体系是中国特色新型智库建设的必然要求和有机组成部分，也是在智库评价的国际话语权斗争中发出中国声音，抢占制高点的现实需要。根据中宣部《国家高端智库管理办法（试行）》的要求，要加强对高端智库的绩效考核和综合评估，以质量创新、实际贡献和社会效益为主要标准，携手相关机构与学者，进一步深化与完善智库评价指标体系。中国社会科学院 2014 年 2 月启动全球智库评价项目，组建了多语种团队，尝试构建更为公平、合理的全球智库评价体系。中国社会科学院中国社会科学评价中心在 2015 年 11 月发布了《全球智库评价报告》，提出了一套全球智库综合评价 AMI 指标体系。全球智库综合评价指标体系主要从吸引力、管理力和影响力三个层次对全球智库进行评价，该评价体系不仅得到国内外的广泛关注，而且根据该指标体系做的全球智库百强排行榜，也得到同行认同。“全球智库评价指标体系”与“全球智库评价报告”分别荣获中国社会科学院创新工程智库重大成果奖。此外，该报告的发布入选 2015 年全国智库界十大事件之一，可以说在该领域首次发出了中国声音。

“未来的帝国乃是智力的帝国”，丘吉尔在二战后的预言如今已然变成触手可及的现实。国家间的竞争成为智力的大比拼，人才的大比拼。世界诸国以智库为依托在全球公共外交领域的较量，归根结底落到人才和思想的竞争上，谁拥有数量多、素质高、具有开拓精神和富于创新能力的国际化人才，谁就能把握主动，立于不败之地。

第 二 章

媒体公共外交

第一节　媒体公共外交概论

媒体（Media），中文也译作媒介、传媒。在传播学中，一般说来，媒介就是一种能使传播活动得以发生的中介性的公共机构。具体说，媒介就是拓展传播渠道、扩大传播范围或提高传播速度的一项科技发展。这一概念强调的是媒体的静态性和工具性，按照时间先后和表现形态的不同，迄今为止，媒体大体可以分为三类，即印刷媒体（如报纸杂志、图书等）、电子媒体（如广播、电影、电视等）和数字媒体（如多媒体、计算机、网络等）。印刷媒体和电子媒体统称传统媒体，而数字媒体则普遍称为新媒体。

从17世纪初世界上开始出现报纸，到20世纪20年代电视诞生，再到20世纪60年代末互联网问世，媒体的诞生和发展对人类的经济、政治、文化、外交等方面产生了深远的影响，以至于在西方国家，媒体被誉为立法权、行政权和司法权之外的“第四种权力”。在全球化、市场化、信息化不断向纵深发展的浪潮中，“媒体介入外交，外交融入媒体”的趋势越发明显。在这个历史进程中，一种新的外交方式逐渐显现，它改变并仍在影响着国家关系、国际政治和世界局势。这就是媒体外交。

最早对媒体外交下定义的是西方学者。1963年，美国学者伯纳德·科恩出版《新闻与外交政策》一书，提出媒体是政府友好的合作伙伴，是能够连接政府和关心国际关系的公众，是外交决策不可缺少的要素。这是对媒体外交的内容早期有代表性的论述。国外最早比较完整研究媒体外交的是尤耳·科海恩教授，他于1986年出版了《媒体外交，大众传播时代的外交部》。他认为，所谓媒体外交就是一国运用大众传媒在海外施展、增加、扩大其说服力、对外影响力、威望、认同力的过程，从而得以实现国家既定的外交战略意图。① 哈佛大学艾恩·吉尔博教授认为，媒体外交就是“利用新闻媒介来阐述和推进外交政策的方式”或者“新闻媒介积极参与并发挥影响的外交方式”。② 他把大众传媒和外交的关系概括为六个概念模型，认为媒体在外交中的作用基本上可以分为两种方式：一是具体外交，分为秘密外交、非公开外交和公开外交；二是政府官员和媒体从业者利用媒体才促成外交谈判过程，具体分为公众舆论、媒体外交与媒体掮客、依靠媒体外交去化解传统外交难以解决的难题。

美国学者约瑟夫·奈认为，在全球化信息时代，外交政策不再是政府的专有领域，大众传播和广播有着政治集中化的倾向。互联网信息流动更快、更远、更少中介，政府的中央监视虽然是可能的，但是希望通过控制互联网来控制信息流动会付出很高的代价，并会导致最后的失败。亨廷顿认为，文化和文化认同在最广泛的层面上是文明认同形成了冷战后世界结合、分裂和冲突模式。他认为以文明为基础的国际秩序正在出现，而西方国家的“普世主义”正在引向与其他国家的冲突（最主要是同伊斯兰世界和中国的冲突）。美国和亚洲的冲突源于文化差异。而解决文明的冲突就靠相互理解与有效沟通，往往体现为对国际公共舆论的引导和影响能力。

我国学者则认为，凡是那些由政府幕后操纵、运用大众传媒的力量，在特定的领域向其他国家的民众释放信息、影响舆论、塑造行

① Yoel Cohen. Media Diplomacy：the Foreign Office in the Communications Age Frank Cass Publishers，1986：2；2.

② Eytan Gilboa. . Mass Communication and Diplomacy：A Theoretical Framework. Communication Theory，2000：275 –309.

为，希望在其他国家的民众中间建立信任、获得支持以及增强联系，进而间接影响他国政府行为的活动，都是媒体外交。①

由此可见，通常意义上的媒体外交是指这样一种综合外交策略，即依靠包括互联网、广播、电视、电影、书报、音像在内的国际传播媒介，通过培植或影响国际公共舆论，减少国际公众、民众（Mass）对本国产生错误（消极）观念，着意于提高本国在国际社会中的形象和影响力，进而左右他国的意志与行为来实现自身的外交战略意图。

第一次世界大战以来，媒体与外交的互动在现代国际关系中表现得日益明显。巴黎和会上美国总统伍德罗·威尔逊的“十四点计划”倡议可以说是现代媒体外交的先声。威尔逊提出“公开的和平条约，应以公开的方式缔结，嗣后国家间不得有任何类型的秘密默契，外交必须始终在公众的监督下坦诚进行”。而公众如何监督外交？这就需要借助媒体，媒体自此开始更确切地充当政府外交与公众沟通之间的桥梁和纽带。可以说媒体外交的最终成型，是伴随着威尔逊的“公开外交”倡议而来的。

在国外媒体外交的历史中，首先发展起来的媒体是国际广播。荷兰是世界上最早开展国际广播的国家。从1927年起，荷兰开始用荷兰语向其海外殖民地东印度等广播，不久又增加了英语和印尼语。此后，苏联、法国、英国、德国、意大利、日本等国也相继开办了国际广播。国际广播的政治影响力第一次引起重视，是在20世纪30年代后期。当时的英国和德国希望利用广播影响舆论，特别是美国舆论。第二次世界大战爆发之前，当时世界上已经有27个国家开展了国际广播。截至1940年9月，英国广播公司（BBC）每天向英国以外的听众提供的新闻广播节目超过70个，文字总量超过20万。报道主题大都涉及美国。国际广播对战争结果有着重要的影响，被称为“大

① 赵可金：“媒体外交及其运作机制”，《世界经济与政治》，2004年第4期，第21—22页。

西洋另一端的第一道防线等”。[①] 二战爆发以后，国际广播很快脱颖而出，成为优势媒体，并在外交和国际关系中成为具有变革性的力量。1940 年，在德国进攻法国之前，当时德国利用三个功率强大的电台，播放经过捏造出来的法语新闻，竟然使听众误以为是法国官方的声音，从而导致在法国国内引起了极大的恐慌和混乱，加速了法国军队的失败。同样，在一战和二战两次世界大战中，美国政府的媒体外交对媒体控制的效果极为明显，同时对于美国最终获得胜利功不可没。

冷战期间，国际广播和电视等媒体又先后在苏伊士运河危机、古巴导弹危机、越南战争等重大国际事件中扮演了重要角色。这一期间媒体对一国外交政策施加影响的最著名案例莫过于美国新闻主持人沃尔特·克朗凯关于越战“这是一场无用战争”的报道。时任美国总统的约翰逊根据沃尔特的报道认为美国公众不支持越战，导致“在美国历史上，第一次由一位新闻节目主持人宣布一场战争的结束”。[②] 在 1991 年海湾战争中，美国有线电视新闻网（CNN）推出了“24 小时实时新闻”节目，时任美国总统老布什和伊拉克总统萨达姆都通过 CNN 向对方传达信息、了解战况。CNN 也因此一举成为领导全球新闻传播的领袖、“联合国十五国成员组成的‘安全理事会’中第十六个成员”，而“CNN 效应”一词也成为国际政治传播研究的专门术语，备受推崇。

冷战结束之后，随着互联网在全球范围内的普及和扩展，媒体与外交的互动更为密切，尤其是以数字信息技术为基础的新媒体更多地出现在人们的日常生活中，引起了国际政治和公共外交领域的深刻变化。与传统视听媒体不同，新媒体的内容形式更为多元，包括诸如数字报纸、数字杂志、社交网络、移动电视等，具有更快的传播速度、更低的全球范围传播成本以及较强的互动性等特点。不同于传统媒体

---

① 菲利普·赛博：“跨国新闻、公共外交及虚拟国家”，《国际新闻界》，2010 年第 7 期，第 11—18 页。

② Thomas R. Dye, American Politics in the Media Age Brook. , Cole Publishing Company. 1992. p. 96.

更为偏重于单向宣传的特点，新媒体能够通过即时的网络平台，实现外交主体与客体受众的有效沟通，从而能够更为直观迅速地获取受众客体对信息传播的反馈信息和效果评价。以互联网为依托的新媒体外交活动被称为信息网络技术与外交系统结合的产物，具有主体多元化、手段虚拟化、议程即时化、互动人性化、价值民主化等特点。冷战结束以来，美国、欧盟等国家和地区不断掀起"全面网络外交""新媒体外交"的热潮，对世界政治格局的影响愈加直接、迅速、深化。2009 年，发生在社交网络上的"推特革命"相继引发了摩尔多瓦和伊朗选举骚乱。2010 年，谷歌宣布退出中国大陆和"维基解密"披露美国外交秘档等事件则进一步助推了数字空间的国际政治化。2011 年至 2012 年发生在中东北非地区的一系列"革命"事态、英国伦敦骚乱以及美国"占领华尔街"运动的迅速蔓延更是表明，在一个信息沟通日益全球化和数字化的环境中，思想已成为国际竞争的武器，而以宽带互联网和手机移动网络作为主要传播媒介的各类新媒体（如 Blogger、Face book、Twitter、YouTube 和 Wikipedia 等）则日趋演变为最主要的思想传递工具。在此背景下，新媒体外交应势而起，正逐步演变为一场"数字时代的外交革命"。

与此同时，媒体外交也逐渐开始受到国际学界的重视。在国际关系和外交学领域，媒体外交得到了越来越多的关注和研究。某种程度上，这主要归因于公共外交在全球范围的崛起。媒体外交被视为公共外交的一种实现形式和组成部分。有学者认为，公共外交是"由政府扶持媒体、文化活动、网络等传播途径，有的放矢地针对国外民众开展的有意识的外交活动，旨在减少其他国家政府和民众对本国产生的错误观念，提高本国在国外公众中的形象和影响力，进而增进国家利益的活动"。而媒体外交是"那些由政府幕后操纵、运用大众传媒的力量，在特定的领域向其他国家的民众释放信息、影响舆论、塑造行为，希望在其他国家的民众中间建立信任、获得支撑以及增强联系，进而影响他国政府行为的活动"。这些界定都将媒体外交纳入公共外交视野，从公共外交视角去理解媒体外交。

媒体之所以能够跟"高大上"的公共外交产生交集，主要原因在于媒体的功能内涵与公共外交的内涵、目标指向比较契合。著名传播学者施拉姆认为，媒体具有政治功能、经济功能和一般社会功能。对于媒体外交而言，它是一国软实力的展示，其作用发挥既体现在工具和技术手段层面，也体现在社会组织层面，其社会性功能明显。从公共外交的角度而言，媒体外交就是通过传播一国的文化和价值观念，来争取特定国家和区域民众对该国外交政策和行为的认可、理解、支持，引导思维和行为利于自身利益，进而实现其社会功能。一般而言，媒体外交的功能内核包括以下方面：

第一，发布信息。政府将媒体视为向国内外公众发表政策声明、外交决定、立场观点的重要平台，目的在于或者寻求民众支持或者试探反应。具体渠道包括：政府记者招待会，各部门的吹风会，政府官员在一些重要场合的演讲、参加电视脱口秀节目及接受记者的采访等。在美国和中国，都建立了较为完整的新闻发布制度，进行权威信息发布。比如“9·11”事件后，美国政府在第一时间就其即将发布的打击恐怖主义政策召集美国主流媒体的负责人开会，要求媒体配合，不发表不利于美国国家安全的报道，并要求绝对“听从指挥”。这就是美国政府借助媒体的力量，为自己的外交政策和行为寻求合法性依据。

第二，议程设置。1972 年，美国传播学家马尔科姆·麦库姆斯和唐纳德·肖正式提出议程设置理论，认为媒体不能决定人们想什么，但可以通过提供信息和安排相关议题来有效地左右人们怎么想。其具体表现为：将原本不在政府考虑之列的某些事件或政府重视不够的国家地区提上日程；将已经列入议程的问题和国家提升到更重要的战略位置。美国学者伯纳德·科恩在《新闻与外交政策》一书中指出：“媒体是一条连续而明确的纽带，联结政府和关心国际事务的公众，因而成为外交决策不可或缺的要素。”鉴于当时美国公众普遍对外交事务兴趣不大的事实，他提出了“信息传播两步理论”，即媒体首先左右“舆论制造者”或是“舆论精英”，继而由后者对大众产生影响。科恩还进一步指出记者在外交领域至少承担两个任务：（1）告知公众并向他们解释外交政策；（2）通过质疑、批评决策者而参与外交决策过程。由此可见，在外交活动中，一方面，媒体可以塑造公众舆论，间接影响对外政策的制定和实施；另一方面，外交决策者也可以利用媒体对公众施加影响，以便于推行既定的外交政策。

这在西方媒体报道新疆2009年“7·5”事件的问题上表现得淋漓尽致。西方在报道事件时，肢解中国议程，只是采用那些与其预制的新闻议题一致的画面和故事，却全然不顾中国政府和媒体提供的真实音像图片资料。更具有讽刺意味的是，西方媒体所用的音像图片资料都是通过现代媒体技术对真实声画进行切割、重组的结果。由此，西方媒体出于自身利益需要，对议程设置原则的纯熟运用可见一斑。

第三，引导舆论。沃尔特·李普曼曾就媒体对公众舆论的影响做过如下比喻：“媒介就像是受众身后的火光，将其背后的事物投射到前面的洞壁上，形成影像，人们借助这些影像去感知实际的存在，理解现实的社会，并据此做出反应。”以美国为伊拉克战争所做的舆论宣传为例，尽管事实证明萨达姆与恐怖主义或“基地”组织没有任何联系，但是在美国所有涉及伊拉克的报道中，恐怖主义、“基地”组织以及本·拉登却高居榜首，占所有用词的45%。一直以坚持反战著称的《纽约时报》和《时代》周刊对伊战的支持率也高达48%，而坚决反对战争的只有22%。

第四，影响政策。媒体往往通过“舆论精英”和“舆论领袖”来影响外交政策，或延缓或加速一项政策的出台和实施。1947年7月，美国驻苏代办乔治·凯南在美国《外交季刊》上发表阐述其遏制政策的文章《苏联行为的根源》，后来遏制政策成为杜鲁门政府的一项重要外交原则，也深化了两大阵营冷战期间的对峙。另如，2010年1月，美国谷歌公司攻击中国政府对其中文网站搜索结果的审查，并将搜索服务由中国内地转至香港。在这个事件中，美国国务卿和总统不断表态，表示支持谷歌公司的决定，批评中国对网络信息的“管制”，并将中国列入“限制网络自由”的国家。这可以看作是中美两个大国在媒体外交领域的第一次严正交锋，但料定不是最后一次。从谷歌事件中也可以看出，中美之间的外交交锋从某种程度上讲，是两国不同文化、价值观念的冲撞，当然这是以维护各自国家利益为前提的。而文化和价值观念，正是各国媒体外交都着力宣扬、推崇和传播的核心内容。

由此可见，作为一种外交新范式，新媒体外交与传统外交无论是在战略理念还是在政策实施方面都存在诸多不同：第一，传统外交重在宣传和说服，而新媒体外交重在沟通和交流。传统意义上的公共外交最早脱胎于战时宣传，其实质是政治攻心战和民心争夺战，重在杠杆游说和价值输出而非政治沟通，譬如冷战时期美苏双方的相互抹黑宣传与价值观外交。也正因如此，传统意义上的公共外交通常也被称为“对外宣传”或“国际传播”。公共外交的核心主体和主要实施者是国家政府或经由国家授权支持的专门外宣机关，譬如“美国之音”（VOA）、“自由亚洲”广播电台（RFA）和“自由欧洲”电台（RFE）等。然而，数字2.0时代的到来却使公共外交的性质正在发生悄然变革，新公共外交依托于平民化的社交网络工具，更加强调平等基础之上的政治对话和心灵沟通，而不是单纯依赖国家之间的信息落差进行思想灌输与政治抹黑。在新媒体时代，借助于各种智能网络和数字显示技术，不仅普通民众可以生产、制造、发布和传播信息，从而改变政治传播自上而下的单向灌输模式，而且国家与国家之间的不平衡信息传播格局也将因新媒体技术的普及而逐步消减。这导致国际信息传播开始出现扁平化和均质化，国家与国家之间、信息发送者与接收者之间的边界不断消解。与传统媒体相比，新媒体在技术设计上更加强调不同国家民众之间的社会互动和相互理解，其国际政治沟通价值也更加明显。

第二，传统外交重在影响他国利益集团和精英群体，而新媒体外交则更加强调“人民对人民”之间的直接沟通和来自底层的社会舆论压力。新媒体外交的设计理念在于试图打破地域疆界与政治身份的隔离，从而使每一个人都有可能成为新外交活动的亲历者和实践者。传统上，外交是政府与政府之间的跨界政治沟通，影响一国外交决策的主导力量通常是本国权贵和他国政治精英。因此，一国对外公共外交的宗旨往往是本国政府或政治精英力图说服或影响他国政治精英和利益集团，以促进本国利益的维护和实现。在某种意义上，这种传统

可能成为外部势力对本国民众进行政治说服的技术利器。概言之，传统外交更多的是依托强势信息传播能力造就强势国际话语权，而新媒体外交则因“把关人”角色的式微，若用之不慎反成“被公关”和“被说服”的对象。因此，新媒体外交具有鲜明的利弊两面性，宜攻防兼备。

第二节　媒体公共外交案例

作为世界上媒体机制最为发达的国家之一，美国拥有利用媒体影响外交政策的决策、执行和评估的历史传统。例如，罗斯福总统曾于1942年在欧洲创立了“美国信息中心”（American Information Centre），对外播放“美国之音”等新闻节目。1949年，乔治·V. 艾伦（George V. Allen）在《宣传：目的明确的外交武器》一文中强调：“我们必须熟悉和灵活运用各种媒体宣传技巧，否则，我们就会像500年前的旧式骑士一样手足无措。”1953年，美国政府成立新闻署（USIA）以管理各种对外宣传事务，从而“提高美国价值观与共产主义进行抗衡”。1963年，美国新闻署主任爱德华·R. 默罗（Edward R. Murrow）在一次国会听证会上进一步提出，要在媒体宣传中充分考虑受众的信息接受方式、程度和特点，以真正提高外交政策的“说服力”。20世纪80年代，里根政府曾经创立公共外交办公室（Office of Public Diplomacy）来管理各类媒体信息，为美国在美洲中部的秘密战争寻求更多支持。

冷战结束之后，许多学者和政界人士将冷战的胜利归功于成功的媒体外交。例如，《华盛顿邮报》专栏作家吉姆·霍格兰德（Jim Hoagland）曾这样说道：“媒体是美国赢得冷战胜利的重要武器。冷战期间，我们成功地向苏联和东欧人民传播这样的信息：‘你们的政府一直在欺骗你们’。”但在赢得冷战之后，美国各界普遍降低了对媒体等公共外交手段的重视。1998年，美国国会甚至通过了取消新闻署的法案，于1999年10月将这个办公室归并于国务院门下。

然而，“9·11”事件很快让美国人民再次意识到，美国的社会模式和价值观极其容易遭受各种攻击，美国在新时代中的外交活动需要囊括媒体、工会和宗教团体等多种要素。美国前驻联合国大使理查德·霍尔布鲁克（Richard Holbrooke）在“9·11”事件后一个月就强调：“世界人民尤其是伊斯兰世界的民众如何看待这场全球反恐战，对我们获得战争胜利具有关键意义。”而作为新公共外交重要形式的媒体外交，则在美国对阿拉伯世界的公共外交中占据愈来愈重要的战略地位。

美国同阿拉伯国家的正式外事关系的建立与发展始于1784年美国国会决定在马格里布地区设立商贸特别委员会。美国在阿拉伯国家开展公共外交则始于1942年“美国之音”阿拉伯语节目在阿拉伯世界的开播。尽管“9·11”事件后，“美国之音”停播其阿拉伯语节目，美国政府也以萨瓦（Sawa）电台取代了“美国之音”阿拉伯语节目，但自阿语节目开播之初，以“美国之音”为代表的美国国际传播媒体便强调通过其多元化的节目，向阿拉伯民众推介美国的思想、体制以及政策，“美国之音”也成为美国在阿拉伯国家开展公共外交的始端。

“美国之音”阿拉伯语节目开播之初每天仅在阿拉伯国家播放时长半小时的节目，该节目仅在1942年至1945年间播出了三年，随后停播。1950年1月1日“美国之音”阿拉伯语节目重新开播，而1956年苏伊士运河危机爆发之后，每天的节目时长迅速增长至约14个小时。此后，直到2002年被萨瓦电台取代，“美国之音”阿拉伯语节目平均每日节目时长达到9.5个小时，每天分为三个时段在阿拉伯国家播出，其中晚间时段节目时长达5小时，其主要节目由“环游世界”（Around the World）、“新闻播报”（Newscasts）以及“媒体评论”（Press Reviews）三大板块构成。海湾危机爆发前，“美国之音”已成功在埃及、摩洛哥、约旦、突尼斯、沙特、巴林以及阿联酋设立广播站，并在约旦安曼和埃及开罗两地设立记者站。在传播学领域，决定媒体信息传播效果的因素主要是节目时长、节目形式以及媒体环境，“美国之音”阿拉伯语节目凭借着较长的节目时长、直播与新闻评论相结合的节目形式以及在整个阿拉伯世界记者站和广播站等媒体环境创建基本因素的设立，为美国在冷战期间以及海湾危机等重要历史事件期间在阿拉伯国家宣传美国思想和国家政策做出了巨大贡献。

在美国开展对阿媒体外交的过程中，美国媒体已从过去外交行为的观察者转变为外交行为的参与者和催化者。美国政府在开展针对阿拉伯国家民众的国际信息传播中，传统意义上的视听媒体如广播、图书等以及网络新媒体均起到了重要的作用。可以说，多元化的媒体不仅仅扮演了信息传播媒介这一角色，同时也参与到了美国对阿拉伯民众传播思想、施加影响的交流与互动过程中，不仅仅具有传统意义上传播学媒介所具有的中介性的特质，同时也具有主导性的传播特质，这也为美国对阿开展以媒体传播为基础的公共外交活动产生了积极的影响。

美国通过传统视听媒体针对阿拉伯国家开展的媒体外交中，最具代表性的便是美国在中东阿拉伯国家建立的国际广播网络。作为传统视听媒体的代表，广播这一媒介具有传播速度快、针对受众范围广等特点，而国际广播除了上述优势外，更能够兼具新闻传播与文化交流两大跨文化交流媒介的优势，能够有效促进观念和思想的流动以及公共外交主体与客体民众的沟通与互动。对于广大阿拉伯民众来说，以电视为代表的传统视听媒体一直以来都是他们接受信息，获得有关别国新闻的最主要途径。而美国媒体通过其涉及广泛的节目设置以及21世纪以来在国际传媒领域所占有的巨大市场份额，已经成为阿拉伯民众重要的信息源。

据统计，目前不到50家跨国媒体控制着全球媒体市场，而其中的六大公司——时代华纳、新闻集团、迪斯尼、贝塔斯曼、维亚康姆和美国电讯公司等则占据着大部分的市场。在“9·11”事件后，小布什政府高举打击国际恐怖主义的大旗，先后发动了阿富汗和伊拉克战争，部分滥用硬实力的做法使得美国在阿拉伯民众心中的形象一落千丈，整个中东地区也广泛出现了反美主义和多次针对美国使领馆和驻外人员的袭击事件。通过传统的国际广播这一最直接的国际信息传播途径维护美国的国家形象，争取阿拉伯民众对美国的理解成为小布什政府任期内开展公共外交的重要任务。另外，随着信息技术的飞速发展，卡塔尔半岛电视台等阿拉伯本土媒体依靠强大的资金及技术支持、鲜明的新闻报道立场以及极具爆炸性的新闻选材得到了阿拉伯民众的广泛关注，美国政府也意识到建立并发展美国在阿拉伯国家的国际传播网络，提升美国传统媒体对阿拉伯民众的影响力的重要性。美国负责综合监督管理国际广播的机构是美国广播理事会（BBG），有两大国际广播传播网络直接受其管理，分别是中东广播网和国际广播局，其中中东广播网主要涵盖了萨瓦电台、自由电视台、“自由阿富汗”电台以及明日广播等几大针对中东地区民众的广播网络，而国际广播局则主要由“自由亚洲”电台、“自由欧洲”电台以及古巴广播办公室等分支机构构成。

中东广播网的建立获得了美国政府的大力支持，2002 年至 2006 年期间，该广播网络共获得美国国会财政拨款 2.74 亿美元，覆盖了叙利亚、黎巴嫩、约旦、巴勒斯坦、伊拉克、阿曼、科威特、卡塔尔、阿联酋、沙特、巴林、也门、苏丹、埃及、突尼斯、阿尔及利亚、摩洛哥、利比亚、吉布提共 19 个阿拉伯国家，而且在贝鲁特、安曼、迪拜等地设立海外分部。设在美国的中东广播网络中，萨瓦电台和自由电视台是最具代表性的通过国际信息传播开展对阿拉伯国家公共外交的两大美国国际广播电台。作为美国之音阿拉伯语节目的替代，萨瓦电台于小布什第一任期内的 2002 年 3 月 23 日正式开播，其“萨瓦”一词取自阿拉伯语广泛使用的方言词汇，含义是“共同地、一起地”，用该词为电台取名的含义就是希望通过该电台的节目，传播美国文化，从而增进美国和阿拉伯人民之间的了解、加强沟通。萨瓦电台创立者诺曼·帕蒂兹在该电台创立之初表示，在阿拉伯世界，大约 60% 以上的人口处于 30 岁以下的年龄层面，因此阿拉伯的青年人被认为是萨瓦电台节目重要的接收对象，同时他还强调，阿拉伯青年并不喜爱他们日常生活中听到的格调呆板、内容空洞的官方广播，而是渴望听到一些与本土官媒截然不同的声音，这便是萨瓦电台创立的初衷。萨瓦电台也成了美国第一家一周 7 天、每天全天候 24 小时通过调频广播对阿拉伯国家进行阿拉伯语节目播出的美国国际电台。萨瓦电台的节目设置主要由三大板块构成，新闻、音乐以及社会板块，新闻板块主要针对阿拉伯听众播报世界范围内的时事新闻，音乐板块则是萨瓦电台的主打内容，主要播放美国地区、拉美地区以及阿拉伯国家的流行音乐，而社会板块则包含了时事热点以及科技内容，向阿拉伯听众介绍美国社会文化及科学技术成就。从 2002 年创立至今，萨瓦电台已经成功实现通过调频 FM 在 38 个阿拉伯城市进行直播，通过调频 AM 在埃及、伊拉克、苏丹、也门以及海湾地区进行直播，同时还设立了埃及、海湾地区、伊拉克、约旦、黎巴嫩、利比亚、摩洛哥以及苏丹八处网上同步直播网站。

自由电视台则开播于 2004 年 2 月 14 日，根据美国政府 1948 年的《蒙特法案》，该电台的节目只针对海外听众，因此自由电视台同萨瓦电台一样，均被认为是美国开展对外公共外交的重要媒体手段。在萨瓦电台开播后，其创立者诺曼·帕蒂兹认为，萨瓦电台通过播放流行音乐等方式，成功地吸引了许多阿拉伯青年人的关注，美国政府也应利用这一优势，继续推进国际信息传播活动，设立更多针对阿拉伯社会不同阶层听众的广播及电视节目，因此自由电视台应运而生。在节目设置方面，自由电视台的节目不仅仅局限在播放新闻和流行音乐方面，而是针对阿拉伯社会文化特色进行节目创新。自由电视台曾在 2012 年进行过一次节目改版，改版之前共设有 13 个节目板块，其中包括探讨女权的《她们》栏目、探讨海湾国家社会及政治热点问题的对话节目《海湾对话》、介绍美国人日常生活的节目《美国人》等，改版后的自由电视台节目设置多达 34 项。自由电视台也成为欧美国家新闻媒体第一个 24 小时滚动式播出的阿拉伯语卫星电视台。因此，以萨瓦电台为代表的美国国际广播和以自由电视台为代表的美国海外电台已经成为“9·11”事件后美国开展对阿拉伯国家国际信息传播进而推动对阿公共外交发展的重要手段。

“9·11”事件后，作为反恐新时代的主角，美国将媒体外交提升到一个前所未有的战略高度，宣称要以广告、网络、广播电台以及电视媒体作为载体，在全球范围内打赢一场“人心和思想的战争”。

为了赢得这场“人心和思想的战争”，媒体作为美国公共外交的最重要载体，从以下几个方面推进美国的全球反恐事业。

第一，利用媒体外交建立并巩固全球反恐联盟体系。

“9·11”事件后，美国需要立即在全球范围建立庞大的反恐盟友体系，而具有全球宣传效应的媒体外交显然是实现该目标最理想的途径。正如学者克里斯托佛·罗斯所认为的：“当前，任何人都会认识到媒体等公共外交手段在建立和维持国际‘反恐’联盟的重要性。”2001年9月24日，副国务卿夏洛特·比尔斯（Charlotte Beers）在参议院听证会上呼吁，美国应重视发展与其他国家民众之间的“真诚的双向对话”。随后，美国联合英国和巴基斯坦在华盛顿、伦敦和伊斯兰堡建立了“联盟信息中心”（Coalition Information Center），旨在更加有效地帮助美国和伙伴国家开展国际反恐合作。通过传播总统和重要官员的反恐演说、新闻评论和电视节目等多种方式，美国媒体以极为鲜明的反恐合作立场为标准，划分了一个全新的美国对外关系体系。为了争取建立最有利的盟友体系，美国的CNN、VOA、布鲁金斯学会网站和美国进步中心等，频繁播放和刊发包含“盟友”“朋友”或“伙伴关系”等词的文章，来肯定和强化基于反恐的与美合作关系。例如，英国被美国媒体描述为“领导性质的盟友国”，巴基斯坦则被称作“反恐的前沿伙伴国”等等。各国与美国就反恐开展的交流对话也成为媒体热衷于报道的内容。例如，阿根廷、加拿大、意大利、法国、日本、沙特阿拉伯和以色列等国的官员在2001年10月陆续与美国国防部长进行会晤后，都提出要为美国反恐战争提供支持。随后，《国防》杂志刊发名为《各盟友国对美国反恐战争表示大力支持》的文章，详细阐述了此次会晤的内容，并被其他媒体和新闻刊物纷纷转载。

值得注意的是，媒体的高效运作和巨大影响力还推动美国的全球反恐战争在各合作国实现了“本土化”，从而进一步巩固了美国与反恐盟国之间的关系。由于美国媒体的报道涵盖和囊括了对各类“事实”以及与这些事实有关的“概念”（如国家安全、国际反恐合作等）的阐述，从而建立了一套全新的关于国际安全合作的概念体系。

随着美国的反恐宣传成为国际传播的常态，这些新的观念体系逐渐渗透到合作国的媒体语系中；合作国媒体再通过新闻架构、凸显或带有侧重点地报道等多种方式和技巧，最终将“美国全球反恐战争”成功本土化为“我们的战争”。巴基斯坦媒体自“9·11”以来进行反恐报道的转变，就是非常有力的例证。

通过对巴基斯坦有名的《每日时报》（The Daily Times）的分析统计，我们可以看到巴基斯坦媒体如何在美国媒体的巨大辐射力下，转变了报道内容和方式。分析时段为2002年4月到2003年4月的80篇报道和2010年的314篇报道。首先，从新闻来源来看，在《每日时报》2002—2003年刊发的80篇报道中，其中多达56篇为直接从美国等国家媒体中提取的原文，而随着时间的推移，巴基斯坦本国媒体逐渐开始对该题材进行自主报道。2010年，314篇报道中仅有21篇为美国等国家媒体发表的报道，其余皆为巴基斯坦本国媒体自主创作的反恐新闻；即使在这21篇直接摘自美国媒体的报道中，也有高达16篇报道内容直指巴基斯坦。其次，从报道核心措词来看，来自美国媒体的“反恐战争”一词逐渐演变为巴基斯坦媒体报道中“我们的战争”。例如，《每日时报》2010年2月2日的一篇报道这样写道：“目前的公众舆论、媒体的支持、军队的实力和决心与‘这是我们的战争’观念的盛行，一起扭转了反恐战争的局势。”显然，反恐战争在巴基斯坦的本土化进程大大提升了巴基斯坦人民反恐的积极性和使命感。《每日时报》2010年1月4日刊发文章称：“这是我们巴基斯坦的战争，而并非代理人战争。”

第二，为美国反恐行动和政策实现“动机合理化”提供舆论支持。

近15年来，无论是主动关注还是在施压之下进行配合，美国媒体都是为美国反恐行动和政策（尤其是军事反恐）实现“动机合理化”的核心载体。“9·11”事件爆发之前，美国采取的国际反恐措施非常多样化，包括政治、经济、立法、军事和直接与恐怖分子交涉等五类手段。1983—1998年，美国遭受的恐怖袭击达到2400多起，但是政府仅对3次恐怖袭击事件采用了军事打击手段。然而“9·

11”事件爆发至今10多年来，军事反恐已成为美国反恐的主要模式。而利用媒体向国内民众和国际社会进行舆论造势则是造成这种转变的最大助力。媒体的这种效力在伊拉克战争前夕发挥得淋漓尽致。2009年，休斯顿大学米歇尔·莱昂（Michael Ryan）教授搜集了《华尔街日报》等10家知名度最高的报纸，集中统计了它们在伊拉克战争前夕发表的新闻。为了让这场军事行动显得非常必要，这些报纸纷纷传递了小布什政府宣传意图，即美国人民必须在“进行军事打击”和“一事无成”之间做出选择。

另外，这些报纸还会紧密跟踪国际动态变化，呈现不同的关注态势。2001年3月7日，联合国观察员汉斯·布里克斯（Hans Blix）宣布伊拉克违反了联合国规定，这引起了反恐报道“井喷”式的增长。米歇尔教授以此为分界点将周期分为第一阶段（2003年2月22日—3月6日）和第二阶段（3月7日—20日）。结果显示，支持用军事手段反恐的报道在第一阶段为27篇，但3月7日之后猛增到52篇；认为军事干预极为迫切的报道在第一阶段仅为8篇，但到第二阶段猛升到18篇。在79名编辑中，仅有5名编辑呼吁关心平民伤亡。同时，各大媒体还频频将“战争”与“恐怖主义”相联系，伊拉克战争爆发前夕同时包含这两个词的报道篇数为：ABC新闻广播电台发表了86篇，CBS新闻广播电台播放了96篇，NBC新闻广播电台播放了133篇，CNN播放了316篇。

当然，美国媒体为反恐政策和行为实现“动机合理化”，有时只是在政府高压下的无奈行为。媒体在政府严格把控下筛选消息来源，被政府强势引导向有利于反恐的报道模式上去。例如，“9·11”事件后，小布什政府一方面频频组织新闻发布会，引导“美国之音”等媒体按政府的口径来报道；另一方面，在政府的巨大影响力下，媒体不得不刻意淡化军事反恐导致的巨大平民伤亡。为了最大程度淡化对美国反恐行动的质疑，美国还向巴基斯坦施压封杀塔利班的媒体曝光，购买卡塔尔半岛电视台时段削弱本·拉登所造成的舆论影响。

第三，对美国国家形象重新进行“品牌宣传”，减少由反美主义激发的恐怖暴力活动。

“9·11”事件爆发后，美国人民最大的疑惑是：“他们为何如此痛恨我们?”为了挽救美国不断恶化的国际形象，安抚世界各地尤其是伊斯兰世界民众的反美情绪，美国政府开始着手运用媒体外交对国家形象进行全新品牌化宣传。2001 年 10 月，美国政府委派担任过奥美广告公司总裁的夏洛特·比尔斯（Charlotte Beers）担任副国务卿，希望她充分利用广告营销的丰富经验来改善美国的国际形象。同月，一个专门负责战略沟通的公司即 TRG 集团（The Rendon Group）成立，它试图通过影响网络传播、全球媒体传播等方式来管理形象宣传事务。2002 年 2 月，小布什政府创建了“全球外交办公室”（Office of Global Diplomacy)，为美国传播积极的国际形象提供舆论支持。缓解穆斯林人口占多数国家的人们的反美情绪，被美国学界和政界人士视作遏制恐怖势力的重要手段。2002 年 3 月，美国国务院开通了萨瓦电台，用阿拉伯语向中东年轻人讲述美国的历史文化，还邀请阿拉伯记者前往美国了解美国的文化和民主价值观。同时，美国还积极与阿拉伯世界中较为温和的国际性广播电台建立联系，以消除诸如半岛电视台传播激进反美主义的负面影响。在 20 世纪 90 年代，中东地区出现了以跨国信息自由流通的“阿拉伯世界的新公共领域”（New Arab Pubic Sphere)，这就为半岛电视台提供了表达反美主义情绪的广阔舞台。例如，在伊拉克战争期间，该电台曾大幅报道战争造成的平民伤亡，再次激发了中东地区的反战和反美情绪。为了淡化这种负面作用，美国政府立即与阿拉伯世界另一知名媒体即沙特阿拉伯国家电台展开密切互动。同时，美国政府还在该地区创立阿拉伯语电视网等，密切关注反美主义的发展态势。

针对“9·11”事件后美国传统媒体在阿拉伯民众心中塑造美国形象所起到的作用这一内容，有阿拉伯学者提出，“9·11”事件后，美国在阿拉伯国家开展的媒体信息传播活动，在其传播形式、传播内容等方面经历了一场“新保守主义”的变革，这种“新保守主义”的内涵可以概括为三个方面：第一，在传播逻辑方面，美国传统媒体在传播过程中更多地通过宗教视角对新闻事件进行解读，“善与恶”的对立成为其传播逻辑中重要的支撑点。第二，在传播内容方面，体现出对于美国硬实力和软实力宣传的兼顾的特点，在宣传美国文化的同时，不断强调美国的硬实力尤其是军事力量在世界的领先地位。第三，在信息传播的话语体系的构建方面，向阿拉伯受众强调阿拉伯国家在美国对外政策中的重要地位。也正是基于上述三个方面的变革，美国传统媒体也成为在阿拉伯民众心中塑造美国国家形象的重要工具。

2009 年奥巴马入主白宫以来，美国的公共外交在政治理念、组织机构和政策实践上都做出了大幅调整，其突出表现即是借助新兴信息传播媒介将公共外交延伸至更为深入和广阔的领域。美国的公共外交由此正式进入新媒体公共外交时代（WEB2. 0 外交时代）。

奥巴马是以“变革”的口号上台的，上台伊始，即面临严峻的国内外形势。一方面，小布什政府时期在国际事务中奉行单边主义肆意干涉他国内政强行推广美国的政治制度和价值观激起了包括传统盟国在内的世界各国人民的反美情绪，美国遭遇了严重的形象危机。另一方面，发动的阿富汗战争和伊拉克战争把美国拖入了战争的泥潭，军费支出的庞大造成了政府赤字的加剧，加上金融危机的爆发，经济的低迷，失业率居高不下，这些都为奥巴马政府的施政增加了难度。2008 年，美国国家安全事务助理布热津斯基曾说：“美国在全球的政治地位已经下降到了深谷。”

基于公共外交的重要作用及美国政府的现实的迫切需要，奥巴马政府上台后就赋予公共外交前所未有的重要地位，将其作为“巧实力”外交战略的重要支柱，大力提倡“新媒体公共外交”，并试图把硬实力与软实力巧妙的相结合，以宣传美国外交政策，用新媒体公共外交来改善美国的形象，维护国家的根本利益。2010 年 1 月美国国务院在名为《公共外交加强美国与世界的交流》的报告中制定了 21 世纪“公共外交全球战略框架”，确定了美国开展公共外交的五项优先战略任务。利用各种最先进的手段和策略加强美国的对外沟通影响能力，更加积极的树立美国国家形象；通过已有的公共外交项目和平台与各国民众建立互信、互重发挥个人层面的作用；对“基地”组织等恐怖主义势力散布的反美思想、虚假信息和暴力宣传及时做出反应，强化对美国的正面宣传，打击极端暴力主义；强化国务院及驻外机构公共外交的研究和规划职能，在充分了解和掌握外国公众对外交政策的态度和看法的基础上提升外交决策制定的科学性和有效性；通过调整国务院内部公共外交机构设置和组织工作，优化利用资源优先服务于美国外交政策的当前目标。

奥巴马在竞选总统的过程中，其竞选团队就充分利用了新媒体技术和网络平台，加强与民众的互动和交流，从而为其胜选奠定了良好的基础，这也使得奥巴马本人认识到新媒体在加强政府与民众之间的双向沟通方面的重要作用。在美国国务院的授权下，美国的公共外交数字外联小组（Digital Outreach Team）得以组建，该小组的工作成员均为精通阿拉伯语、波斯语、土耳其语等中东国家官方语言的外交人员，其主要工作便是搜集中东国家尤其是阿拉伯国家网民聊天室内的聊天记录，并有针对性地参与其中的讨论。此外，奥巴马还着力打造全新的网络公共外交模式，更新白宫、国务院等政府主要部门的官方网站，使其发布的信息更为详实。同时，主要政府机构还注册了Face book、Twitter账号，实现了与阿拉伯用户更为直接和便捷的沟通，有助于更为全面地收集阿拉伯民众对美国开展公共外交实践的评论与反馈，从而及时调整其公共外交实践手段，以获得更好的公共外交效果。此举加强了美国驻阿拉伯国家大使与当地民众的沟通交流，使美国政府更为了解不同地区与国家民众的诉求，更进一步提升了美国在阿拉伯国家政府工作人员中的亲和力。2011年突尼斯、埃及等国发生大规模民众示威活动之后，阿拉伯民众更多地通过Face book和Twitter这类美式社交网站了解抗议活动的最新动向。用阿拉伯学者的话来说，美国新媒体工具和网站在阿拉伯国家的传播和使用，使越来越多的阿拉伯民众更多地通过新媒体在极短时间内获取他们认为可信的信息，而并非依赖于传统的本土媒体。可以说，新媒体的兴起与发展为美国开展公共外交提供了崭新的思路和方法，同时也对“9·11”事件后小布什和奥巴马政府进一步推进对阿公共外交，加强公共外交主体与客体之间的双向沟通产生了积极的影响。

奥巴马执政时期，新媒体外交在应对网络恐怖主义方面也找到了用武之地。随着反恐战争的不断推进，以“基地”组织为代表的重大恐怖势力的实力遭到了实质性削弱，基本丧失了垂直组织管理能力，发展和维持“有形”的恐怖组织显得日益艰难。然而，各种恐怖组织迅速适应了新局面，转而开始关注网络这个“无形”的新载体，通过网络频繁发动各类小规模的袭击活动。例如，一位名叫哈桑的美国年轻人，曾长期与阿拉伯半岛“基地”组织的头目安瓦尔·奥拉基有电邮往来。在不断受到奥拉基的唆使和指导之后，哈桑2009年在美国德州胡德堡制造了恐怖枪击案，造成13人死亡。2015年1月，随着“伊斯兰国”的不断壮大，宣称支持它的“网上哈里发”（Cyber Caliphate）打着“我们爱伊斯兰国”的标语，对包括《新闻周刊》和《国际财经时报》在内的多家媒体进行了黑客攻击，网络反恐的严峻局面引起了媒体界的一片哗然。这也验证了布鲁金斯学会在2012年发布的《对2025年美国国土安全展望》报告中的论断：“能否与各国合作共同应对恐怖分子通过网络带来的各种危险，决定着美国能否拥有一个美好的未来。”

其实早在反恐战争发动之初，小布什政府就已经意识到网络将会成为反恐斗争的新战场。2002年12月，美国国会通过了《2002年电子政府法案》，推动加强“电子政府”的建设。同年还建立了电子外交小组，并在2003年10月改名为电子外交办公室，只是因为其奉行强硬的单边主义政策使其网络反恐战略收效甚微。奥巴马上台后，美国国务院在2010年设立了“反恐怖主义战略联络中心”（Center for Strategic Counterterrorism Communications）将其作为对反恐网络信息进行指导和协调的重要机构。至此，美国政府正式宣布进入“白宫2.0”新时代，全面开启美国的电子外交。为了加强各部门之间的反恐信息协调，防止恐怖分子利用网络组织各种恐怖袭击活动，美国政府分别在2003年和2009年创立了“美国计算机应急小组”（YS－CERT）和“国家网络安全和沟通一体化中心”（NCCIC）。2015年2月，美国政府宣布设立“网络威胁信息一体化中心”（Cyber Threat Intelligence Integration Center），对YS－CERT和NCCIC搜集到的各类信息进行分析研究，以供决策者参考。除此以外，美国各大政府机构网站纷纷增设 YouTube、Face book 和 Twitter 链接，还与欧盟等合作国不断推进反恐情报合作。毫无疑问，打击网络恐怖主义成为“9·11”事件以来最具挑战意义的使命，而美国的新媒体外交正在承担这一神圣的使命。

综上所述，美国对阿拉伯世界的媒体公共外交，特别是“9·11”事件后，美国对阿开展的媒体信息传播，虽然其主要支柱仍然是受众范围更为广泛、传播形式更为传统的媒体资源，如广播、电视、图书等，但不可否认的是，新媒体的信息传播已经成为美国对阿公共外交，尤其是媒体传播领域不可或缺的重要补充。在科技层面，世界范围内处于领先水平的以人造卫星和互联网为代表的美国信息科技是美国新媒体成为连接传播主体和传播客体有效的传播媒介。在经济层面，经济全球化在阿拉伯国家的不断深入加速了阿美之间资本和货物的流动，同时也为信息的加速流动提出了要求。新媒体也因此成为了加快美阿经贸和社会层面信息流通和交流的重要渠道。在政治层面，美国新媒体通过设置议程从而影响公众舆论，引起公众对特定事件的重视并有意识地引导公众对该事件的立场选择，这一特点在2011 年开始的阿拉伯多个国家政治动荡中尤为突出。根据西班牙媒体《起义报》的相关报道，美国曾经为伊朗候选者拉夫桑贾尼的支持者进行网络培训，并为他们配置网络设备。在伊朗选举过程中，“推特”上还出现以匿名身份传播虚假消息、发布帖子、制造出虚假的民意倾向的现象。伊朗发生骚乱时期，国外的反政府势力借助YouTube 视频网站及波斯文网站向伊朗民众传播低毁伊斯兰共和国形象的传言。这背后就有英美发达国家不断制造的网络“枪支弹药”。根据 2013 年的统计数据，仅在 2012 年 6 月至 2013 年 5 月近一年的时间内，阿拉伯国家注册 Face book 的用户人数就增加了约一千万人。另外，阿联酋作为阿拉伯世界中互联网普及率最高的国家，其 Face book 用户数量占总网民数的约 41%。上述数据也足以说明美国的新媒体在阿拉伯世界的市场占有率为其信息传播提供了可观的受众人数。

值得注意的是，在新媒体的议程设置和内容设置方面，美国新媒体并不仅仅是依靠简单的社交内容与阿拉伯民众进行沟通并向其传播信息，教育交流和职业交流已经成为美国新媒体对阿拉伯民众进行信息传播活动的重要内容。迪拜政府行政管理学院政府创新项目主任法迪·萨利姆曾表示，随着阿拉伯世界尤其是阿联酋等海湾国家互联网普及率和网民数量的不断提升，在阿拉伯世界教育资源匮乏、教育体系不够完善的背景下，新媒体为阿拉伯网民提供了了解国外讯息、进行专业或职业培训并与外国网民交流的巨大平台。而在职业交流方面，在埃及、沙特等国已有超过 500 万网民注册并使用 Linked in（领英）等职业交流网站。也正是通过教育交流、职业交流等社交媒体的创新模式，美国新媒体在对阿开展信息传播的过程中，其目标公众的选择涵盖了大众传媒公众、经济利益公众等重要方面，这也使得美国新媒体成为美国对阿开展公共外交的重要工具。

第三节　中国媒体公共外交

新中国的媒体外交最早可以追溯到 1944 年 6 月抗日战争行将结束之际，应英美等国的要求，中国共产党邀请中外记者到延安和其他解放区进行考察。全球知名的报社和媒体机构，比如美国的《基督教科学箴言报》《纽约时报》《时代》杂志，英国的《泰晤士报》以及塔斯社、美联社、路透社、合众社等都在受邀之列。通过西方记者的笔和强大的媒体传输系统，西方国家对中国共产党领导的敌后抗日战场有了比较客观、清晰的认识和了解。这是我党利用媒体宣传政策、塑造形象、消除误解、以正视听的初步尝试。新中国成立后，党和政府十分重视媒体在对外宣传和外交中的特殊作用，“逐渐形成了主流意识形态主导下的对外宣传体系”。[1] 从此，新中国媒体与外交的融合日趋紧密，现代意义上的媒体外交日渐成型。

① 任海、徐庆超：“媒体外交初探”，《中国人民大学学报》，2011 年第 5 期，第 87 页。

新中国成立后，以毛泽东为首的党中央确立并奉行独立自主的和平外交政策，实行“另起炉灶”“打扫干净屋子再请客”“一边倒”三大方针。在美苏争霸、东西两大阵营对立和“一边倒”外交政策的影响下，中国媒体外交的主要任务就是立足社会主义阵营，与兄弟国家一道批驳和反击以美国为首的西方资本主义阵营对社会主义制度的诋毁和恶意攻击，宣传中苏友谊，为新生政权的巩固构建良好的国际舆论环境。

20世纪60年代，在中国外交“两个拳头打人”的历史背景下，中国媒体外交的工作重点也随之发生转变，“反帝反修”成为这一时期的主要任务。“文革”期间泛滥的极左思潮加剧了中国媒体对外宣传中的极左倾向。打倒“帝、修、反”，推进“世界革命”成为中国对外政策的“目标”之一，也成为中国主流媒体宣传的主要内容，给“文革”初期的中国外交造成了极大的损失。

20世纪70年代，中国所处的国际环境发生了重大变化，毛泽东主席提出了“三个世界”划分理论和“一条线”外交政策。随着中国外交领域极左思潮逐步得到纠正和“一条线”外交政策的实施，中国外交迈入了一个具有历史意义的突破性大发展时期。1972年2月，美国总统尼克松访华，中美关系步入正常化进程；9月，日本首相田中角荣访华，中日恢复邦交。外交局面的好转使中国媒体在对外宣传中的口吻也渐趋缓和，充满“火药味”和“革命味”的宣传内容逐渐减少。

外交是内政的延伸，媒体外交也不例外。纵观新中国成立之初到20世纪70年代末的中国媒体外交，在美苏冷战格局的国际环境下，囿于国内政治局势、外交政策和一段时间内领导人对国际局势的判断出现偏差等因素的影响，中国媒体外交中的意识形态对抗色彩比较浓厚，尤其是“文革”前期，国内对外宣传中往往不能把握“适度原则”，从而严重冲击和干扰了中国外交。更重要的是，在东西方对峙的冷战格局下，媒体对外宣传中的一些过激言论和失实报道未能向世界传输和展示中国的正面形象，导致世界对中国的认知出现重大偏差，“红色中国”“极权主义”“极权政治”等充满政治色彩的词汇是当时西方媒体在报道中国时的常用语。国内民众也不能对外部世界，特别是西方国家有比较客观、公正和理性的认知。“腐朽”“堕落”“肮脏”“垂死”等贬义词是这一时期大部分中国人对西方国家的主流印象。

1976年10月，“文革”结束。经过短暂的徘徊，中国进入改革开放的新时代，中国媒体外交也随之进入新纪元。

20世纪80年代，中国面临的国际国内环境发生了巨大变化，外交政策也随之发生了重大调整。从国际环境看，二战后形成的两极对立格局仍在持续，美苏争霸出现“美攻苏守”的新态势，和平与发展成为时代的主题，但以美国为首的西方敌对势力针对中国的“和平演变”图谋仍在紧锣密鼓地进行。从国内环境看，以1978年底召开的党的十一届三中全会为标志，中国迈出了建设有中国特色社会主义道路的坚定步伐，而外交政策的调整使中国外交进入了“全方位”发展的新阶段。适应外交政策调整的要求，中国媒体外交超越社会制度和意识形态的差异，不断向西方国家介绍中国改革开放所取得的伟大成就，树立中国对内改革、对外开放的新形象，消除西方对中国的偏见和误解，为“全方位”外交的发展营造了良好的舆论环境。

1991年底，苏联解体，长达半个多世纪的冷战终结，世界工人运动和社会主义事业遭受重大挫折。以美国为首的西方国家在欢呼“历史的终结”之时，将“西化、分化”的重点转向中国。从1990年到2001年的12年中，美国或亲自出马，或指派“代理人”出面，先后10次在联合国人权委员会中提出所谓“谴责中国人权状况”的议案，企图以此为借口干涉中国内政。90年代中期甚嚣尘上的“中国威胁论”“中国崩溃论”等“妖魔化”中国的论调使中国在国际上的形象受到了一定的损害。这一时期中国媒体外交的主要使命就是不怕邪、不信邪，与“反华”言论展开有力、有理、有据的斗争，塑造国家形象，维护国家利益。1999年5月8日，以美国为首的北约用导弹袭击了中国驻南联盟大使馆，举世震惊。事件发生后，中国媒体在第一时间向国内外报道了事件的最新进展和民众的反应，有力地配合了中国政府在外交领域的斗争，使国内高涨的民族主义情绪得到了有效释放，也得到了国际社会的理解和支持，使这起严重破坏中美关系的意外事件得到了比较妥善的解决，称得上是中国媒体外交成功的经典案例之一。

进入 21 世纪，中国与世界大国的关系经过短暂的调整和磨合而进入相对稳定的发展时期。“以邻为伴、与邻为善”的“睦邻、安邻、富邻”外交政策的实施使中国的周边环境进入“历史上最好的时期”。中国与第三世界的关系不断加强，并日益彰显出负责任大国的风范和魅力。以此为契机，中国媒体外交不断走向完善和成熟。

这一时期，中国媒体外交经受了一次次重大考验，交上了一份份合格的答卷。2001 年 7 月 13 日，中国申奥成功，圆了几代中国人的“奥运梦”。申奥是国家实力的比拼，是国家形象的展示，更是对媒体外交能力、智慧的检阅，尤其是申奥宣传片的制作更离不开媒体的参与。中国精心制作的只有四分多钟的申奥宣传片通过生动、形象的视觉艺术，全方位、多角度地展示了北京的自然景观和人文景观，也展示了中国对奥林匹克精神的理解以及对奥运会的期盼，从而深深打动了眼光挑剔的国际奥委会评委。如果说申奥成功是中国媒体外交在新世纪一次成功“热身”的话，那么 2008 年的北京奥运会则是中国媒体外交走向相对成熟的里程碑。北京奥运会是国际体坛的盛大节日，也是全世界媒体的盛典。对中国而言，奥运会本身就是一次成功的“媒体外交”。媒体对北京奥运会开幕式的直播让全世界的目光再次聚焦中国，也让世界领略了中国古老文明的博大精深和现代文明的英姿勃发，展示了中国开放包容、健康发展的大国形象。

弱国无外交，媒体外交也不例外。中国媒体外交能够在新世纪取得突飞猛进的发展，并逐步走向成熟固然与中央政府的大力扶持密不可分，但其背后折射出的却是中国综合国力的不断增强、国际地位的日益提高和国际影响力的逐步扩展。实力决定魅力。媒体外交预期效果的实现程度与魅力指数和一国的“硬实力”呈正相关关系，但其本质却是拓展和提升国家“软实力”的有效方法和途径。近年来，中国在全球气候治理、应对国际金融危机、国际反恐、地区维和等一系列事关全球安全和人类福祉问题上的立场和表现，使中国负责任的大国形象逐步得到国际社会的认可和赞誉，海外孔子学院的蓬勃发展使以汉语为载体的中国传统文化的魅力不断深入人心。上述努力与中国媒体外交一道构成了提升中国“软实力”的有效合力，也为媒体外交的实施构建了坚实的平台。

毋庸置疑，媒体外交已成为当代国际关系中的一种新外交范式，[①] 而中国的媒体外交才刚刚走进公共外交舞台的中央。“当代中国同世界的关系发生了历史性变化，中国的前途命运日益紧密地同世界的前途命运联系在一起”，“中国的发展离不开世界，世界的繁荣稳定也离不开中国”。[②] 在中国和世界的联系日益紧密、互动日渐频繁的背景下，中国媒体外交面临前所未有的发展机遇，但也面临诸多挑战和制约性因素。

第一，新媒体的出现使媒体外交的参与主体趋向多元化，参与主体的多元化加大了传统媒体外交管控信息来源和信息质量的难度，增加了传统媒体外交面临的不确定性因素。“作为一种技术手段，‘新媒体’主要是指在现代数字通信技术支撑体系下出现的全新媒体形态，内容形式包括诸如数字杂志、数字报纸、数字广播、手机短信、移动电视、社交网络、桌面视窗、数字电影和触摸媒体等。”新媒体所具有的“全时传播、全域传播、全民传播、全速传播、全媒体传播、全渠道传播、全互动传播、去中心化传播、去议程设置传播、自净化传播等特点”，使其迅速成为数字化媒体时代的“宠儿”。[③] 由新媒体所衍生出的 Face book、Twitter、Weibo、Blogger、Wikipedi、You-tube 等新媒体工具降低了媒体外交的门槛，使居于不同国家的普通民众可以相对自由地发布观点信息，来自社会底层的舆论和呼声越来越

---

① 钱皓、张晶：“媒介外交：国际关系中的新外交范式”，《国际观察》，2003 年第 6 期，第 46 页。

② 胡锦涛：《高举中国特色社会主义伟大旗帜，为夺取全面建设小康社会新胜利而奋斗——在中国共产党第十七次全国代表大会上的报告》，《人民日报》，2007 年 10 月 25 日，第 1 版。

③ 董青岭、孙瑞蓬：“新媒体外交：一场新的外交革命?”，《国际观察》，2012 年第 5 期，第 31 页。

成为一国外交决策中不可忽视的重要干预变量。

新媒体工具信息传播的两个最为显著的特征，就是“去国家中心化”和“去政府主导化”，而这一特征却加大了对信息的质量、来源、传播方式和途径等实施有效管控的难度。同时，不同新媒体工具使用者的知识结构、道德修养、人品素质、看问题的立场方法等也大相径庭，其发表的言论和信息难免“鱼龙混杂”，水平参差不齐，以至于新媒体谣言（流言）的诞生已成为媒体外交过程中不得不面对的棘手问题。2013 年 1 月 15 日，中国互联网信息中心（CNNIC）在京发布第 31 次《中国互联网发展状况统计报告》（以下简称“报告”）。报告显示，截至 2012 年 12 月底，中国网民总人数达 5.64 亿，互联网普及率为 42.1%，较 2011 年底提升 3.8%。数据显示，2012 年中国手机网民数量为 4.2 亿，年增长率达 18.1%，远超网民整体增幅。同时，截至 2012 年 6 月底，中国微博用户数达到 2.74 亿，网用微博的比例过半，达到 50.9%，较 2011 年底增加了 2.2 个百分点。19 岁以上的中国网民中，微博用户的渗透率达 88.8%。在 2012 年 4 月的“黄岩岛事件”和 9 月的“钓鱼岛国有化”闹剧中，中国众多网民通过微博、推特等新媒体工具表达了对中国政府立场、态度和政策的支持，有的网站还专门开辟了有关黄岩岛和钓鱼岛的专题，以吸引更多的网民参与。虽然在众多网络舆论中，不乏真知灼见，但也不乏非理性的表达内容和偏激言辞。尽管后者还不足以对中央政府的外交决策产生很大影响，但其对中日关系，尤其是两国民意的负面影响和消极后果还需要引起足够的重视。因此，对新媒体言论进行合理引导，加强监管，使其在外交中发挥正确、适度、有利的作用，消除其负面影响将是中国媒体外交面临的主要挑战之一。当然，否定新媒体的负面影响并不是全盘否定新媒体自身，因为以 Web2.0 技术为支撑的数字外交形态正在悄然兴起，实现传统媒体外交和新媒体外交的和谐均衡发展才是未来中国公共外交的发展方向和重点。

第二，中国媒体自身的缺陷和不足成为未来中国媒体外交发挥效能的最大制约性因素，这种缺陷和不足既有“硬实力”的问题，也有“软实力”的问题。总的来看，中国媒体自身的缺陷和不足主要表现在：宣传手段不够成熟，内容不太合理；宣传语言的弱势；资金“瓶颈”；从业人员素质不高等。首先，中国媒体外交真正步入发展的“黄金时期”只有十多年时间，宣传手段和方法还不够成熟，有待进一步提高。2011 年 1 月 17 日，由中国国务院新闻办筹拍的《中国国家形象片——人物篇》在美国纽约时代广场大型电子显示屏幕上滚动播放，这是中国主动展示“软实力”，争夺国际话语权的一次尝试。中国国家形象片的播放引起了国外民众的极大兴趣和关注，产生了比较好的社会效果。但针对国家形象片的质量和内容，公众却褒贬不一，如“整个宣传片的制作非常精良，布局非常巧妙”，但也有人认为“中国人很多，但不知所云”（《华尔街日报》评论员语）。[①] 可见，要把“魅力攻势”和形象塑造转化为“民心工程”和“赢心工程”，媒体就必须深入了解和把握目标国人民的思维方式、价值取向和心理偏好，“对症下药”，尽量制作目标国民众喜闻乐见的宣传内容，提高宣传的吸引力、说服力、亲和力和感召力。其次，相对于英语这个世界上具有强势的语种来说，中国媒体外交所使用的汉语仍处于劣势。目前，全球说汉语的人数约为 9.07 亿，约占全球人口的 15%，但主要集中在华人文化圈。而英语的使用人数约为 4.56 亿，但正在学习英语的人数超过 10 亿，是当今世界最强势的语言，全球有 75 个国家将英语定为官方语言。以风靡全球的新媒体工具为例，其所依赖的全球网络资源信息中，英文的内容大约占 90%。相对应而言，互联网上中文的信息却不到 0.4%。[②] 最后，从媒体的经济实力、从业人员素质、语种数量和覆盖面等一些硬指标看，中国媒体与西方媒体的“硬实力”差距还很大。西方媒体之所以能够长期控制世界的话语权，执世界媒体传播的牛耳，并对其他国家实施话语渗透和宣传攻势，一个很重要的原因就在于其超强的“硬实力”。以美国有线电视新闻网（CNN）为例。作为一家具有世界级影响的电视机

---

① 史安斌：“媒体外交：公共外交的核心与主体”，《公共外交》，2011 年第 3 期，第 36 页。

② 刘伟胜：《文化霸权论》，河北人民出版社，2002 年版，第 63、68 页。

构，CNN 国际新闻网是全球最先进的新闻组织，其所属的 CNN 国际台（CNNI）通过 16 颗卫星和数不清的有线电视系统向全世界 180 多个国家和地区的 1.84 亿个家庭播放，并有欧洲版、亚洲版、拉美版和美国版四个版本。政治学和传媒学研究中的“CNN 效应”充分证明了 CNN 新闻报道对政治和政府决策的影响。以中国实力最雄厚、影响力最大的国有媒体——中央电视台（CCTV）为例。目前，央视拥有 45 个电视频道，是世界上电视频道数量最多的电视台。其所属的中文国际频道、英语新闻频道、西班牙语国际频道、法语国际频道、阿拉伯语国际频道、俄语国际频道通过卫星基本覆盖全球，并在北美、欧洲、非洲、亚洲、大洋洲和中南美洲的 120 多个国家和地区实现了落地入户，CCTV－E、CCTV－F 分别在美国、古巴、智利、毛里求斯等六个国家实现完整频道落地。但从传播范围、受众数量、绝对影响力等指标衡量，央视和 CNN 的差距还是很大的。在国际社会的无政府状态下，“实力至上”“以实力说话”仍是屡试不爽的“游戏规则”和主要逻辑，“硬实力”是“软实力”的基础和前提，也决定着“软实力”扩展的广度和深度。未来相当长一段时间内，中国媒体的“硬实力”尚且不能与其所承担的外交责任和使命相匹配。因此，增强中国媒体的“硬实力”，使其在同国外媒体的竞争中更有底气，为媒体外交的开展奠定坚实的物质基础是一项长期而艰巨的任务。

第三，以美国为首的西方媒体对中国的意识形态偏见及其强势扩张和渗透使中国媒体外交处于不利和被动的境地，也增大了中国开展媒体外交的压力和难度。

以西藏问题为例。由于社会历史背景、价值观念、文化传统、意识形态等原因和一些海外藏人的影响，长期以来，西方国家对中国西藏问题认知的范式一直存在着局限和缺憾。他们对中国历史和国情缺乏认识，在一定程度上影响了其对西藏问题的认识。他们把西藏想象或描述成乌托邦式的人间天堂，将西藏看成是静态的理想社会，以保护传统文化和藏传佛教为借口，成为自己所制造的“香格里拉神话”

的囚徒;[1] 怀着对西藏问题根深蒂固的偏见[2]。2000 年，美国加州大学伯克利分校教授奥维尔·斯盖尔在其名著《虚拟的西藏——从喜马拉雅到好莱坞找寻香格里拉》中，相当生动地描述出一个过程，就是西方社会如何以一种“艺术化”的手段建构起西方公众对西藏的感性认知，实际上，这种认知充满了乌托邦般的想象和当代西方社会心理的移情寄托，而西藏这片神秘的雪域高原就在这种想象之中成为一个“虚拟的西藏”，一个超越时空的天堂香格里拉。[3] 在斯盖尔看来，这种建构不过是马可·波罗关于东方神话式叙述的继续。正是基于这样一种认知偏差和文化差异，西方媒体得以游刃有余地在涉及西藏问题上，利用本国民众的错误认知对中国西藏问题横加干涉。西方一些政治家更是将其作为迎合选民和拉选票的工具，挥舞“人权大棒”向中国施压。比如，美国前国务卿希拉里·克林顿就曾公开宣称，“西藏问题是一个文化、宗教、人权问题，不是领土主权的问题”。[4] 这与中国日益崛起的大国地位是不相吻合的，也为我们争夺对外宣传的话语权构成巨大压力，

此外，西方媒体的强势扩张不仅表现在传统媒体领域，还表现在新媒体所依托的网络资源和对新媒体外交的重视程度。据统计，目前，全球有 13 台根服务器，其内容均由隶属于美国商务部的互联网域名与地址管理公司（ICANN）管理。世界互联网 IP 地址总量约为 43 亿个，2/3 已分配完毕，其中美国拥有 12 亿个，占总量的 1/4 多。全球访问量最多的 100 个网站有 94% 设在美国。全球 7240 万个网站中，美国占据了 73. 4% 。[5] 随着新媒体工具的广泛使用，以美国为首的西方媒体在全球范围内传播所谓自由、民主、平等的“普世价值”

① 杜永彬：“西方人眼中的西藏”，《中国西藏》，2001 年第 2 期。

② 美国国务院国际信息办公室：“瑞皮·考克斯批评中国政府的西藏政策”，参见 http：//usinfo. State. Gov。

③ 关凯、袁玉红：“反思‘美国例外主义’：美国霸权的理论基础及对我国民族问题的影响”，《理论视野》，2010 年第 7 期。

④ 王缉思：“中美关系的发展趋势与深层原因”，《当代亚太》，2009 年第 3 期。

⑤ 季萌：“新媒体外交：理论·战略·案例”，《对外传播》，2009 年第 10 期，第 49 页。

的态势愈发明显，其利用新媒体工具干预他国政治选举、改变政治议程、实施“颜色革命”的图谋接连上演。2009 年 4 月，摩尔多瓦的“Twitter 革命”和随后由 Twitter 助力的伊朗选举骚乱是美国运用新媒体对目标国实施信息渗透，干涉他国内政的显著实例。在上述两场“选举革命”中，Twitter 扮演了制造、传播虚假信息的不光彩角色。而在 2010 年的西亚北非变局中，以美国为首的西方媒体再次走向前台，利用新媒体工具（Twitter、Face book、Blog 等）对变局的发展和演进起到了推波助澜、煽风点火的关键作用。2010 年 12 月 17 日，由美国国务院和中情局操盘的第一场“推特革命”在突尼斯上演，其后蔓延近乎整个中东北非地区。其间，诸如 Twitter、Blog 和 Face book 等新型社交工具，迅速成为美国使领馆内同僚之间以及使馆工作人员与外部抗议者之间卓有成效的沟通媒介。在谷歌 2010 年宣布退出中国大陆后，美国国务院又投入巨资（约 7000 万美元）与五角大楼合力打造影子网络（shadow internet）外交。① 同时，新媒体外交受到了美国政府的空前重视。在美国 2011 年出台的《网络空间国际战略》报告中，新媒体的外交应用价值首次被提升至国家战略高度。在美国的引领和示范下，欧盟、印度、加拿大和中东强国以色列根据自身的技术特征和优势相继出台了网络空间战略，一场“看不见硝烟”的新媒体外交之战已经拉开帷幕。当前，中国已是世界上使用人口规模最大的新媒体国家，同时也是西方国家力推新媒体外交、对外输出“民主价值”理念、力促政治变革的重点区域。② 因此，中国媒体外交在解决“内忧”的同时，还要警惕和防范“外患”的侵袭。

面对诸多挑战和未来中国对媒体外交的需求，笔者认为，要提升中国媒体外交的实力和魅力，使其在中国外交布局中发挥独特的作用和效果，需要从以下三个方面入手。

第一，中央政府要继续从资金投入、硬件设施、人才培养等方面

---

① 杜天琦：“美在全球密布‘影子网络’系统”，《国防时报》，2011 年 6 月 7 日，第 3 版。

② 董青岭、孙瑞蓬：“新媒体外交：一场新的外交革命?”，《国际观察》，2012 年第 5 期，第 37 页。

加大对中国传统媒体的投入，为中国媒体的持续健康发展提供强大的物质保障，使其在同西方媒体的话语权竞争中更有实力和底气。同时，应加强对国内新媒体工具使用者的监管，并防范西方国家利用新媒体工具对中国实施“民主渗透”和“自由传播”，维护中国的意识形态安全和政治安全。

第二，中国媒体自身需要“内外兼修”，即对内“练内功”，对外“树形象”。具体而言，中国媒体当下还需要进一步提高媒体人员素质，扩大对外宣传的覆盖面，提升媒体宣传的吸引力、亲和力、感召力。对外则要明晰目标国的思维方式、价值取向和受众偏好，在宣传中树立媒体价值中立、可亲可爱、善解人意的良好形象，扩大媒体外交的受众范围，从而增强中国媒体外交的针对性和有效性。

第三，加强与国外媒体的沟通和交流，学习世界一流媒体的传播策略、宣传手段、营销方法等为我所用。西方媒体历史悠久，实力雄厚，有其独特的管理方法、运作模式和宣传策略，有很多值得中国媒体借鉴的地方。因此，实施“走出去”战略，多学习、多思考、多借鉴，对于提升中国媒体外交的实力大有裨益。

有鉴于此，中国新媒体外交必须不断革新理念、谨慎前行，既要鼓励政府主导、多元参与，着力打造一个互联互通的网络世界，同时也要高度警惕各种新传媒工具的负面效应，谨防在西方新媒体外交攻势下“被公关”和“去安全化”。

当前，中国与世界的关系进入到历史性变化的新阶段，处理好与外部世界的关系对国家发展的全局性意义变得更为重要。媒体公共外交是塑造中国与外部世界的关系，塑造中国负责任的大国形象，为中国的科学发展构建良好国际环境的重要途径之一。因此，重视和发展中国的媒体外交，使其在中国与世界关系的互动中发挥更为积极、健康、有利的作用，是中国外交的应有之义，也是“中国梦”的要义之一。

第三章

文化公共外交

第一节 文化公共外交概论

文化外交，顾名思义，就是以文化为纽带的外交形式。它是指主权国家以维护本国文化利益及实现国家对外文化战略目标为目的，在一定的对外文化政策指导下，借助文化手段来进行的外交活动，[①] 其特点是由政府主导，通过外交途径促进对外文化交流，以塑造一个有利于自己国家的良好形象，从整体上服务于国家的对外政策。

文化外交的载体是文化，而文化是一个较为宽泛的概念。广义上的文化是指人类社会历史实践中创造的物质财富和精神财富的总称。狭义上的文化专指社会意识形态及与之相适应的制度和组织机构，即政治、道德、哲学、艺术、宗教等社会意识的各种形态。与文化相似，文化外交也有狭义和广义之分。狭义的文化外交多被定义为以国家政府为行为主体的，通过文化、艺术、教育、体育等途径，向他国传播本国的政体、价值观、文化特性等，以期达到建立、发展、维护与他国关系、促进国家利益的目的。广义的文化外交则以文化与价值观等一切传播途径为考量，除以国家政府为主体的信息与知识的流动形式之外，还囊括不具备官方外交身份，但肩负一定政治使命或者实

① 张清敏："全球化环境下的中国文化外交"，《外交评论》，2006 年第 2 期。

际发挥了外交作用的个人，以及国家间接控制（引导）的大众文化产品，如电影、电视、音乐等的传播。这些个人与驻在地政府或人民建立的联系、结下的情谊，以及个体文化公司或非政府组织生产、经营的大众文化产品虽不由国家政府直接资助或管理，但一经国家政府引导，不仅实际发挥了传播本国文化与价值观的作用，有的更是在某一特定时刻实现了其他外交形式所无法达到的目标。

狭义的文化外交与公共外交有重合之处，但又不尽相同。总的来看，它们都是官方正式的外交形式，以国家政府为外交行为主体，所指对象包括国外民众或公众，都抱有相同的政治目的，即在他国树立本国良好形象，获得国外舆论的理解与支持，使之有利于本国外交政策的实施，促进本国国家利益。因此，对大多数国家而言，文化外交直接同公共外交联系在一起，如英国就把公共外交称为文化外交，如英国文化协会。在美国，文化外交则被长期置于公共外交的范畴，如美国新闻署。文化外交和公共外交的区别主要体现在外交目标方面，长期性、相互性、诚实性是文化外交的主要特征，文化外交关注更多的是人民之间的长期相互理解，具有长远长期的外交目标，而公共外交凸显民族主义传统，多以单向活动为主，本质上是为了单一目标而进行的，其重点是向他国民众阐释本国政府的内外政策，以实现本国政府的短期目标。但因为公共外交的本质是不同国家之间的文化交流和价值观沟通，而文化外交实质上也是一种精神与思想的输出，是文化价值观和信仰的传播与沟通，二者本质一致。所以文化外交也通常被称为公共外交。著名公共外交专家赵启正曾说："公共外交的背后是文化外交。我认为，公共外交就是文化外交。"①

文化外交的历史源远流长。早期的探险家、旅行者、教师、艺术家、宗教人士、商人通过体察驻在地情况，了解驻在地文化，努力做到彼此认同，在此基础上与驻在地人士建立深厚的友谊，以期达到外交目的。如在雅典一住就是 20 年的马其顿王亚历山大大帝的老师亚

---

① 赵启正："中国城市外交的实践"，《公共外交季刊》，2014 年秋季号第 6 期（总第 19 期），第 81 页。

里士多德，西游印度的唐高僧玄奘，伊斯兰教先知穆罕默德向拜占庭、埃及等派驻的宗教使节，七次下西洋的明朝三宝太监郑和，文艺复兴时期担任威尼斯外交副大使的两名侨居伦敦的商人等。尽管他们中的大多数并不具备官方外交身份，但他们亲历了解驻在地情况，与驻在地的政府和民众往来，有的还结下了深厚的情谊，达到了建立本地区与驻在地在经济、政治、文化等各方面的联系，促进两地区在社会文化领域相互理解，增进本国在该地区国家利益的目的，实则扮演着文化使节的角色。这种以文化为纽带，以文化传播、交流与沟通为主要内容，抱有或短期（如商业往来、教育交流）、或长远外交目的（如提升本国形象、改善外国公众对本国态度）的交流形式其实就是文化外交的早期形式。

近代民族国家确立后，国家之间文化的传播、交流与沟通日益频繁，扩大并广泛深入到政治、经济、军事、艺术、科技、法律等领域。针对于此，主权国家政府开始对对外文化交流进行指导与管辖，确立其运作机制，规定其内容、形式、手段与目的，制定其目标和发展方向。由此，文化交流被正式纳入外交领域，成为主权国家政府外交关系的一部分（也就是狭义的文化外交）。

法国是第一个通过官方行为开展和运用文化因素以期达到外交目的的国家。路易十四执政期间，法国推出“使国王崇高、使王国荣耀”活动，大力扶持文化，用重金奖励文人，文人外交——将文化名人用作国家外交的名片委以外交任务是18、19 世纪法国外交的一大特色，其目的在于树立法国威望，提高法国国际地位。19 世纪末，宗教团体的对外文化活动成为法国文化外交的亮点。他们在非洲、远东、近东地区广泛建立法语学校，教授法语，到 1939 年，办学机构数量达千余所。1883 年法语联盟成立，该联盟是一所非盈利性质的私人文化宣传机构，得到法国外交部的大力资助，以在宗教和官方机构因政治原因而无法进入的地区传播法语文化为使命。1909 年为协调日益增加且名目繁杂的对外文化活动，法国外交部正式成立国外法语学校与著作办公室。该办公室在一战期间为争取中立国和盟国精英阶层发挥了重要作用，成为法国著作司的前身。1920 年法国外交部将国外法语学校与著作办公室升格为法语著作司，规定其使命为“法国对外知识扩张”。

与法国相比，其他欧洲国家有组织的对外文化交流起步较晚，但发展迅速。兹以英国为例。1934 年之前英国的对外文化交流以民间组织，如“世界人协会”为主。它们虽然也开展诸如高校学术交流、杂志创办、对外广播等活动，但既没有系统的规划，也缺乏政府资金支持。直到 1934 年英国文化协会成立后，英国才开始正式进入文化外交领域。英国文化协会的成立得到外交部新闻司司长的支持，主要负责促进英国文化、教育、国际关系的拓展和交流，在全球 109 个国家、223 座城市设有分部。

第二次世界大战期间，法西斯德国曾在拉美地区发动强大的文化攻势（Cultural Offensive），文化开始成为战争的辅助工具。为稳定后院，建立与拉美国家的良好关系，美国政府开始制定对外文化战略，其标志是 1938 年美国国务院文化关系司的设立和“与美洲国家间科技与文化合作部际委员会”的成立。1941 年，美国在驻外使馆创立文化关系专员（Cultural Relation Officer）职位，是美国政府对外文化关系事务管理迈向制度化的重要标志之一。1945 年，杜鲁门总统将国务院文化关系司和“与美洲国家间科技与文化合作部际委员会”合并，组建成“国际信息和文化事务局”（The Office of International Information and Cultural Affairs），一年后更名为“国际信息与教育交流局”（The Office of International Information and Educational Exchange）。该局直接向国务卿汇报工作，承担了更多的文化外交任务。①

冷战时期随美苏为首的两大阵营对峙加剧，文化外交逐渐蜕变为政府对外宣传的工具，融入了公共外交的范畴。苏联在社会主义阵营大力推广苏联文化与生活方式。美国则按照自己的模式在德国和日本进行资本主义民主制度的改造，强行灌输其意识形态。1946

① 胡文涛：“美国早期文化外交机制的构建：过程、动因及启示”，《国际论坛》，2005 年第 4 期。

年，美国开始实施富布赖特项目。1953 年，美国新闻署成立，其任务是对外解释和宣传美国的政策、介绍并传播美国政治经济制度和社会文化，以及就外国公众对美国政策的反应向政府高层提供咨询。

冷战初期，美苏在文化外交上的较量主要表现在争夺第三世界。二战结束后，第三世界新独立的国家与早先已经独立的国家都面临着政治倾向的抉择。同时，对于美苏两大势力来说，如果能够获得这些新独立国家的支持，无论是在经济方面，还是在政治方面都将会增加在冷战对峙中取得胜利的砝码。因此，美苏双方都竭尽所能地将自己的势力渗透到这些地区，以获得当地民众对自己的生活方式的认同。也就是说文化外交虽然被绑上了美苏冷战的战车，但其目的是赢得民心之战。为此，美苏两国都以各自的方式加强了向第三世界的文化宣传。从 1951 年到 1954 年，苏联海外文化交流项目不断增加，1954 年苏联体育与文化代表团到海外进行访问 88 次，1955 年迅速增加到 148 次，[①] 大量的苏联体育运动员被派往国外，特别是第三世界国家进行访问交流，通过这种交流提升苏联在被访问国的国家声誉。[②] 这一时期，文化已成为苏联惯常的冷战武器。苏联将体育事业完全纳入文化宣传机构并直接置于苏联最高领导机构中央委员会的领导之下，通过向国外派遣苏联运动员交流等一系列宣传项目，以改善苏联的舆论环境，提高苏联在国际上的影响力。

冷战初期，美国对第三世界的政策是“利用自己经济、军事上的资源对第三世界进行经济和军事援助，试图通过帮助该地区发展经济来赢得政治上的支持，同时也能提高第三世界国家抵制共产主义渗

---

① Hearing before the Committee on Foreign Relations United States Senate（Eighty – Fourth Congress，Second Session，February 21，1956）of the International Cultural Exchange and Trade Fair Participation Act of 1956，United States Government Printing Office［EB/OL］，http//openlibrary，org/works/OL594749 W. 4.

② JEREMY GOLDBERG. Sporting Diplomacy：Boosting the Size of the Diplomatic Corps. Washington Q，2000，23（4）；6.

透的能力”。[①] 但是，事与愿违，艾森豪威尔政府上台不久，不断有文件显示美国在第三世界所面临的严重问题。1953 年 3 月，国务卿杜勒斯在一份备忘录中指出：“美国应该加强对陷入困境的第三世界国家的关注，因为，在这些地区反美势力逐渐增长。”[②] 他特别指出，在拉丁美洲，反美势力滋长的趋势已经严重威胁到美国国家安全，美国在拉美地区“输不起”，必须采取必要措施。同年 9 月，美国国务院的另一份报告中指出：“在远东、南亚、阿拉伯世界、拉丁美洲，美国的国家声誉都在下降。”[③] 面对这种尴尬的局面，新成立的美国新闻总署（USIA）署长西奥多·斯特赖伯特在一份报告中为这种局面做出了解释并提出了解决的建议。报告指出：“早先美国政府认为，通过经济援助帮助第三世界地区发展经济，只要人民生活水平得到提高，共产主义的文化渗透自然就会得到阻止。但是事实上，很多地区随着经济的发展，受共产主义影响却更加严重。”[④] 因此，美国政府急需改变第三世界中这种不利的局面，改变当地民众心中不良的美国形象。

面对美国在第三世界的声誉逐渐下滑以及苏联文化在第三世界的影响力逐步扩大的形势，艾森豪威尔总统深刻认识到问题的紧迫性。在与国会多次交流沟通之后，1954 年 8 月 1 日，第 83 届美国国会通过了第 663 号公法，规定由国会拨款 500 万美元建立“总统国际事务应急基金”（President's Emergency Fund for international Affairs），专门

---

① Telegram from the Embassy in the United Arab Republic to the Department of States, April 17, 1958, 1958 - 1960, Vol. X Ⅲ, Foreign Relations of the United States [EB/OL]. http//uwdc. Library. wise. edu/collections/FRUS, 444.

② Memorandum of Discussion at a Special Meeting of the National Security Council, March 31, 1953, Vol. 1 . Foreign Relations of the United States [EB/OL] . http//uwdc. Library. wise. edu/collections/FRUS. 267.

③ Reported Decline in U. S. Prestige Abroad, September 2319 53, CK3100126613, Declassified Documents Reference System, C * ale Croup, Inc [EB/OL] . http; //infotrac. galegroup. come/nenu.

④ Memorandum to Brigadier General Robert Cutler, November 19, 1954, CK3100 24312. Declassified Documents Reference System, Gale Group, Inc [EB/OL] . http: //infotrac, galegroup. come /nenu.

支持美国对外文化交流活动，在“总统国际事务应急基金”支持下实施的文化项目，其直接目的是反击苏联的宣传，驳斥美国社会“物质主义”和“无文化”的言论，根本目的则是为了在国际上，尤其是在第三世界，深化其民众对美国文化的理解与认同，培养民众对美国的友好情感。① 有了国会的资金保障，政府决策部门迅速着手筹划相关事务，关于文化交流的政策文件相继出台。1954 年 8 月，美国国家安全委员会（NSC）出台的“美国对远东政策”文件（NSC529/2）中指出：“美国应加强开发与该地区相关国家的文化交流项目。”同样，在国家安全委员会出台的 NSC532/1 文件中指出：“美国必须加强与拉丁美洲的文化交流，树立美国在当地的良好形象，阻止反美倾向的滋生。”②

1955 年，为了反击苏联在种族问题和奥运体育宣传上的攻势，美国业余体育联合会首次成功地将美国黑人奥运冠军马尔·惠特菲尔德和哈里森·迪拉德派遣到非洲进行文化访问交流。同年，美国奥委会在政府的授意和资助下，将美国滑冰冠军坦利·奥尔布赖特派往海外访问。1956 年，在美国大学生体育协会（UCAA）协助下，美国政府又成功地将其年度冠军旧金山大学男子篮球队派往拉美进行访问交流。这些访问有力回击了苏联对美国种族问题的指责，展示了美国文化成就和生活方式，对美国文化在非洲的传播产生了积极影响。由于 1954 年以来的体育交流活动的成功实践，还有相关政府机构的推动，直接促使 1956 年 8 月第 81 届国会上《国际文化交流与贸易参展法》（*International Cultural Exchange and Trade Fair Participation Act*）的通过。该法案明确指出：“通过向国外派遣美国体育、艺术等各界知名人士的方式，向国外民众展示生活在和平舒适的经济、社会制度下的

① Terms of Reference for Working Group on Cultural Activities, OCB Files. No. 68, October 8, 1954, K3100333623. Declassified Documents Reference System, Gale Group [EB/OL]. http://infotrac, gale group, com/nenu.

② National Security Council on U. S Policy toward Latin America, September 3, 1954, CK3100435598. Declassified Documents Reference System, Gale Group, Inc [EB/OL], http://infotrac. galegroup, com/nenu.

美国人民所取得的文化成就，来加强别的国家与美国的国家关系。与此同时，在资金问题上，法案规定除财政拨款外，鼓励美国的公司、团体、私人捐赠资金来支持文化外交项目，解决了因项目扩展而出现的资金短缺问题。这一法案的通过，使美国对外体育文化交流项目由临时性的政策变为永久性的政策，这也预示着美国对第三世界国家的体育文化交流活动进入一个新的阶段。档案材料显示，1955—1956年在“总统国际事务应急基金”支持下，美国共实施了7次体育代表团访问项目，而1956—1968年，美国共实施了62次体育代表团访问项目，访问了100多个国家和地区。艾森豪威尔政府利用体育项目对第三世界国家的文化外交活动在当地引起了很大反响。美国新闻总署在一份总结性报告中指出：“利用体育人士的交流访问项目取得了重大成功，反驳了共产主义对美国社会的反面宣传，重建了美国的国家形象。”

冷战中后期，随着苏联势力的式微，美国进一步强化了文化外交。卡特政府上台后推行的“人权外交”、里根政府期间成立以输出民主为宗旨的“全国民主基金会”、老布什时期针对东欧提出的“民主建设项目”，这些无不是以文化为手段，实施对社会主义阵营的“和平演变”，以图赢得冷战的胜利。

冷战结束后，文化外交一度走入低谷。然而，各国外交政策的文化趋向并未改变。相反，文化与政治价值观、外交政策一道被视为一个国家至关重要的软实力，成为各国政府谋求对国际事务更大发言权的有力工具。正如约瑟夫·奈所言，硬实力和软实力同样重要，但是在信息时代，软实力正变得比以往更为突出。亨廷顿的“文明冲突论”在强调文明断层线冲突的同时，事实上也道出了不同文明国家之间文化沟通理解的重要性。

20世纪90年代下半期开始，文化外交再度引起重视。面临着国际国内的双重压力的法国寄希望于文化软实力，提出“文化多样性”原则，利用本国文化优势加强和扩大本国影响。1998年，法国外交部和教育部共同成立教育国际协作署，旨在海外推广法国高等教育。法国外交部明确表示“法国比以往任何时候都更加是一个文化大国”。2006年5月，法国外交部长宣布法国外交部和文化部将联合成立“法国文化署”，以促进法国对外文化交流。英国布莱尔政府在1997—1998年展开了“酷不列颠”国家形象重塑运动，决心革新海外公众心目中过时的、老旧的英国印象。美国在“9·11”事件后开始反思忽视文化外交的后果，谋求恢复和建构美国国家形象。2003年，美国国务院成立文化外交咨询委员会，旨在针对美国文化外交中新增的有关项目和政策向国务卿提供建议。克林顿政府的“人权高于主权”论，2006年小布什政府推行的“全球文化计划”，奥巴马政府的“巧实力”外交，均以增强美国软实力、改善美国国际形象为使命。由此可见，在全球化日益深入的今天，文化交往已经成为民族国家推广自己文化价值观念、政治制度，以期保持或增强自己战略优势的有效外交途径。

文化外交的历史发展表明其对民族国家国际战略的实施、国家软权力的提升、国家良好国际形象的确立、不同民族国家之间的交往乃至世界的和平、人类自身的和谐发展发挥了独特而且重要的作用。老子有句名言：“天下之至柔，驰骋天下之至坚”，意思是天下最柔弱的东西却能驾驭天下最刚强的东西。这个最柔弱的东西是什么呢？庄子答曰“人心”，也就是我们今天所说的“人的思想与精神”。文化外交实质上是一种精神与思想的输出，是文化价值观和信仰的传播与沟通，虽然至柔，却有一种神奇的力量，能在最为坚硬的东西里穿行，畅通无阻。

文化外交的历史发展同样表明，一国的文化交流状况基本与国家综合国力成正比，经济水平高、综合国力强的国家，文化外交的水平相对就高，也就容易成功实现对外战略目标。正如汉斯·摩根索所言，“较之军事、经济等因素，文化如果运用得当，将能征服人们的头脑，产生持久、稳定的战略效果”。[①] 在文化多样化发展的当今世界，能否占据文化主角地位，即是否具有强势文化，将对一国的发展起重要作用。从传播学角度看，在文化传播过程中，对强势文化的拥

① 宗焕平：“孔子学院的独特影响力”，《瞭望》，2007年第11期。

有者而言，在政治上、经济上对受众在吸引力方面处于相对优势地位。

然而，在强调文化外交的重要性、扩大其作用范围、加大其投入、增加其实施内容的同时，应当清醒地认识到：

其一，超越国界的不同民族间的文化成果交流的教育和文化活动并不能切实解决国际政治领域的问题。中国知识精英欣赏德国的哲学、美国知识精英喜爱俄罗斯的文学与音乐、美国大片在穆斯林国家未遭禁演，这与国际政治领域的问题丝毫无关。不同国家的国民互相分享思想艺术经验，并不必然导致他们在道德与政治方面的相关一致行动。在比文学、美学更高的层次，西方国家（包括俄罗斯）和穆斯林国家曾分享过千余年的共同经验，但是，这些并没有促使他们产生、确定统一的政治行动，未能阻止冲突或分裂，更未能导向和平。

其二，国家政治领域的主要路标不是文化、思想、意识形态、艺术、教育等的吸收与领悟，而是以强权为利益的概念。固然有许多事例是由于对他国文化的深刻理解而澄清了事实、消除了冲突，但这种吸收与理解是否能促成两国之间的友好关系还是个悬而未决的问题。尤其当 A 国与 B 国在卷入一场利害关系重大的冲突时，情况往往与之相反。A 与 B 的经济利益之争并不是由于 A 不了解 B 的意图引起，或者应当说是因为 A 太了解 B 的意图。A 和 B 的争端也不会因为相互了解对方文化、对对方文化抱有好感而停止，其归根结底取决于 A 与 B 之中任何一国的情况与所要求的是否与另一国的情况与所要求的相容。又譬如一切决定过历史进程并改变过世界政治面貌的大战都是为了实际的厉害关系而打，而不是因为彼此间文化、性格和意图不相容而打。结束战争、导向和平的症结不在观念的改变、文化的交流，而是利益的分配与获得。因此，尽管文化外交有其内在的重要意义，但它始终是促进国家利益、维护国际和平的一条辅助道路。美苏冷战期间的文化外交较量及其后果深刻地说明了这一点。

第二节 文化公共外交案例

一、韩国文化公共外交

冷战结束后，韩国历届政府都致力于发展文化，逐渐确立了文化立国的方针。为此，韩国政府一方面努力将文化实力转换成“外交力”，将文化外交视为与经济和政治并行的三大外交主轴之一，另一方面又借助文化外交推动文化大国建设，改善国家整体形象，并取得了良好成绩。

韩国政府的首次文化外交可以追溯至20世纪50年代。1957年12月开始至1959年6月在美国华盛顿等七大城市举行的“韩国古代文化展”，是韩国政府1948年成立后首次由官方主导的文化交流活动。此后，韩国又陆续在美国、日本、法国等国家举行文物展览，并举行各种文化宣传活动。不过，当时的文化外交主要是作为获取发达国家的海外援助和贷款的一种手段。进入20世纪60年代后，韩国开始提出文化外交概念。朴正熙政府认为文化外交就是以文化为媒介的国际交流，即通过向外国详细介绍本国发达的固有文化以提升本国的国际地位，并指出文化外交的重要性不亚于经济外交和政治外交。在此方针指导下，韩国于1965年3月同意大利签署文化协定后，又陆续同马来西亚、巴西、墨西哥、阿根廷，及中国台湾等国家和地区签署了文化协定。但当时的文化外交还只是停留在对外宣传层面，特别是出于构建反共阵营的需要。朴正熙政府时期，韩国不仅没有专门的文化外交部门，就连负责文化政策的功能也分散在公报部、外交部、文教部等各种机构中，级别也很低。20世纪七八十年代，除了为宣传韩国的需要而进行文物展览以外，韩国还开始了巡回演出等各种活动，致力于宣传“汉江奇迹”及其背后的文化传统，并开始强调文化交流和文化合作。例如韩国政府1972年成立韩国弘报协会，1976年改称韩国国际文化协会。韩国外交部1978年4月在情报文化局内增设文化交流课、弘报文化课、公报课等。80 年代，韩国借助亚运会和汉城奥运会之机，正式开展国际文化外交活动。尽管如此，20 世纪 90 年代以前韩国外交的着眼点仍然囿于政务和安保领域，所谓文化外交大多处于无意识状态，还没有专门的机构统一负责文化外交。这与 90 年代之前韩国的文化政策显然是一致的，也与冷战时期韩国以政治安全为中心的外交思路一致。

韩国文化外交的兴盛出现在冷战后。20 世纪 90 年代，经济和通商上升为韩国外交的第二轴，伴随着国际上对软实力重要性认识的增加，文化随之进入各国外交视野。冷战结束后，全球化、信息化和民主化趋势加速，国家影响力的源泉中“魅力”和“议程制定能力”的分量加大。在全球化的潮流下，韩国官方智囊和学界主张文化外交的呼声渐起。韩国文化外交由此进入到一个新的历史时期。

在 1997 年版的《韩国外交白皮书》中，韩国首次将文化外交列为促进全球化的一个重要手段。韩国对文化外交的重视从机构设置的变化中可见一斑。例如，卢泰愚政府于 1991 年将国际文化协会纳入外交部掌管，并改名为韩国国际交流财团（Korea Foundation）。直至今天，该财团仍然是韩国开展文化外交的核心机构。金泳三政府则在 1993 年将外交部信息文化局改为文化合作局，而金大中政府 1999 年在外交通商部内整合成立了统一协调各部门文化外交活动的文化外交局，明确了文化外交的地位。金大中政府重视文化外交有两方面原因。一方面，韩国需要扭转亚洲金融危机及韩国接受 IMF 救助而受损的国家形象。韩国外交部在 1998 年 3 月提交的报告中就明确提出，通过激活文化外交改善国家形象，使国家利益最大化，如提升韩国的信赖度，吸引海外投资等。另一方面，随着 2000 年以后韩流在东亚的广泛传播，文化外交有了新的素材和动力，韩流的兴起也使文化外交的重要性得到进一步认识。特别是 2002 年世界杯成功举办后，韩国成立了“国家形象委员会”。2005 年，韩国政府又组建了有海外宣传经验和专业知识的民间人士参加的“国家形象开发委员会”，提出了“活力韩国”（Dynamic Korea）的国家口号。韩国外交通商部则在 2006 年提出开展“与国力相称的先进外交文化”的倡议，提出通过文化外交加强软实力。文化外交由此正式上升为国家层面的课题，也成为韩国外交的第三大主轴而站稳脚跟。不过，无论是在金大中政府还是在卢武铉政府时期，韩国文化外交都还处在初级阶段。按照时任韩国外长柳明桓 2010 年初的说法，在此十年之前韩国民众乃至外交通商部对文化外交的重要性认识仍然不足，文化外交也不是韩国政府的主要关心与着力对象。

后来的李明博政府和朴槿惠政府明显提升和加强了文化外交的力度。李明博政府认为，21 世纪是文化时代，文化不仅仅是商品，其本身就是国家竞争力，对于国家形象的形成具有重要意义。李明博政府上台伊始就提出了"建设先进一流国家"的愿景，以期塑造一个"全球化韩国"（Global Korea），打造一个"关爱他国，也受他国关爱"的韩国形象。韩国外交通商部相应提出了外交政策三大愿景：和平、繁荣和国格。这里的国格就是指塑造一个与经济技术实力相称的文化韩国。韩国外交部 2009 年提出《为提升国家形象的先进文化外交强化方案》，制定了九大课题，分属于四大领域，通过两大战略推进。首先是国家品牌改善战略，分为"扩大在国际社会的作用"和"魅力文化观光"两个方面进行，前者包括通过官方开发援助（ODA）、联合国维和行动（PKO）和驻外公馆国家品牌据点化塑造"成熟的世界国家"，打造海外服务团品牌，派遣中长期顾问团等；后者包括由文化部和国际交流财团在海外博物馆设立韩国展室，向海外图书馆普及韩国资料等。其次是提升形象和加强传播战略，分为加强网络和积极运用全球事件两个领域，前者包括构筑在外同胞整合网络、正确认识韩国（教育部和国际交流财团主管）、邀请海外主要人士访韩（国际交流财团）等，后者包括主办主题型文化外交事业。为此，韩国决定在全球设立"世宗学堂"以推广韩语和韩国文化。海外韩国文化院则从 2008 年分布在 9 国的 12 所增加到了 20 国 24 所。2010 年，韩国外交通商部还提出了很多具体的重点推进课题，以推动实现"成熟的世界国家"目标。在提高国家品牌价值方面的课题有：使驻外公馆的国家品牌据点化，加强对联合国教科文组织的外交；通过文化外交实现绿色增长，包括进行绿色韩国国家品牌宣传，主题型文化外交事业，双向文化交流事业等。加强文化竞争力方面有：支援文化创意产品的出口，韩餐世界化。在体育外交方面的课题有：支援2011年的大邱田径锦标赛、2014年仁川亚运会、2018年平昌冬奥会、2020年釜山夏季奥运会申请、2022年世界杯申请，及支持跆拳道品牌化等。同时，韩国政府还计划加强外交通商部和地方政府的合作，以及支持地方政府的国际化力量，支持非营利法人和团体的民间外交工作。此外，韩国政府还扩大同亚洲国家之间面向未来的文化、学术、人员交流。

李明博政府时期，韩国不仅在文化外交实践方面非常活跃，而且在理论层面形成了对文化外交的系统认识，其标志就是韩国外交通商部2010年汇编出版了《文化外交手册》，并宣布2010年为加强公共外交元年。韩国外交通商部认为，文化外交是指使用艺术、哲学、知识、信息等文化手段增进与他国相互理解的外交活动，是提高他国民众对本国的亲密感，在对方国家提高本国的国家品牌等增加影响力的外交活动。从终极目标上说，就是在他国和国际舞台上增加本国的影响力。为此，韩国将文化外交分为四个组成部分：文化、体育、观光和教育。韩国不仅将文化外交视为传统外交的补充或支援，而且还将其视为构成“外交力”的第三轴。韩国认为，尽管文化外交是公共外交的一个下位概念，但由于文化是软实力中最核心的要素，所以文化外交也常常与公共外交混用。这从韩国外交通商部机构没有专门的公共外交局，而是由文化外交局等相关部门分担其业务中可以看出。

朴槿惠总统上台后，韩国文化外交又迎来了一个新的发展期。朴槿惠总统在就职典礼上明确将弘扬韩国文化作为基本国策之一，强调创造型经济是经济兴国的重要辅助手段，而娱乐从业者是拓展韩流文化、实现创造型经济潮流中的一员，也是提升国家形象的捷径。韩国外交部将此阶段文化外交的战略目标确定为：打造一个“值得世界信赖的魅力韩国”。

为配合朴槿惠总统所倡导的“信赖外交”，韩国政府决定将分布在世界20个国家的韩国文化院从2011年的24所增加到2017年的48所，为文化外交部署更多据点。韩国文化体育观光部则发布文化技术中长期计划，明确指出要提高对应用在电影、广播、游戏、动画、演出、展览等文化产业内容上的技术的研发投资。计划目的就是提高文化技术相关产业的竞争力，为实现“文化隆盛”[①] 的国策基调打下基础。在 2013 年 5 月举行的朴槿惠政府首次驻外公馆负责人会议上，韩国总理郑烘原要求所有驻外公馆根据所在国情况积极开展“文化外交”，使其成为文化外交的前哨基地，要求外交部门将最具竞争力的韩国民间文化实力转化为外交力，创造协同效应，以实现新政府的“文化隆盛”目标。

从前述文化外交的变迁中可见，韩国重视文化外交还是最近十多年的事，但韩国文化外交发展却非常快，逐渐形成了一套具有韩国特色的运行机制。韩国外交史中具有象征性意义的步伐，是韩国外交通商部 1999 年将部内的文化合作局更名为文化外交局，统一协调外交通商部系统以及外交通商部与其他相关部门的文化外交工作。时至李明博政府时期，韩国基本形成了一套比较成熟的文化外交运转机制。

总体来看，韩国文化外交体制是一个相关部门各司其职、分工协作的体制，涉及的中央部门包括总统府、外交部、文化部、教育部和农林部。2009 年 1 月韩国总统府成立了直属的由政府和民间人士组建的国家品牌委员会，目的在于从国家层面制定系统的、综合的战略，以提升韩国的国家品牌价值。该委员会 2009 年 3 月和 7 月举行了两次报告会，提出打造一个“关爱他国，也受他国关爱”的韩国的目标，优先从十个方面入手，如与韩国共同发展、世界学生交流、海外服务团品牌化、构筑海外同胞整合网络、在海外扩大韩语推广和跆拳道品牌化、全球市民意识涵养、发掘和宣传韩国名牌、打造温暖的多元文化社会等。由于国家品牌委员会是根据总统令设立的临时协调机构，所以一般会随着政府的交替而调整。朴槿惠政府在 2013 年

---

① “文化隆盛”是韩国总统朴槿惠就职后宣布的一大执政纲领，由她直接领导的韩国“文化隆盛委员会”2013 年 7 月 25 日成立。文化隆盛委员会主要为总统提供文化政策咨询。委员会由在文化艺术领域最具代表性的 21 名成员组成，如文化体育观光部长官、教育部长官等。文化隆盛委员会一直以来为总统和国民及文化界人士做必要的沟通，起到连接三者的桥梁作用。

7月25日成立了总统府直属的“文化隆盛委员会”，其职能包括就文化外交在内的文化战略问题提供咨询。韩外交部内的文化外交局、发言人办公室、国际合作局都涉及文化外交事务，其中扮演核心角色的则是文化外交局，负责涉及文化、艺术、旅游、青少年、教育、体育合作的外交政策制定、施行、总揽、协调，以及对负责推行公共外交的专门团体的指挥和监督等工作。外交部还直接管理分布在全球156个国家的使领馆，以及分布在美、法、中、日等国的24所韩国文化院，这些使领馆和文化院是在当地开展文化外交的前哨基地。外交部属下还有韩国国际交流财团，主要负责通过文化交流、人事交流、韩国学振兴、发行刊物等提升韩国在海外的影响力，是韩国开展文化外交的重要机构之一。文化体育观光部下设有海外文化弘报院（主要承担韩国文化的海外宣传，支援举办介绍韩国的活动，邀请海外人士访韩，外媒记者赴韩采访支持）、韩国文化艺术振兴院（扩大文化艺术教育，支持全球文化艺术教育交流）、电影振兴公社（提供电影胶片）、韩国观光公社及其遍布15国的26个分公司等。教育部（前教育科学技术部）则内设在外同胞教育课（Overseas Korean Education Division），其下有国立国际教育院和韩国学中央研究院，分别负责国际韩语学校支援，招徕外国留学生，国际教育交流合作，以及韩国文化的深层研究和教育。农林水产食品部设有韩餐世界化小组，专门负责推动韩餐世界化工作。此外，韩国各地方政府和民间团体也通过各种国际交流承担文化外交工作。截至2015年1月，外交通商部主管的涉及文化外交的非营利法人共429个，民间团体95个。这些民间团体在韩国文化外交中扮演着至关重要的角色。

同英美等文化外交繁盛的西方国家相比，韩国虽是文化外交的后进者，却是后起之秀，其文化外交主要有以下特点：一是从战略层面重视文化及文化外交。这主要体现在两个方面：首先，韩国政府将文化外交视为实现国家战略目标的手段。无论是卢武铉政府的“创意韩国”，李明博政府的“先进一流国家”，还是朴槿惠政府的“文化隆盛”，这些战略目标本身要么是文化性的，要么是必须依靠文化外交来实现。因此，韩国政府不仅从战略层面制定文化政策，也要求外交部门通过文化外交服务于这一战略。总统府成立直属的有关文化的委员会就是基于这个目的。其次，韩国最高领导人带头实践文化外交。前总统金大中就留下了开展文化外交的成功案例。例如，为消除韩国人对日本的敌意，金大中 1998 年访问日本时用日语发表演讲，感动了日本听众。在随后的民调中，两国国民都对对方表现出更加正面的态度。李明博政府提出了韩餐世界化设想，并由酷爱烹饪的第一夫人金润玉亲自负责。在总统府的全力支持下，韩国农林水产部 2008 年 10 月宣布，在 2017 年前将韩餐打造成世界五大餐饮之一。

二是将驻外公馆转变成文化外交据点。文化外交的最终目的是全面改善韩国的形象，提升韩国的国家品牌价值，而使领馆、文化院等驻外公馆显然是韩国在海外形象的代表。截至 2015 年底，韩国在 109 个国家开设 156 个公馆，在其中的 20 个国家有 24 所文化院。韩国外交部不仅每年举行一次驻外公馆负责人会议，而且要求驻外公馆成为韩国在驻在国开展文化外交的据点，并与其他公馆交流开展文化外交的经验。在 2013 年 5 月的驻外公馆负责人经验交流会上，很多使领馆介绍了如何开发文化外交项目，诸如引导驻在国修改教科书中有关韩国的记述，以改善韩国形象；利用纪念演出之机，让韩国文化与所在国同台表演，从而避免形成单方面宣传韩国的印象；在所在国开展植树造林等活动，拉近与所在国民众的距离等。韩国驻外公馆积极主办学术会议、各种纪念会，在驻在国大学、企业传播韩国文化；通过文化院开展韩语、韩餐、韩服、韩屋、韩国音乐、韩国舞蹈、跆拳道等的推广工作。韩国驻外公馆还积极宣传科技、环保合作，以打造韩国绿色发展的形象。

三是发展半官方机构推动文化外交。除了前面提到的部分涉及文化外交的半官方机构之外，还有如东北亚历史财团、在外韩国教育院、地方国际化交流财团、国立国际教育院、国立翻译院等。这些文化交流机构在很多重要国家设立分支机构，如韩国国际交流财团在中国等六个国家有派出机构，在很多高校设立亚洲中心。这些机构以半官半民身份，定期以学术会议支援、韩语学习支援、访问学者支援等项目邀请海外学生和学者前往韩国，替政府做各种韩国文化的海外推广工作，尤其是做政府不便直接出面的事。韩国国立翻译院最近几年在推动韩国文学作品走向世界方面非常活跃，以力争有韩国作家获得诺贝尔文学奖。朴槿惠政府还计划成立由文化体育观光部、教育部等多部门参与的“韩国学政策协议会”，系统地支持韩国学、韩国语等在世界各地的发展和推广，如在有韩国语教育需求的地区增设世宗学堂，扩大在海外的韩国语普及和韩国文化体验活动。

四是官方与民间相互借力。首先，政府为民间推广韩国文化搭建平台，主要表现在制定政策、法律，资金援助，创造环境，进行引导等方面。例如，截至 2015 年 4 月，韩国政府总共同 108 个国家签署了双边文化协定，支持 KBS 等民间或半官方机构制作并出口韩国影视剧，其中诸如电影委员会等机构的协助必不可少。朴槿惠访华期间不仅前往观看韩流演出，还有意在代表团中安排了鸟叔和 BIG BANG 等韩流明星的经纪公司“YG 娱乐”的负责人。其次，韩国政府借力民间机构、团体、人士，以及海外韩侨从事文化外交。例如，外交通商部募集成立了民间公共外交使团开展文化外交，任命金妍儿、李秉宪等明星担任宣传大使。有评论称，作为宣传大使的韩流明星裴勇俊对韩日关系改善所做的贡献抵得上十个大使。韩国文化部还计划继续利用谷歌、Youtube、脸谱等全球性媒体推广韩剧、电影、韩国流行歌曲，以及韩文、跆拳道、韩餐、文学、服饰等传统文化，打造一个整合的 K – Culture 品牌。很多韩国民间机构也都在默默分担文化外交工作，如 SK 高等教育财团、SM 娱乐公司。韩国的高等院校不仅致力于培养留学生，而且进行毕业后管理，构筑一条龙的“亲韩派”网络。

五是中央与地方政府携手。韩国中央政府不仅鼓励地方政府开展国际交流，而且通过合作方式推动其承担文化外交的角色。韩国外交通商部同国内多个地方政府签署了联合开展文化外交的备忘录。例如，韩国政府同全罗南道合作，借当地举办食品节的机会，推动韩国食品的出口；外交通商部与韩国庆尚北道携手推动《韩国丝绸之路计划》，告诉全世界丝绸之路的东端出发点是韩国庆州。作为该计划的一部分，韩国于 2013 年 8 月 31 日至 9 月 22 日在伊斯坦布尔举行了世界文化博览会。这是改善韩国在欧洲形象的重要举措。

六是构筑海外同胞网络。韩国总统海外出访时必不可少的环节就是接见当地的韩侨。在朴槿惠政府制定的 140 个国政课题中专门提出要加强构建全球韩民族网络，凝聚 720 万海外韩侨力量。在 2013 年的相关预算中，韩国政府为全球韩侨的教育事业一项就总共拨款 788 亿韩元，比上一年有大幅增加，其中与教育部有关的预算占 640 亿韩元。韩国在外同胞财团 2013 年的预算为 450 亿韩元，其中 95 亿韩元专门用于支援各国的朝鲜语学校。在外同胞财团 2013 年 4 月 25 日还与东北亚历史财团签署合作协议，对全世界 1900 多所朝鲜语学校的学生和海外同胞团体提供有关东北亚历史、独岛问题的 DVD、书籍等教育资料，帮助他们培养民族身份认同感。朴槿惠在 2013 年 5 月举行的驻外机构负责人会议上特别要求韩国外交机构积极支援海外同胞，让这些人将来有机会为祖国服务。可以料想，韩国政府将会进一步整合各方面的资源，加强与海外韩侨的联系。

七是拓展文化外交的内涵。韩国政府认为，也许无法通过硬实力同大国竞争，但软实力是韩国的重要资产，在公共外交领域具有充分的潜力和竞争力。在全世界所有国家中，只有韩国在不到半个世纪里从日本殖民地和朝鲜战争废墟中走出来，取得了令人瞩目的经济发展成就，从一个接受援助的国家变成了提供援助的国家，并实现了民主化。韩国发展模式中一个最重要的特点就是 20 世纪 70 年代的“新村运动”。对很多发展中国家来说，韩国模式具有很强的吸引力，而这正是韩国软实力和魅力所在，是韩国开展文化外交的新利器。因此，韩国政府制定了传授经验的“知识共有”计划，向很多发展中国家介绍经验。据统计，从 1970 年至 2015 年，共有来自 149 个国家的 8.3 万人访问韩国，并接受相关培训。韩国还在 18 个国家展开了 157 个新村建设项目。

八是积极开展联合国外交，提升韩国的文化形象。最近几年，韩国将文化外交的另一个焦点对准了联合国舞台。尤其是，韩国外长出身的潘基文 2006 年当选联合国秘书长之后，韩国发现了联合国舞台对改善韩国国家形象的重要作用。从文化的角度来看，韩国主攻联合国教科文组织和粮农组织等。2013 年 6 月，韩国成功将“新村运动记录”和“乱中日记”申请为联合国教科文组织世界记录遗产。韩国由此也成为亚洲第一、全球第五的记录大国。韩国还在此前将端午祭、铁制活字印刷等申遗成功，俨然成为文化历史悠久的大国。韩国媒体 2009 年 7 月就曾宣称，有 400 年历史的韩国医学著作《东医宝鉴》成功申遗是韩国向世界宣传韩医学正统性和独创性的重要契机，有助于消除国际社会有关韩医学是中医学“亚流”或一部分的误解。韩国“新村运动”也被联合国粮农组织和联合国亚太经社会列为脱贫模式，成功树立了韩国在发展中国家的正面形象。

综上所述，进入新千年之后韩国历届政府都非常重视文化立国战略，致力于打造一个先进一流的受国际社会信赖的韩国，而文化外交就是其实现这一战略目标的重要手段。从韩国的文化外交实践来看，现任朴槿惠政府及未来的韩国政府将越来越重视文化外交的作用。而在韩国文化外交的对象国中，中国显然占据着重要地位。朴槿惠总统已经成功实现对中国的访问，双方也达成了加强中韩人文纽带的共识。因此，文化关系将是未来中韩关系中最具潜力的增长点，也将是中韩关系长期发展的稳定器。中国需要仔细研究韩国的文化政策与战略，摸清韩国文化外交背后的动机，做好有效的应对。与此同时，中国也要学习韩国文化政策与文化外交中的精华部分。最重要的是，中国需要借韩国倡导加强人文纽带之机，推动平等互利的中韩文化交流。韩流在中国劲吹，中国在韩国却仅仅掀起一阵汉字热，远远没有刮起所谓的“汉风”。因此，中国需要改变之前不平衡、不对称的文化交流现状，推动向韩国出口中国的影视剧、绘画、武术、传统工艺，引导韩国修正过时的中国观，全面改善中国在韩国的形象。

二、法国文化公共外交

作为一个历史悠久、文化灿烂的大国，法国有着悠久的将文化服务于外交的传统。在当代西方大国中，法国不仅是最早有意识地将文化手段付诸外交目的的国家之一，同时也是最重视、最善于开展和运用文化外交，并具有显著特点的国家。

历史上，法国一贯重视文化的作用，认为文化与法国的国家形象密切相关，是法国在国际舞台上的一块金字招牌。如“太阳王”路易十四就曾用重金奖励文人，使他们致力于“使国王崇高，使王国荣耀”的活动。而且历史证明，在树立法国的威望方面，“太阳王”的文化扶持比他发动的战争更加有效。法国有意识地将文化和外交活动联系起来，曾将文化名人视作法国的名片而委以外交重任。如16世纪著名诗人杜贝莱曾被任命为驻罗马大使；18世纪，卢梭派驻维也纳大使；19世纪，著名诗人夏多布里昂任驻伦敦和罗马大使，随后又出任外交部长；同一世纪，著名诗人拉马丁也曾被委以相同职务。文人外交官成为十八九世纪法国文化外交的一大特色。

19世纪末，欧洲列强在非洲、近东和远东等地区开始了争夺势力范围的激烈角逐。除坚船利炮之外，输出文化、在上述地区的精英阶层中培养亲己势力也成为列强角逐的筹码。在这一背景下，法国大规模的对外文化活动正式拉开了序幕。宗教团体首先登场，四处传道、办学，教授和推广法语，到1939年，已在全球建立千余所法语学校。民间机构紧随其后，1883年，法国诞生了一所非盈利的私人文化宣传机构——法语联盟，其成立有着非常明确的目的，即在宗教和官方机构出于政治原因而无法进入的地区传播法国语言文化。这些最初的对外文化行动虽非官方发起，但国家在幕后提供了鼎力支持。宗教团体的活动大多由国家财政支持，法语联盟更是一问世就受到法国外交部的大力资助，并且有着明确的政治目的，即通过文化渗透争夺势力范围。

20世纪以后，法国政府开始更为直接地插手对外文化事务。1909年，法国外交部建立了一个国外法语学校与著作办公室，用以协调头绪日渐增多的对外文化活动。一战的爆发凸显了对外宣传的重要性。为此，法国把许多民间文化团体纳入了它的外交战略。1920年，外交部将国外法语学校与著作办公室升格为法语著作司，重新定义了其使命，即“法国的对外知识扩张”，并明确表述了成立该机构的目的：“我们的文学、艺术、工业文明、思想在任何时候都强烈地吸引着其他民族；我们设在国外的大学和学校是法国真正的宣传阵地，它们是我国政府的一件武器，这就是为什么外交部及其驻外机构需要督导这些对外文化活动、不惜任何代价地启发和促进法国的知识渗透的原因，我们坚信知识渗透是我们的对外行动中最为有效的方式之一。”二战前夕，法语著作司的预算占到法国外交部总预算的近20%。上述这些文化外交实践，为二战后法国现代文化外交的发展奠定了基础。

二战之后，在全新的时代背景下，文化外交作为挽救法国国际地位的手段之一，地位日益重要，并获得了实质性的发展。法国在历史上曾经盛极一时，是欧洲乃至全球强国，地位显赫。其大国地位的获得，除了来自路易十四的王权和拿破仑的征战外，还归功于辉煌灿烂的文化。法国是古典主义的发源地、启蒙运动的中心，若干世纪以来，一直引领着世界文学、哲学、艺术，包括音乐、绘画、雕塑、建筑、电影等在内思想界的潮流；法国文化名人众多，俯拾皆是。以文学为例，仅20世纪，法国获得诺贝尔文学奖的作家就多达13人；巴黎在很长一段时期内是欧洲乃至整个西方世界的文化中心，甚至成为文学、艺术和知识的代名词，吸引着世界各国人士；法语被视作贵族的语言和高雅的象征，受到欧洲各国宫廷贵族和上流社会的热烈追捧。简言之，近代法国的强大，是其雄厚的“硬实力”和以文化为代表的“软实力”共同支撑的结果。

两次世界大战极大地削弱了法国。战后，随着美国、苏联的崛起和法兰西殖民帝国的解体，法国在政治、经济和军事领域陷入衰落，在国际事务中的发言权也一落千丈，从一流强国沦落为二流强国。虽然硬实力受到重挫，但法国依然保持着文化大国的地位。正如前总理保罗·雷诺所言，法国虽然已经不再是路易十四和拿破仑时代的法国了，但是它在某些领域，例如道德、文学、科学和艺术方面仍处于前列。

虽然风光不再，但是法国人对往日的辉煌却一直念念不忘，一心渴望恢复昔日帝国时代的荣光。正如戴高乐将军所言，“法国一定要站在最前列"，"法国一定要伟大，否则就不成其为法国"。[①] "怀念美好的旧时光"在法国成为一种普遍情绪。在这种"大国情结"的驱使下，恢复并维护大国地位成为战后以戴高乐主义为指导的法国外交的首要诉求。鉴于硬实力比较优势不足，法国便倚重残存的文化软实力优势，将之作为扩大国际影响、复兴大国地位的重要手段。在这一背景之下，法国对在历史上已经存在的文化外交实践进行了更加深入而全面的发挥。二战一结束，法国就将对外文化活动直接纳入了外事工作。1945 年外交部成立了"对外文化关系总司"，并将之作为工作重点，其预算一度占到外交部总预算的一半以上，首批司长都是有影响力的名人，如路易·约克斯、雅克·德布邦布塞等，这表明，它肩负着挽救法国国际形象的重任。文化关系总司的存在，使法国成为全球几乎唯一一个在外交部内组织文化活动的国家，也使得法国的文化外交比其他国家显得更加直截了当。

冷战结束以来，面对新的时代背景，法国对文化外交进行了更为巧妙的运用。苏东解体后，国际局势发生了深刻变化，两级格局演变为一超多强，美国成为全球唯一霸主，美国文化风行世界，对法国的文化优势构成了重大挑战。与此同时，自 20 世纪 90 年代起，法国遭遇二战以来最为严重的经济衰退，在国内外双重压力下，法国的"大国梦"实现起来更加困难。在此背景下，法国对谋求大国地位的外交战略进行了战术调整，将之放在了"建立多极世界"的旗号之下，通过推动单极世界秩序向多极化演变来谋求对国际事务的更大发言权。为实现"多极世界"的战略构想，在硬实力愈加不足的情况下，法国继续寄希望于文化软实力。然而这一优势正受到美国文化的强大挑战，为此法国非常"艺术"地提出了"文化多样性"原则，指出这是通向多极世界的一条重要途径。在"文化多样性"旗帜下，法国既可以保护本国文化免遭美国文化的挤压，又可以打着推动建立多极世界的旗号进一步利用本国的文化优势，开动文化宣传机器，加强国际影响。可见，"文化多样性"绝不仅仅是一个文化命题，也可

① 戴高乐：《战争回忆录》第 1 卷（上），世界知识出版社，1981 年版，第 1 页。

见法国将文化运用于外交的智慧。

进入新世纪，法国的综合国力继续衰落，政治、经济手段受到掣肘、无法立竿见影地带来影响力收益的前提下，更加依赖文化软实力优势来寻求施加影响。法国外交部明确声称，法国比以往任何时候都更加是一个文化大国。前外长休伯特·韦德里纳指出，“法国世界地位的核心体现是文化”，在谋求影响力方面，“请别忘了我们的软实力，它是巴黎的魅力，是法国的时尚、奢侈品、烹调、葡萄酒、优美风光和法国文化的吸引力……”① 这就是为什么法国打算整合外交部和文化部的相关资源、联合成立“法国文化署”的原因。按照前外长菲利普杜斯特·布拉齐的解释，建立这样一个机构是为了提高法国文化在国际社会的“可读性”和“可见度”，提高法国对外文化活动的效率。由此可见，法国正更加清醒、更加自觉地开发利用自身的文化优势，以更加全面的文化输出谋求国际影响。

由此可见，“文化”作为法国大国形象的重要象征，在法国半个多世纪的外交实践中自始至终扮演着重要角色。正如法国外交官阿尔贝·萨隆所言，自二战以来，法国的所有政治家，无论党派及文化政策的领导者都毫不含糊地确认，文化政策是对外政策的一个方面乃至一根支柱。参议员阿德里安·古泰龙认为，法国的文化外交旨在通过弘扬法国语言和文化来强调法国在世界的角色，实现通过建立非正式的“朋友”俱乐部的方式来影响世界的目的。总之，一切都是为了使文化服务于外交，其所要达到的目的最终是政治的。

法国文化外交的特点主要体现在下述几个方面：

1. 以推广法语为基石

法语曾经是头号国际语言和外交语言，是法兰西民族的骄傲。两次世界大战后，法语伴随着法国国际地位的下降而衰落，虽继续保持着国际通用语言的身份，但使用者和使用范围都逐步减少。反之，英语随着美国的崛起日益取代法语，先成为外交语言，后又乘着全球化的快车窜升为国际“普通话”。语言的衰败折射着国力的减退。因

① 休伯特·韦德里纳于1998年11月2日在法国国民议会的讲话。

此，法国人认为，振兴法国需从复兴法语做起。法语在法兰西民族的形成过程中发挥过重要作用，是共和国的认同符号。语言是文化的载体和交流的工具，“是最好的粘合剂”，所以法国人认为，讲法语者必然容易认同法国的文化和思想观念、认同法国，从而有助于提高法国的国际影响力。出于上述两方面原因，法国从一开始就把在全球范围内推广法语视作文化外交的首选工具。19 世纪末的对外文化行动是从在海外开办法语学校开始的，二战后成立的文化关系总司司长雅克·德布邦一上台就宣称，要不惜一切代价在全球推广法语，哪怕牺牲其他文化活动的开展。此后的半个世纪里，法国始终将推广法语视为谋求大国地位和国际影响力的重要手段，不断声称确保“推广法语”在对外文化活动中的优先地位。法国前总统希拉克就多次强调，法语的国际地位直接关系到法国能否重新跻身世界强国之列。[①] 推广法语的重要性还反映在预算上，海外法语教学在法国对外文化行动中的花费一直名列前茅。除此以外的其他对外文化活动经费一律受到大幅度削减。

2. 拓展“文化”的内涵

在文化外交实践中，法国没有将“文化”仅仅局限于“文学、艺术”等狭义的文化，而是根据形势的发展不断拓展“文化”的内涵。文化部前高级官员雅克·里戈说：“外交不能忽略文化，这涉及捍卫和弘扬法国的语言、民族的声誉，捍卫和提高法国的影响力，为在国外的经济活动保驾护航、促进人员和观点的交流……我们应该从最广泛的意义上来理解文化，从书籍和电影贸易直到我国科技成果的传播。”“对外文化政策应该不断发展变化，并忠实地反映文化本身的变化和外交的发展。我们不能向世界展示一个躺在祖先的光荣里停滞不前的形象，要展示我们的发展创新。”莱维特也指出：“无论是纽约还是东京，对法国的认识依然停留在印象派画家、德彪西和拉威尔的音乐、加缪或萨特的文学和哲学、帕斯卡尔的科学上……这是不

① 苏旭：“法国促进世界文化多元化的努力”，《走近法兰西》，中国社会科学出版社，2005 年版，第 400 页。

公平的，我们的年轻艺术家也有十分出色的创造力……我们也有高精尖的技术，如高速列车、空客飞机和阿丽亚娜火箭。”① 法国认为，在世人眼里，德国、日本、美国等是“科技发达、工业先进、生机勃勃”的象征，而法国则停留在“文学和艺术的祖国”的传统形象上，这不利于扩大法国的影响，要改变这种僵死的看法，展现“现代的法国”比“古老的法国”更加迫切。为此，法国外交部几经改革，把由其他部门负责的“技术”和“科学”合作整合入文化关系总司，将文化关系总司升级为文化和科技关系总司，后又将合作部的发展司合并进来，成立了国际合作和发展总司，全面负责对外文化、教育及科技交流。改革使文化传播与科技合作融为一体，为法国与发达国家进行高端合作、确保在激烈的国际竞争中不致落败提供了政策支持，也为对外文化活动提供了更为方便、快捷的现代化工具。相应的，对外文化宣传的内容得到了丰富，在文学、艺术等人文社科成果的基础上添加了自然科学成就，使法国的文化品牌不再局限于祖上留下来的文化遗产。

法国把“文化”由狭义的“小”文化拓展至包含科技在内的“大”文化还有一个重要考虑，即通过科技援助与合作保持法国在前殖民地国家的存在和影响。20 世纪五六十年代法国前殖民地纷纷独立后，法国在上述地区以法语教学为主的对外文化活动遭遇挫折，新独立国家表现出强烈的摆脱法国控制的倾向，致使这些地区的法语学校大多遭遇关门的命运。面对新形势，法国转变了思路，变“法语学校”为“技术援助与合作”，希望藉此把新独立国家继续笼络在法国周围。由此，法国虽然“降下了三色旗，却拉开了技术合作协定的密网”。②

3. 从文化单边主义转向文化双边主义

在文化外交实践中，法国一开始奉行单边主义，只输出本国的语

① 彭姝祎：“试论法国的文化外交”，《欧洲研究》，2009 年第 4 期。

② 杨丽娜：“冷战后从法国与非洲法语区国家的关系看法国的大国外交”，华东师范大学硕士，2008 年。

言文化，甚至把本国文化强加于人。民族解放运动后，法国失去了大部分势力范围，其声音不再像以往那样畅行无阻，在这种背景下，法国人开始正视其他文化的存在，承认各文化之间存在互相依赖关系和补充作用，“对话”“合作”成为20世纪80年代法国对外文化政策的关键词。冷战的结束、特别是美国文化的全球风行突出了团结其他文化的重要性，文化对话与合作在法国文化外交中的地位也变得更加重要，合作的重要性还反映在文化机构名称的改变上，如文化和科技关系总司内的文化传播处在更名为“认同与文化交流司”后，又相继更名为“文化与语言合作司”和“文化与法语合作司”。在具体行动上，法国的驻外文化机构开始与当地联合开展活动，而不似以往那样自顾自推销本国文化。从展示法国文化的橱窗变为文化交流的平台，在弘扬法国文化的同时也弘扬当地文化。

4. 借助国际组织的力量

半个世纪以来，法国不遗余力地在全球范围内传播本国文化，但是在经济全球化背景下，受美国文化的冲击，文化强国的道路并不好走，加之对外文化活动经费日渐不足，法国开始寻求集体的力量，有意识地依托联合国教科文组织、欧洲委员会、欧盟、国际法语国家组织等国际组织开展活动。以推广法语为例，法国一直花大力气四处“兜售”法语，遗憾的是法语不仅依然难与英语相抗衡，还给人感觉是出于“一己之私”。法国于是转而推动欧盟倡导语言和文化多样化，在“促进文化多样性”的旗帜下，将“法语作为欧洲的语言”加以推广，如此便将本国的文化利益提升到了欧盟层面，使法国一国的“事业”升格为整个欧盟的“事业”，从而具有普遍意义和号召力。

在众多国际组织中，国际法语国家组织（IFO）[①] 一直是支持法国捍卫“文化多样性”，施加国际文化影响、进而施加政治影响的主

① IFO成立于1970年，最初有21个成员国，是一个结构松散、以共同的法语文化为基础的文化合作组织。如今IFO有近70个成员国（包括13个观察员国），涵盖五大洲，占世界总人口的10%强。

要平台。该组织的前身是结构松散的法语国家文化技术合作局，宗旨是凝聚和壮大法语世界的力量、弘扬法语文化、维护法语的世界地位。现今国际法语国家组织已发展为一个结构严密的国际组织，成员众多。除几个以法语为官方语言的发达国家外，大多数是法国的前殖民地国家，还有和法语联系不大的国家，如苏东解体后的中东欧各国。

法国进行对外文化外交的主要政策工具是语言与文化宣传网络。法国作为文化大国，建有庞大的对外文化宣传网络，该网络由两部分组成：一是法语教学网络，二是文化宣传网络。法语教学网络主要由法语联盟组成。法语联盟自 1883 年成立以来，一直是法国文化外交的基石和推广法语的主要执行机构，是法国海外法语教学的主力军。其总部设在巴黎，在外交部的大力资助下，法语联盟一直致力于在更多的国家和地区建立更多的分校。目前在 140 个左右的国家建立了 1000 余所分校，形成了一个遍布全球的、庞大的法语教育网。

文化宣传网络由法国文化中心和文化学院构成，这两种机构除去名称的不同外，几乎没有任何差别，在行政上均隶属外交部，但是拥有财政自主权。截至 2015 年，法国在全球 100 个左右的国家建有 240 多所文化中心和学院，其中近一半在欧洲，其次是非洲、亚洲和美洲。这个庞大的文化宣传网络被视作法国软实力的核心体现，自二战以来，一直肩负着三大使命：组织法语教学，提供有关法国的资讯，举办画展、影展等各种文化艺术活动。简言之，它们是法国的“橱窗”，使命是展示“法国”形象。在新的时代背景下，文化中心和学院也在不断转化角色，更多地与所在国以及国际组织联合开展活动。

为了更有效地传播法语，并使世人对法国有直接、形象的认识，对外视听宣传成为法国实施文化外交一项十分重要的工具。自 20 世纪 80 年代以来，法国逐渐建立了一个覆盖全球五大洲的对外视听网络，主要由三大主角组成：法国国际广播电台（RFI）、电视五台（TV5）、法国国际频道（CFI）。法国国际广播电台是继 BBC 和美国之音之后，与“德国之声”并列为全球第三的国际广播电台，它用多种语言播出节目，宗旨是影响讲法语和亲法的精英阶层，同时让更多普通人了解法国。TV5是继MTV和CNN之后世界第三大国际电视网络，只用法语播出节目，但是几乎覆盖全球，战略重点是增强法语节目在非法语国家的影响。法国国际频道的初衷是为非洲的公共电视台提供免费法语节目，以加强法国在非洲的文化存在和影响，目前的使命是为世界范围内的电视台提供法语节目。三大主角在使命和栏目设置上互有重复，为此法国政府计划将三者进行整合，建立一个堪与BBC和CNN相媲美的法语国际新闻频道，与英语视听传媒一争天下。

另外，传播法国思想一直是弘扬法国文化的一项重要内容，资助译介法语著作则是实现该目标的一项重要工具。为此，法国外交部建立了一套系统的出版资助计划。计划涉及全球70多个国家，在每个国家都有不同的名称，大多以目标国有代表性的文化名人命名，如在俄罗斯称为“普希金计划”，西班牙为“塞万提斯计划”，印度为“泰戈尔计划”，在中国则以著名翻译家傅雷先生的名字命名，即“傅雷计划”。该计划一度以资助译者为主，后来鉴于出版社的“阵地”作用而改为重点资助出版社，同时重视挖掘、培养年轻翻译人才，定期选拔优秀的青年译者赴法培训。

除此之外，举办外国文化年和进行科技援助与合作也是法国文化外交的重要举措。20世纪80年代，在“对话”成为法国文化外交关键词的背景下，法国创建了在本国举办外国文化年的活动，并于1985年成功地举办了印度文化年。冷战结束后，随着文化对话与合作重要性的提升，法国加强了对外国文化的推介，从20世纪90年代中期起将文化年活动制度化下来，每年举办至少一次，同时增加了互办文化年的活动频度。外国文化年活动是法国倡导文化对话、平衡美国文化霸权、促进文化多样性的重要手段。在法国举办过或者将要举办文化年的国家，不是传统上亲法的法语国家地区、冷战后独立的中东欧国家，就是民族性、文化性异常突出的非英语国家。在法国政府看来，这些国家都是法国在同英语文化的抗争中可以团结的力量，因为它们有助于纠正或者缓和时下的风气，平衡某些自视为“世界中心”的国家的霸权主义。

科技援助与合作的主要对象是法语国家，特别是非洲地区。这些前法国殖民地是法国的“后院”，为防止“后院”起火或被别人抢占，法国采用了文化发展援助的手段，即所谓的“科技援助与合作”。援助方式主要有两种：一是出钱出人，帮助目标国援建基础设施，改善其教育、科研、文化、医疗环境；二是通过选拔至法国或在当地培训两种途径为目标国培养行政管理或专业人才。无论哪种途径，均使用法语授课，在援助的同时传播了法语，可谓一举两得。合作的主要方式是签署协议，共同开展相关文化、科技项目合作等。

二战迄今，法国的现代文化外交实践已经走过了半个多世纪，在这70多年的时间里，无论政权如何更迭，法国利用“文化”软实力优势扩大自身影响、复兴大国地位、谋求国家利益的战略意图始终十分清晰而且矢志不渝。诚如莱维特所言，文化外交是法国对外政策的一个基本组成部分，在一定程度上构成了法国对外政策的一大特点，因为很少有国家开展货真价实的文化外交并为文化外交提供手段。在这为数不多的几个国家中，法国由于文化外交的资历和从法语学校、文化中心、科研机构、考古机构到法语联盟的对外文化网络的质量与密度而位列第一。

第三节　中国文化公共外交

中国文化资源丰富，文化外交的历史源远流长，古代历朝政府都比较重视对外文化交流。西汉时期张骞西行开辟丝绸之路，唐代玄奘天竺取经、鉴真东渡弘法，明代郑和七下西洋都为中国和西方国家之间的交流做出了卓越的贡献。佛教的传入、遣唐使以及近代的留学生热等都是文化外交的生动表现方式。它所传播的不仅仅是一种文化知识，还是一国完整的价值观念，在潜移默化中影响着他国的民众心态、生活方式甚至信仰。

新中国成立后，中国政府在对外关系中非常重视文化交流的作用。最典型的文化外交案例当属20世纪70年代的“乒乓外交”，1971年4月10日至17日，中国乒乓球代表团邀请美国乒乓球代表团访问中国，这次举动打开了隔绝 22 年的中美交往大门。但由于历史和国家实力等方面的原因，文化外交在中国对外战略中的地位一直相对较弱。改革开放以后，中国对外文化交流得以不断扩大和深化。目前，文化外交已成为中国总体外交的重要组成和新的外交增长点，成为中国营造有利的外部环境、展示良好国家形象、增强软实力及综合国力的重要手段。

从国际和国内形势来看，中国开展文化外交面临着进一步发展的难得机遇。从国家发展来看，中国在 2010 年已超越日本，成为世界第二大经济体，用于文化外交的资源和手段增多。从国家战略来看，党的十七届六中全会通过《关于深化文化体制改革推动社会主义大发展大繁荣若干重大问题的决定》，提出建设文化强国的目标，强调要推进中华文化走向世界，开展多渠道多形式多层次对外文化交流。党的十八大报告中明确指出："文化实力和竞争力是国家富强、民族振兴的重要标志。"并首次指出："我们将扎实推进公共和人文外交，维护我国海外合法权益。我们将开展同各国政党和政治组织的友好往来，加强人大、政协、地方、民间团体的对外交流，夯实国家关系发展社会基础。"国家在体制上深化改革、在物质上扩大投入，从软硬两方面都对文化外交提供更加有力的支持。从国际形势来看，当今世界正处于大变革大调整时期，国际力量对比出现新态势，文明多样性和发展模式多样化日益得到国际社会的认同。中国与外部世界的联系更加紧密，国际社会更加关注中国发展道路及其中的文化内涵。与此同时，经济全球化、社会信息化迅速发展，也为促进不同文明之间的互学互鉴提供了更加广阔的空间和更多的机会，世界不同文明在日益开放的形势下，在交流和碰撞中相互借鉴、共同发展。

近年来，从改善自身形象、创造有利的发展环境及提高国家软实力的需要出发，中国积极借鉴西方国家开展文化外交的经验，不断探索自己的文化外交战略。到目前为止，尽管中国的文化外交模式还很不完善，但中国在新世纪的文化外交实践取得了较大的成就，尤其是在文化展示、语言推广和文化交流方面成效显著。

第一，中国文化年（国家年）项目。

伴随文化外交在中国外交中地位的上升，文化外交途径和内容不断发展丰富，越来越多的国家与中国签订了文化外交合作协议。据不完全统计，目前中国已同140多个国家签订了政府间文化合作协定，尤其是与区域组织间的文化合作成为中国文化外交发展的新特点，2005年8月，中国与东盟签署了《中国—东盟文化合作谅解备忘录》，成为中国与区域组织签署的第一个有关文化交流合作的官方文件。2007年8月，作为上合组织的创始国，中国签署了《上海合作组织成员国政府间文化合作协定》。

“文化年”是近年来兴起的一种新兴外交形式，是国家根据对外关系的整体工作格局与部署，在双边国家约定的特定时间和特定区域内，以文化为载体，以人们喜闻乐见、易于接受的丰富的文化表现形式为手段来开展的国家公关活动。中国文化年（国家年）项目是中国文化外交的重要组成部分，是进入新世纪以来中国文化外交“文化展示与沟通”的标志性活动。自2003年始，中国成功地举办了英国“中国文化年”（2003—2004）、法国“中国文化年”（2003—2004）、美国“中国文化节”（2005）、印度“中印友好交流年”（2014）、俄罗斯“中国年”（2007—2008）、意大利“中国文化年”（2008—2009），这些项目在一个较长的时间段内给相关国公众带来了一次中国文化的“集中轰炸”，使他国公众在与中国文化的“零距离接触”中感受和了解了中国的文化和中华文明的博大精深，从而从“心灵”上感知中国，极大地增强了中国的吸引力。正如中法文化混合委员会法方主席让·皮埃尔·昂格鲁米先生所言：“法国人从没有像现在这样关注中国、向往中国”，“我要去中国”成为众多法国民众的心愿。[①] 俄罗斯文化和电影署署长米哈伊尔·什维德科伊指出，“中国年”展现了独特的中国文化，在两国关系史上从未有过这样的展示机会，增进了两国的相互了解，“中国年”促使俄罗斯进一步掀起“汉语热”，同时也促进了两国媒体间的深入交流。

---

① 李杰：“软实力建设与中国的和平发展”，《国际问题研究》，2007年第1期。

文化年（国家年）对中国来说还有一个更深远的意义。中国文化年项目的广泛开展，有利于加强中外文化的沟通，将中国的文化理念内化在国际行为体的行为准则理念中。中国传统的“和”文化、“协和万邦”的理念，不仅对中国社会本身有着内化的功能，而且，随着中国文化“走出国门”，必将为国际社会的和谐共处做出贡献，起到“化天下人”的作用，这将是中国对国际社会最大的贡献。

第二，大众文化交流项目。

举办各种大型体育赛事、文化展览、文艺演出等广大公众乐于参与的大众文化交流活动，是展示一国文化、增进公众交流与理解的重要途径。近年来，中国的大众文化交流项目，尤其是奥运外交、世博外交的运作成功地诠释了中国文化外交的“草根战略”，成为增强与他国公众之间交流与沟通的重要方式。

2008 年北京奥运会的成功举办，不仅诠释了奥运会的世界体育交流盛会、文化交流盛会的意义，也为中国提供了一次集中展示国家形象的机会，为中国提供了与世界交流的窗口，向世界展示了一个和平发展、与世界融合的中国。正如美国前总统小布什所言，“我认为奥运会为人们提供了到中国并观察中国的机会，同时也使中国人看到了世界，有机会同世界各地的人们进行交流”。轰动世界的北京奥运会火炬接力；足迹遍及世界的五个福娃，成为无数儿童的最爱；“同一个世界，同一个梦想”的主题口号传遍全球，得到了世人的认同；赛场内外面带微笑、热情服务的 170 万各类志愿者、几百万热情好客的北京人，都成为中国与世界进行交流与沟通的“大使”。

2010 年上海世博会是中国历史上第一次全社会参与、全方位接触国际社会的一场文化交流盛会。这场“经济、科技、文化领域内的奥林匹克盛会”成为中国开展文化外交的舞台，中华 5000 年灿烂文明和新中国 60 年辉煌成就得以集中展示，同时也成为中国同世界各国交流与合作的重要平台。在 184 天的时间里吸引了 189 个国家和 57 个国际组织参展，7300 多万人次参观者前来参观。[①] 正如英国 48

---

① 徐波：“上海世博文化外交探析”，《国际展望》，2011 年第 2 期。

家集团俱乐部主席斯蒂芬·佩里所言，“从某种程度上讲，2010 年的上海世博会比 2008 年的北京奥运会还要重大。奥运会仅持续 3 到 4 周，而上海世博会将持续好几个月，展现中国丰富的历史文化，吸引全世界的人参观访问。他们不但能目睹现在中国的面貌，还能通过世博会想象到未来中国的发展前景。”① 尤其是世博外交受众的大众化、广泛性，文化交流的互动性和零距离接触，使得世博外交以其零距离的沟通功能成为中外文化交流史上的一场心灵对话的盛宴。红十字国际委员会主席雅各布·克伦贝格尔指出，上海 2010 年世博会可能在未来被视为跨文化交流的一个重要里程碑，并将深化中国和世界之间的相互理解。②

第三，推进孔子学院的汉语推广项目和中国文化中心建设。

语言是增进国家、民族之间相互了解和沟通的重要渠道。离开了语言，不仅国家间、民族间的沟通几乎成为不可能的事，整个人类活动也将无法正常延续。因此，把本国、本民族语言向世界传播和推广，成为各国政府和人民的共同愿望，尤其是在相互依存日益密切的全球化时代，能否使本国、本民族的语言“走向世界”，是关乎国家生存与发展的大事。纵观历史，语言传播与国家发展几乎总是如影随形的，从古罗马帝国到波旁王朝，从“日不落帝国”到今天的美利坚，国家的发展与强大为语言传播提供了强大的后盾，而语言的传播与推广又反过来极大地促进了国家的发展。语言传播以其基础性和先导性成为国家发展的巨大催化剂和润滑剂，其所产生的效应是巨大而持久的。从英联邦到法语区，语言在连接相关国家、民众中的作用可见一斑。

作为中华文化的载体以及当今世上使用人数最多的一种语言，汉语的推广已经成为中国文化外交中刻不容缓的首要任务。近年来，中

① “通过世博会预测中国未来——访英国 48 家集团俱乐部主席斯蒂芬·佩里”，上海市政府新闻办公室编：《大海的激荡，人类的追求——世界百位名人谈上海世博》，上海译文出版社，2010 年版。

② 雅各布·克伦贝格尔：“跨文化交流的重要里程碑”，上海市政府新闻办公室编：《大海的激荡，人类的追求——世界百位名人谈上海世博》，上海译文出版社，2010 年版。

国积极借鉴欧洲大国文化外交的经验，在世界各地广建孔子学院（课堂），不断推动汉语走向世界，取得了良好的效果。截至2010年底，中国已在世界96个国家建立孔子学院322所，孔子课堂369所，注册学员达36万人，开办各类汉语教学班1.8万多班次，举办各种文化活动1万多场，参加人数达500多万。孔子学院建设和汉语国际推广有力地推动了世界范围“汉语热”的持续升温，170多所孔子学院已经将汉语教学纳入本校的学分课程体系。

另外，自1988年中国在毛里求斯设立第一个中国文化中心至今，中国已在世界上九个国家设立海外文化中心，分别是毛里求斯、贝宁、开罗、巴黎、东京、首尔、柏林、乌兰巴托和马其他。2012年，中国国务院正式批复《海外中国文化中心发展规划（2012—2020）》，中国文化中心进入加速推进、科学发展的新阶段。目前，遍及五大洲的孔子学院（课堂）和中国文化中心已经成为传播中华文化，塑造中华文化软实力的重要手段。中国孔子学院项目的启动，已经成为中国文化外交的重要组成部分，成为打造中国文化大国的品牌、为中国在21世纪和平崛起创造和谐国际人文环境的重要举措。

第四，打造网络和电子传媒渠道，开辟文化外交的新方式。

依靠包括互联网、广播、电视、电影、书报、音像在内的国际传播媒介，通过培植或影响国际公共舆论，减少国际公众、民众（Mass）对本国产生的错误（消极）观念，着意于提高本国在国际社会中的形象和影响力，进而左右他国的意志与行为来实现自身的外交战略意图，是文化（媒体）外交的应有之意。以中国实力最雄厚、影响力最大的国有媒体——中央电视台（CCTV）为例。目前，央视拥有45个电视频道，是世界上电视频道数量最多的电视台。其所属的中文国际频道、英语新闻频道、西班牙语国际频道、法语国际频道、阿拉伯语国际频道、俄语国际频道通过卫星基本覆盖全球，并在北美、欧洲、非洲、亚洲、大洋洲和中南美洲的120多个国家和地区实现了落地入户，CCTV－E、CCTV－F分别在美国、古巴、智利、毛里求斯等六个国家实现完整频道落地。2010年2月26日，CCTV9国际频道更名为CCTV－NEWS，成为中国对外传播国家形象的重要窗口；中文版“文化传通网”（英文版为“中国文化网”）、中国文明网的落成为中国对外文化交流开辟了新的路径，公共外交网站包括公共外交人民微博的开通、GDB公共外交文化交流中心网站的成立，及其与其他对外文化网络的融合形成对外文化传播的网络平台和数字资源。

尽管如此，同传统的世界文化外交大国相比，中国文化外交依然任重而道远。尽管中国文化外交与文化“走出去”已经取得了许多成果，但也面临着下述几方面的问题：一是我们在文化与软实力关系上存在认识误区，简单化地将文化“走出去”等同于塑造国家国际形象和提升国家软实力。客观地说，文化外交既不能必然保证良好国家形象的建构，也不必然带来软实力的提升，它需要其他的条件参与作用。只能说文化外交为塑造良好的国家形象和提升软实力提供了可能性，而非必然性。概言之，当文化外交遭遇到现实主义的国际政治逻辑时，文化的软实力就难以彰显，影响不了由现实主义外交哲学所主宰的国家间关系的主流。二是相比于西方，当今中国文化仍处于结构性弱势地位，一些国家的强势文化正深刻地影响着中国的文化传统，中国文化在国际上依然缺乏应有的影响力和认同度，中国文化外交在国际机制和国际事务中的实际参与度和话语权依然有待加强。三是，博大精深的中国文化本身存在多元文化价值冲突，因而在如何选择中国的文化价值观进行外交上存在困境。中国迄今还没有形成较为完善的文化外交机制和模式，文化外交的整体规划和具体运行都还存在一定的不足。

化解目前中国文化外交存在的问题，更好地推动中国文化“走出去”应注意两点：一是争取国际话语权，努力改变中国在国际文化价值观中的结构性弱势地位；二是重构中国社会核心价值观，在文化现代化、国际化与保持中国传统文化之间寻求最佳的平衡。在外交模式选择上，未来中国文化外交在借鉴他国经验的基础上，可以考虑组建官方与非官方相结合的推介机构，借助中华文化圈促使中华文化走向世界，走一条“精英”路线与大众路线相结合的文化外交发展之路。

第一，“精英”路线与大众路线并行的文化外交战略。

文化外交的运行不外乎两种方式，一种是秉承“文化输出”理念的单向的文化展示和推广甚或“文化帝国主义”“文化殖民主义”，另一种是秉承“文化国际主义”的文化双向交流，强调文化交流的交互性。在当代中国文化外交的实践中，不论是举办文化年还是孔子学院的推广，中国的文化外交项目仍然以单向的文化展示、文化推介居多，而在人员的往来、学术交流与合作方面还相对薄弱。前歌德学院中国区总院长阿克曼曾指出，文化交流有三个阶段：接触（因好奇而了解文化）—交流（增进感情）—合作（相互理解）。而中国的文化外交基本还处在接触阶段，没有真正发挥出文化软实力的作用。因此，未来中国文化外交的发展一方面要竭力避免被打上“文化输出”或“文化殖民”的标签，另一方面要增加文化的双向交流与合作，走一条“精英”路线与大众路线相结合的文化外交发展道路。

首先，针对西方发达国家民众在国家政治、经济、文化等各个领域发挥的作用在不断加强的现实，中国在这些国家的文化外交项目重点应该放在具有全球观念的年轻人身上，通过面对面的活动，或者通过官方网站、博客、社交网络、线上活动、微博等他们乐于接受的方式尽可能地接触到他们，让他们通过对中华文化的了解，拉近与他们之间的距离，建立信任，创造机会。其次，对于与中国有着传统友好而经济相对落后的亚非拉国家，中国的文化外交项目更应该注意避免被贴上“文化殖民”的标签，重点应该放在通过奖学金项目、教育合作等方式培育对中国友好的精英。

第二，组建官方与非官方相结合的文化外交推介机构。

审视西方国家文化外交模式的成功之处，重要的一点在于打造独立的非政府组织机构负责文化外交。1934 年，英国成立了“国际理解与合作委员会”，1940 年，该机构更名为“英国文化协会”，被皇家宪章赋予非官方的永久独立地位，成为专门促进文化教育和国际关系、建设英国与海外长期友好关系的机构。即便是在二战时，英国文化协会依旧强烈坚持“建设文化关系的意义优先于政治宣传”。类似的还有德国的歌德学院和西班牙的塞万提斯学院等。歌德学院是德国在世界范围内积极从事文化活动的文化学院。它的工作是促进国外的德语语言教学并从事国际文化合作。除此之外，通过介绍有关德国文化、社会以及政治生活等方面的信息，展现一个丰富多彩的德国。

西方国家文化外交成功运作的经验表明，要让本国文化走向世界，发挥吸引世界、影响世界的文化软实力的作用，建立职责分明的文化外交推广机构是必不可少的。目前，中国文化外交的最大优势也是问题之一就是政府在文化外交中扮演了主要的角色。不管是中国的文化年项目还是大众文化交流项目大多都是在政府的直接领导下运作的。政府直接从事文化外交活动给中国的文化外交活动提供了巨大的人力、财力的保障，使得文化外交的规模大、影响面广。例如，在中法最高领导人高度关注下举办的“中法文化年”，历时近两年的时间，范围覆盖了中法大部分主要城市和地区；而北京奥运会和上海世博会更是几乎所有相关的中央部委都参与其中。中国政府在文化外交中的亲力亲为的确起到了集中资源办大事的作用，但同时官方色彩的过于浓厚使得我们的文化外交被接受度大打折扣，因为西方公众历来就有不信任政府的传统。

对于中国文化外交而言，孔子学院虽然是作为独立的非盈利机构在海外运行，但事实上由中国教育部领导，政府过多的参与增加了孔子学院建立公信度的难度。另一方面，中国的非政府组织、民间机构、宗教组织等力量都比较薄弱，无力单独承担推广中华文化的重任。因此，组建官方机构与非官方机构相结合的文化外交推广模式既可以避免或减少由于政府直接出面带来的负面影响，又能主要借助非政府组织的中立身份进行文化的国际推广，同时还可以通过官方机构对非政府组织的政策指导和财政支持开展符合国家利益的文化外交活动。

以孔子学院为例，国家汉办主导下的孔子学院项目的运作是中国在语言的国际推广方面所做的一次重要尝试，成效显著。未来的发展方向应该是，国家汉办作为隶属教育部的官方机构，负责制订汉语国际推广的方针政策和发展规划，而孔子学院作为非营利性公益机构在海外独立开展工作，成为推动中华文化走向世界的重要平台。因此，对于未来孔子学院的建设，不应过于看重数量建设，更要注重质量建设。应改良孔子学院的课程，让孔子学院的课堂逐步从教授汉语和太极拳等的初级阶段走向课程多元化。在进行课程设计时，可以把中国的政治制度、经济发展模式和中国的民俗文化介绍出去。同时，可以孔子学院为交流渠道，为国内外专家学者的交流沟通提供渠道，通过专家学者的研讨对外宣传中国文化。

第三，充分发挥比较优势的力量，借助中华文化圈推行文化外交。

中国拥有一个范围几乎覆盖东亚的中华文化圈。积极开展针对中华文化圈内其他国家的文化外交活动，不仅可以起到睦邻、安邻的作用，而且可以借助中华文化圈不断推动中华文化走向世界，为中国的和平发展创造良好的国家文化环境。目前，中国针对中华文化圈的文化外交活动主要以语言推广和各种文化交流为主，其中孔子学院扮演着重要的角色。到 2015 年底，中国共在亚洲 31 个国家和地区建立孔子学院（课堂）120 所。而通过教育培训和派出志愿者也是增进中华文化圈人民对中国文化认同的重要方式。中国政府奖学金、HSK 优胜者奖学金以及孔子学院奖学金等各种奖学金项目为中华文化圈内的学生到中国学习提供了机会。此外，通过体育比赛等大众文化交流的方式也可以增强中国与中华文化圈内国家的联系。中国在乒乓球、围棋、武术等体育运动方面有着悠久的历史传统和优势，近年来随着各项体育赛事的举办，中国的传统体育项目在中华文化圈内得到了广泛的传播，拉近了中国与周边国家民众的感情。同时，中国也借“亚运外交”“奥运外交”不断推动中华文化走向世界。据统计，全球华侨华人总数约 5000 万，仅美国华侨华人就超过 360 万人。而中国出国留学人员也已经超过百万。这些长期旅居国外的留学生、侨民和移民不仅熟悉中外两国的文化，而且能够直接接触国外公众，对两国之间的文化交流和沟通起着非常重要的作用，因此可以通过充分发挥海外留学生和移民数量多、分布广的优势推进中国的文化外交发展。建构主义认为，通过文化信息和价值观念的对外放射，国家将产生文化影响力，从而建构受到广泛国际认同的国际形象。然而，文化本身不是软实力，文化只“在能对他国产生吸引力的地方起作用”，[①] 文化也不会自动转化为软实力，只有当本国的文化在传播和推广的过程中对他国产生了吸引力、影响力，才能发挥文化软实力的作用。因此，一国能否“通过教育文化交流项目、人员往来、艺术表演与展示以及文化产品贸易等手段”[②] ——文化外交，尽可能地向世界传播和推广该国的文化，直接关系到能否建立和促进该国与他国及他国民众之间的相互理解与信任，能否有效地推行该国的外交政策、改善国家形象和提升国家软实力。

对中国而言，建立起负责任大国形象是国家形象设计的战略目标，而文化外交是打造中国良好国家形象的重要手段。加强文化外交，构建文化外交战略，需要汲取中国传统文化的精髓，也需要学习西方国家的成功经验，关注受众国的特点，打造高效的文化外交战略，为树立中国在国际社会的良好形象服务。

---

① ［美］约瑟夫·奈著，吴晓辉、钱程译：《软力量——世界政坛成功之道》，东方出版社，2005 年版。

② 胡文涛：“解读文化外交：一种学理分析”，《外交评论》，2007 年第 3 期。

第四章

企业公共外交

第一节　企业公共外交概论

著名国际关系学者卡尔·多伊奇（Karl W. Deutsch）曾指出：“公共外交是现代外交思想的永恒主题，而跨国公司则担负着向世界散播一国价值观和思想的重任，在实现国家利益的过程中起着不可忽视的作用。”[①] 在全球化时代，现代企业（本文主要指跨国公司）公共外交建立在跨民族、跨文化交往基础之上，构成跨国公司非市场化战略的主要内容，对企业品牌塑造与国家形象提升方面产生着越来越重大的作用。

其实，公共外交对于现代企业来说并不是一个崭新的概念。原因在于企业的公共关系活动与现代公共外交二者之间具有共通的经验和共享的资源，存在形成合力的基础。

公共关系活动在企业发展史上由来已久，从古代东西方之间贸易往来的开始到近代民族国家企业之间的交流，再到当代跨国公司在全球范围内的蓬勃发展，跨地域、跨文化交往的问题一直贯穿着人类的经济活动。现代企业发展史表明，企业要想在国际市场中胜出，必须妥善处理与不同民族、文化、公众之间的关系。这种需求促使公共关

① 黄河：“跨国公司的公共外交决策”，《公共外交季刊》，2011 年第 6 期，第 31 页。

系活动的职业化在20世纪初就应运而生，并且一开始就是以企业为服务对象。历经百余年的实践积累和理论总结，企业界已具备相对较为成熟的公共关系资源和经验。公共关系与公共外交的相通性不仅表现在，如果善加利用，这些公共关系资源和经验可成为企业开展公共外交不可替代的优势，还表现在公共外交能帮助企业的公共关系活动提升档次，扩大影响。虽然公共外交更强调国家利益，公共关系更关注组织收益，但这并不妨碍公共外交最高目标的实现过程中对公共关系目标的兼顾。在很多企业开展公共外交获得成功的案例中，最终获益的往往不仅是国家，企业更是在传播国家形象的过程中改善了自身境遇。而且，这一过程也将企业原本停留在组织层面的活动提升至国家层面，对于企业赢得更为广泛的社会支持是有利的。

冷战结束以来，伴随着全球政治觉醒、全球公民社会的兴起和国际关系的社会化趋势，肩负起一定的社会责任和伦理关怀成为跨国公司追求更大发展、实现更多利润、展示自身形象所难以回避的时代新要求。作为一种以全球市场为经营目标的当代最高企业形态和重要的非国家行为体之一，全球化深入发展所带来的经济问题政治化、政治问题经济化，赋予了作为经济实体的跨国公司经济职能之外更多的政治、外交功能。斯特兰奇认为，跨国公司“在决定世界体系中‘谁获得什么’方面已经扮演着重要角色”，甚至具有了“新外交”的功能。①

《中华工商时报》曾经报道世界反美情绪如何影响美国企业利益，而美国企业行为又如何推进了反美情绪。报道称，美国企业公共外交组织认为，美国跨国公司的国际品牌由于日益高涨的反美情绪而受到严重威胁，这在美国历史上还属首次。在导致反美情绪的原因中，其中三项同企业活动有着直接或间接的关系。首先，经济全球化使许多发展中国家感到被排斥在外，无法参与，得不到全球化带来的好处；第二，美国流行文化的渗透所推动的价值观，威胁了当地和本

① 苏珊·斯特兰奇：《权力流散：世界经济中的国家与非国家权威》，北京大学出版社，2005年版，第46页。

国文化的发展；第三，人们对美国人集体性格持有负面看法，认为美国人傲慢、无知、缺乏幽默感和好教训别人，不愿意听别人意见，相信美国人永远正确。该组织主席断言，当前的反美情绪如果继续下去，不仅是美国的名牌企业，就是非名牌企业，也将受到严重冲击。他还呼吁，提高对反美情绪的普觉是一个商业问题，可以而且应该通过美国企业的集体努力来加以解决。①

跨国公司的当代国际政治、国际关系角色，主要体现在以下两个方面：首先，扮演日趋活跃的非国家行为体。行为体的多元化是当代国际交往深入发展的一大表现，跨国公司实力的增长有目共睹。据统计，目前全球跨国公司总数已超过 8 万家，全球 1/3 的产值、70% 的对外直接投资、2/3 的贸易额和 80% 的技术专利为跨国公司所有。关于跨国公司和国家的关系，约瑟夫·奈认为，“尽管销售额和 GDP 是两种不同的衡量标准，且这样的比较常常夸大跨国公司的角色，但这种比较仍然是有意义的，至少有 12 家跨国公司的年销售额超过了一半以上国家的 GDP。”②

然而，跨国公司对世界的影响并不仅仅在经济方面，其经营活动造成的国际性“权力再分配”对国际体系的稳定与国家间实力的消长产生着重大影响，并在很大程度上改变了传统意义上国家与企业的关系。一方面，发展中国家竞相出台优惠政策，改善内部制度与政治经济环境，争取和吸引跨国公司的投资；另一方面，跨国公司的经济范围和经济活动场所具有全球性，无边界的经营逻辑与母国政治利益的离心倾向凸显。两者之间的关系从原先的保护与被保护、执法与守法变成了平等的讨价还价，甚至不少国家还有求于跨国公司。虽然母国很大程度上愿以政府外交积极配合本国跨国公司开辟海外市场、争取订单并视之为“国际地位和权力影响的经济基础”，但以全球市场为经营目标的跨国公司首先计算的是经济利益，它们不仅对母国的国

---

① 梅新：“反美情绪令美国企业受损”，《中华工商时报》，2004 年 5 月 21 日。

② 约瑟夫·奈：《理解国际冲突：理论与历史》，北京大学出版社，2005 年版，第 10、30 页。

内政治和经济产生了重大影响，并且常常通过影响母国的外交政策来捍卫自己的经济利益。现代民主国家的对外政策往往是国内不同利益主体博弈的产物，最具实力的跨国公司往往会从自身利益出发通过游说、施压等方式，要求取消或放宽向某国商品出口的限制，或要求给予某国贸易优惠政策；当公司在海外遭遇不平等竞争和待遇时，也会迫使本国政府从政治、法律上做出反应，报复和制裁相关国家。因而，跨国公司已成为影响国家间关系的一个独立变量。

2000—2010 年，当以色列和巴勒斯坦和平进程一再受阻的时候，以巴两国的高科技公司却坚持合作，期间共有 32% 的巴勒斯坦高科技公司与以色列合作伙伴展开合作。美国公共外交学者内奥米·莱特在其博文《企业外交：通向和平的更好路径》中，对巴以公司的合作大加赞赏。莱特说，如果本为天然商业竞争对手的企业之间尚且可以合作以提高利润，政府之间应该也可以做同样的努力。以巴高科技公司突破政治障碍，用合作加强两国人民之间的情感纽带的行为，对政府及其他机构具有示范作用，客观上表现出“企业爱国主义”。

其次，跨国公司是国家形象塑造的重要标牌。全球化时代，纯粹的本土企业已经难寻踪迹，企业日益具有跨地域、跨国界、跨民族、跨种族、跨文化等混合性特征和跨国特质。这种混合性特征决定了全球化时代的企业是一个连接不同地域、不同国别、不同民族、不同种族和不同语言而比政府更加具有“文化敏感性”的“文化万国宫”，因而是一个向全世界展示企业形象进而展示国家形象的天然平台。另外，跨国企业的员工构成通常都是多国籍的。这些来自不同国家、不同民族、不同种族和不同文化的人在一起工作、一起生活，甚至一起争论，必然会相互影响对方所属祖国和民族的认知和感情。这种跨国、跨文化交流的深度、频度和广度是任何其他组织所无法比拟的。因此，全球化背景下的企业不仅其本身是一个连接全球的天然公共外交平台，而且其内部也是一个天然的公共外交“大熔炉”。

一般而言，跨国公司自身形象的形成通常有两个途径，一是消费者通过对跨国公司提供的产品、服务的切身体认，二是通过社会媒体对跨国公司企业社会责任的报道。软实力概念的提出者约瑟夫·奈在

《软力量：世界政坛成功之道》一书中曾指出，企业品牌是产生国家软实力即国家吸引力的重要资源。他说，特别是当人们将杰出的经济能力不仅视为对财富的贡献也视为对声誉和吸引力的贡献时，国家就有很多可以产生软实力的潜在资源。跨国企业“走出去”的目标是打造一个被外国公众认可的企业，而最终目标是塑造具有强大国际竞争力的国际品牌。企业的国际品牌是国家品牌的重要构成，是国家重要的软实力资源。企业外交并不意味着企业需要投入自身需要以外的人力物力，而是在塑造自身国际品牌的过程中贡献于国家软实力。

在公众眼中，一个国家的国家品牌、企业品牌与商品品牌实际上是三位一体的。正如日本前首相中曾根康弘曾说：“在国际交往中，索尼是我的左脸，松下是我的右脸。”国家的国际知名度、美誉度时刻影响着其企业在海外的境遇。2014 年中国企业阿里巴巴在纽约证券交易所的上市融资额达到 250 亿美元，创下有史以来的最高纪录。阿里巴巴的上市有助于提升“品牌中国”的国际形象，即中国品牌在外界眼中的整体形象。中国企业在海外的接受度也会随着形象的提升而进一步提高。在外国消费者眼中，中国企业不再只是制造工厂或热门股票，同时也是消费品牌。

反之，企业在国际舆论环境中的投射，也是国家形象的重要构成。当某跨国公司的产品质量问题或造成严重环境问题的报道不仅影响企业产品销售，损害企业形象，同时也会对其母国形象产生负面的连带影响。这样，对跨国公司形象的认知直接与母国的国家形象挂上了钩。当前“中国制造”笼罩在低端、廉价和劣质的阴霾之中，损害的不仅是出口企业形象和利益，还有损国家形象与利益。目前，中国虽然不乏联想、海尔、华为、格力等一批著名企业品牌，然而能代表国家产业形象的品牌依然很少，远远不能与世界第二大经济体的国际地位相匹配。如果说从良好的企业品牌形象过渡到国家形象需要一个长期的累积过程的话，不良产品事件却能在一夜之间摧毁企业品牌的同时损害国家形象。三聚氰胺、苏丹红、塑化剂、瘦肉精等一系列食品安全事件使很多中国知名企业品牌大打折扣甚至化为乌有，更损害了中国食品行业形象和国家形象。可见，公共外交使命并不专属于走出国门的跨国企业，出口外向型企业甚至本土企业的一举一动都会影响到国家形象。

企业社会责任是指企业为实现自身与社会的可持续发展，遵循法律法规、社会规范和商业道德，有效管理企业运营对利益相关方和自然环境的影响，追求经济、社会和环境的综合价值最大化的行为。一般被认为是企业在创造利润、对股东利益负责的同时，还要承担对员工、消费者、社区和环境的社会责任，包括遵守商业道德、生产安全、职业健康、保护劳动者合法权益、保护环境、支持慈善事业、捐助社会公益、保护弱势群体等。企业对其产品质量、社会责任的关注不仅是其经营理念、企业文化的体现，还常常被认为是母国政府“以人为本”的负责任管理和社会文明程度长期熏陶的结果，从而对母国的国际形象加分。

另外，跨国企业相较于政府和媒体更容易获得公众的信任，这也是跨国公司形象加分的原因之一。埃德尔曼信任指数调查公司连续11年调查了世界公众对企业、政府、非政府组织、媒体等机构的信任程度。从全球范围看，四类机构受信任程度从高到低分别为非政府组织（61%）、商业企业（56%）、政府（52%）、媒体（49%）。其中法国、意大利、印度、英国、美国、俄罗斯、德国政府受信任度都低于50%。尽管这些数字主要说明的是本国公众对本国各类机构的信任程度，难以确认不同国家的公众对他国政府、企业、媒体、非政府组织的具体信任程度，但在很多发达国家和发展中国家的确存在企业被信任程度远远高于政府和媒体的现象，这为利用企业打开公共外交通道提供了现实依据。

跨国公司的国际关系角色体现了跨国公司的公共外交载体潜质，由此决定了其在国家对外公共外交中的价值。同时，企业作为资本、知识、技术和人才高度密集的社会组织，是世界经济网络的重要节点，是社会经济、文化交往中最活跃的主体之一，自身也具有开展公共外交的紧迫性和自身优势，是当代公共外交事业的中坚力量。从上述跨国公司扮演的两种角色以及跨国公司自身形象构建的途径来看，跨国公司虽然在利益上与国家存在依存和博弈的双重关系，但两者在国家形象上的利益基本上是和谐的。公共外交所追求的国家形象对跨国公司而言具有公共产品属性，良好的国家形象对其发展有益。政府与企业可以携手共创国家品牌，为本国的国际商业竞争赢得优势。跨国公司也可以通过产品服务、商业广告、内部管理、企业文化和社会责任等途径，拓展国家形象。具体而言，利用跨国公司载体开展公共外交活动的价值体现在以下几方面：

一是，跨国企业在海外的生存和发展依赖公共外交。公共外交有助于减少文化观念冲突，规避政治投资风险，是现代经济安全政策的核心要素之一。在全球经济相互依赖的时代，经济安全政策已经从狭隘的经典概念拓宽至非军事因素，如社会、文化和通讯，公共外交成为跨国企业在全球拓展的防火墙，是避免投资政治风险的第一道防线。各国领导人早已开始意识到：以相对少的投资开发今天的公共外交信息和文化宣传，可以减少日后更加昂贵的经济与政治冲突。另外，企业的海外发展离不开良好的信誉和形象，其中的一个重要方面就是承担社会责任。企业以盈利为目的，这本是天经地义，但企业同时也负有不可推卸的社会责任，这是企业形象的重要内容，也已成为一项全球共识。

二是，通过跨国企业产品、服务质量和履行社会责任可以丰富国家经济外交，提升国家形象。随着经济全球化的深入发展，经济因素在各国外交中占据着越来越突出的位置，成为当代外交的重要内容之一。各国元首、政府首脑的外交访问中，经济议题分量越来越重，商界人士随访人数规模越来越大，出席经济界活动频率越来越高，经济手段的使用越来越多样化。然而，在全球政治觉醒的今天，单纯以经济利益为目的的纯功利行为往往受到对象国国内反对势力乃至国际竞争对手的抨击和诽谤，从而在经营和舆论上陷于被动，也将对象国政府置于尴尬被动的境地。

相反，企业产品质量和品牌体现着一个国家的实力和形象。一个国家经济崛起的过程就是本国企业品牌发展壮大和走向全球的过程，并不断地塑造、充实着国家形象。美国的开拓创新形象源于其不断推陈出新的产品、理念与经营模式。日本的高科技、节能环保形象源于索尼、丰田这些大型跨国公司的不断累积。德国的严谨务实国家形象源于其企业产品精益求精的高品质。

更重要的是，跨国公司通过切实建立产品服务质量监管体系、售后服务体系、召回制度、奖惩制度、信息披露制度和危机反应制度，让跨国公司的海外经济活动成为改善国家形象的大使，可以把本国政府的政策主张具体化、可操作化，而对本国产品服务的境外消费者负责也是承担世界责任的一种体现。把公共外交的基本内容寄托在产品服务上有助于绕开一些人为制造的意识形态障碍与偏见，直达消费对象，有助于从最基础的层面建立互信，既为本国企业的产品服务树立形象，从而为继后的本国经济外交项目树立“光环”减少抵触，也为开展更高层级的公共外交活动赢得愿意倾听的受众。

除企业产品外，企业组织、企业员工、企业文化、企业精神等也可以有多种渠道直接到达外国公众。“走出去”的跨国合作企业通过非产品因素接触外国公众的角度和渠道更多。例如：跨国企业的外国雇员、合资项目的外方合作伙伴、需要打交道的所在国政府、国际行业组织、所在国媒体和其他国际媒体、所在地周边社区的民众等。也就是说，企业因为业务关系建立的各种沟通与传播渠道，为企业外交搭建了天然的传播平台。

另外，随着可持续发展观念日益深入人心，企业社会责任已经成为企业竞争的新焦点。因为经济利益虽然是企业经营的核心目标，但现代企业绝不仅仅是一个经济组织，还必须关注政治、法律、文化与伦理的影响。因为企业社会责任直接面对的是国内外普通民众，是国家形象延伸至最底层的神经末梢，一个不认真履行社会责任的企业必然会受到国内外民众的反感和排斥，并延伸至企业的母国形象上，而一个具有责任心和爱心的企业会赢得好口碑和好形象，从而持久占据市场，实现可持续发展。为此，发布企业社会责任报告（CSR 报告，或称“可持续发展报告”“企业公民报告”）已经成为企业尤其是跨国公司重要的企业社会责任行动，以塑造企业的正面形象。毕马威（KPMG）发布的《企业社会责任报告调查 2011》披露的数据显示，2015 年，全球 250 强企业中，已经有 95% 的企业发布了社会责任报告，比 2014 年的 83% 增加了 12 个百分点。

三是，通过跨国公司的海外运作将政府公共外交的运作隐性化。随着生产力和全球化的发展，营销经济时代已经来临。作为公共外交载体的跨国公司承载着企业营销和国家营销的双重责任。如何淡化表面的政治色彩，让活跃在各国市场的跨国公司以各种形式的运作捎带国家公共外交的内容，达到“随风潜入夜，润物细无声”的公共外交最高境界，是当代企业公共外交的灵魂所在。

跨国公司承载国家营销的突出表现是执行国家的价值观外交使命。价值观外交概指一国政府在对外政策与国际交往实践中以其国民所认可的主流价值诉求为指导而形成的外交方式。但是，信息的公开化已经使得政府直接主导的价值观外交难以遁形而往往让他国民众反感并适得其反。于是，成功的价值观外交往往借助于企业、学校和各种非政府组织的巧妙植入和长期熏染。为此，各种全球化条件下的企业尤其是没有国界、无孔不入的跨国公司自然成为各国展示其核心价值，实现价值碰撞、对话和传播的重要载体和平台。谷歌公司（Google）在中国推销价值观的行动及其引起的争议就是企业价值观外交存在的最好例证。当今世界通过企业投资经营行为传播国家价值观最为积极也较为成功的是美国。美国通过 1971 年成立的海外私人投资公司成功地将私人企业投资与国家外交政策融为一体。其基本做法是，美国海外私人投资公司强调只有采用美国制定的环境、社会和人权标准，东道国才能得到美国相关的投资技术安排。将企业投资经营行为与价值观传播“捆绑”的长期做法使得美式价值观伴随美国企业行销世界。

当前中国企业在国外的一些不当言行（比如在环保责任、社区责任、人权保障、劳工自由等企业伦理上的不足）事实上背离了中国以人为本的执政理念和社会主义核心价值观的基本要求，从而降低了中国价值观外交的公共外交效果，损害了中国的国际形象。比如，中国五矿集团公司于 2004 年 8 月对加拿大诺兰达公司（Noranda Inc）提出的“现金为王”的收购案历经半年而最终夭折的重要原因即在于五矿当年没有处理好与诺兰达公司工会的关系，没有消除加方对中国国企人权状况的担忧。中国首钢于2010年收购了秘鲁Hierro铁矿，但鉴于首钢忽视与本地工人的沟通，不遵循当地的劳动法规和安全生产要求，解雇罢工工人等一系列不当做法损害了首钢在当地的声誉，并导致当地工人罢工不断，首钢为此付出了昂贵的学费。有调查显示，中国企业海外并购失败的十大原因中，有八项直接或间接与劳工、人事或人力资源有关。[①] 这表明，中国企业更多只是从"财务投资"上走出去了，而没有真正让企业文化也走出去，中国企业还没有真正为当地带来具有中华民族特色同时兼具普遍价值内涵的社会价值观。而一个企业如果要与最大的利益相关者（即国家）建立最稳固的关系的话，则最为重要的就是使企业自身的价值观与社会价值观相适应。为此，一方面，企业要赢得东道国的认可和支持，最为根本的在于其企业文化要与社会主流价值观相吻合；另一方面，企业文化通过公共外交渠道的有效传播将促进国家形象与社会核心价值的国际传播，从而改善国家形象。

四是，跨国公司载体的开发利用有助于增强政府公共外交的可信度。在国际政治中，声誉和可信度是国家对外交往的重要力量资源。在西方政治文化中，政府被视为必要的恶，公众对政府持有根深蒂固的疑虑。由具有一定利益独立性的跨国公司出面，能在相当程度上发挥类似NGO角色的中性优势。美国霍普金斯大学公民社会研究中心的一项成果显示，在给予援助时，发达国家更愿意直接与不沾染官僚气息的NGO打交道。因此成功的公共外交应当是不带政府痕迹的外交活动。西方国家公民社会发达，多元力量广泛存在，因此选择众多，但对于公民社会发育程度不高、严格意义上的NGO匮乏的许多发展中国家，作为复合相互依赖纽带的跨国公司就成了不二的选择。在信息全球化时代，国外公众会有诸多机会和渠道通过对公共外交主导国同类行为的了解来判断其善意行为的真实性、可信度。在此意义上，公共外交的对象既是面向国外，也要面向国内，因为外国公众会

---

① 黄清华："海外并购应重视劳资冲突风险"，《中国能源报》，2011年9月19日，第5版。

通过比较来判断政府的诚意。中国在利比亚的撤侨行动面向本国公民，本身不是公共外交活动，但向世界展示了中国政府对外宣扬的“以人为本”的诚意，因而也产生了广泛的公共外交影响。约瑟夫·奈也曾指出，大国通常会运用文化和故事来创造提升优势的软实力，但其若与国内的现实不一致，外界就不会买账。跨国公司载体则可以通过其产品服务和社会责任的无差别性来提高内外的一致性。从全球范围看，大型国际公司已经积累了相当成熟的品牌营销、跨文化沟通经验和技能，这些经验和技能可以直接用于旨在与国外公众进行跨文化沟通、重新塑造国家形象的企业外交。美国广告界大名鼎鼎的基思·莱因哈德（Keith Reinhard）认为，企业不仅比政府获得更多的信任和尊重，国际公司也具有更强的文化敏感性，而且国际企业更有技巧建构强大的品牌，从品牌派生出善意、信任和忠诚，这些技能是今天很多政府不幸欠缺的。①

事实上，作为全球化的直接参与者和主要载体，跨国公司不仅可以作为政府连接外国公众的“桥梁”从而服务于政府公共外交，而且作为各国普通公民的工作场所也是社会公共外交的重要载体，并直接影响着国家形象的塑造，这使那些海外利益高度繁茂的国家很早就开始重视企业公共外交。比如在公共外交较早兴起的美国，企业对公共外交的参与虽然并不是毫无争议，但却一直备受重视。著名的美国南加利福尼亚大学公共外交中心认为，诸如贸易、旅游、文化、经济等私人活动对外交政策和国家安全具有重大影响，公共外交行为体不仅包括政府而且也应包括其他行为体，其中企业就是极为重要的行为体。基思·莱因哈德同样认为“那些认为公共外交与企业无关的人应该重新思考”，因为“美国企业尤其是那些从国外获得超过半数收入的日益增长的跨国公司需要一个欢迎美国商品和服务的世界”。

根据佐格比国际2006年的调查，美国商业精神受到了年轻阿拉伯人的青睐，在200个接受调查的年轻阿拉伯人中，40%的受访者将

① Keith Reinhard, *American Business and Its Role in Public Diplomacy*, in Nancy Snow and Philip M. Taylor,（2009）（ed.）, Routledge Handbook of Public Diplomacy, Routledge. p. 198.

美国列为学习经商之道的首选，其次是英国（29%）、法国（18%）和德国（7%）。事实上，虽然“9·11”事件以来，美国国家形象不佳，但在世界年轻人对美国的正面认识中，“美国商业精神”仍是少数几个项目之一。进入21世纪以来，在全球掀起的“苹果热”和数量暴增的“果粉”是美国最为成功的企业公共外交的最新案例。正是通过美国企业不断的商业创新和良好的社会形象，美国企业在全球无往而不胜，并促进了“自由美国”国家形象的全球传播。

值得注意的是，在全球相互依赖和自媒体繁荣的互联网时代，政府公共外交需要非政府尤其是企业公共外交的补充和完善，但是作为经济组织存在的全球化条件下的企业，其外交功能具有独特的双重性以及由此导致的公共外交功能的局限性。这一点是国家开展企业公共外交时必须加以注意的。具体而言，企业公共外交的特性及其限度主要表现在如下三个方面。

首先，国家属性与跨国属性的综合决定了企业公共外交的双重性。

全球化条件下的企业公共外交主要是由跨国公司实施的。但无论跨国公司跨越多少国别，任何企业都是从其母国发展起来的且具有明显的国别色彩，并经常服务于母国国家利益的需要。这体现了跨国公司的国家属性，并构成了企业公共外交的政治基础。但是，由于跨国公司可能同时在不同国家拥有不同的独立的法人地位，并在东道国具有自己的经济利益，跨国公司的公共外交行为就服务于东道国的国家利益，而不是其母国的国家利益，这体现了跨国公司的跨国属性。美国波音公司围绕中美永久性正常贸易关系（PNTR）向美国国会展开的游说外交就是企业公共外交服务于东道国国家利益的经典案例。时任公司首席执行官菲利浦·康迪特（Philip M. Condit）在1999年6月的声明中强调了扩大中美正常贸易关系的重要意义，他说：“中美贸易是中美关系稳定的基石，这一关系也为美国在世界上人口最多的国家中获得前所未有的机会。”[1] 同时，波音公司领导的商业组织还

① 黄河：“跨国公司的公共外交决策”，人民网，2011年7月5日。

进行了一系列民间活动，如刊登媒体广告、散发宣传品以及充分利用电视、广播、互联网等新媒体进行宣传，以改变美国民众的反对立场。以波音公司为代表的在华跨国公司的公共外交努力为最终使永久性正常贸易关系法案的通过铺平了道路。因此，跨国企业不仅具有国家属性而且具有跨国属性，其作为公共外交平台具有双重性，即既可以作为母国公共外交主体之一而助力于母国公共外交和国家利益，也可以作为东道国公共外交主体之一而助力于东道国公共外交与国家利益。这是企业公共外交与一般政府公共外交的不同之处，也是企业公共外交功能的局限性与限度。

其次，企业的经济属性决定了企业公共外交功能的局限性。

经济关系的政治化和政治关系的经济化导致的政治经济关系互动的强化使企业成为国家利益得以实现的工具成为可能和必须。走出国门的企业已经成为一个国家面向国际社会与世界实现互动的重要载体。正是政经关系日益紧密的互动构成了企业公共外交的基本实践依据。但是，尽管政经关系日益紧密，但无论如何企业之所以成为企业还在于其经济属性及其自利本性，即作为生产者的经济组织及其对财富的追求。为此，一方面，由于企业利益始终是其行为的主要依据，企业外交功能的发挥必然会从属于其经济利益的得失；另一方面，企业作为经济组织，经济利益是根本，因而通常愿意并能在经贸领域发挥作用，而在非经贸领域尤其在涉及价值观问题上就难以发挥作用。因此，企业的经济属性决定了企业公共外交的限度：一方面，企业公共外交功能往往从属于其经济利益；另一方面，企业公共外交也往往局限于经贸领域。

再次，企业自主权与国家主权的竞争决定了企业公共外交是把“双刃剑”。

作为独立的经济组织，企业具有维护自我决策的自主性要求和自我利益的自主权，走出国门的跨国公司更因为其庞大的资源集聚能力而具有了挑战民族国家主权的潜力。“跨国公司在其发展过程中凝聚起来强大的经济力量，这种经济力量衍生出巨大的权力。跨国公司确实拥有着（并垄断着）不可小视的有组织的力量，并以此影响其所处社会（社区的）公共行为，影响国家的政治行为，进而侵蚀国家主权；而且，这一力量的运用在很多场合是合法的，甚至是合乎道德规范的。”① 极端全球主义者大前研一（Kenichi Ohmae）甚至认为跨国公司将成为民族国家的“终结者”。② 跨国公司数个世纪来的发展史表明，虽然跨国公司并未对民族国家作为当今国际社会最主要的行为体的地位构成根本动摇，但跨国公司确实在某种程度上对民族国家主权构成了挑战，并给东道国带来了一些负面影响。跨国公司在东道国内作为经济活动者的重要性必然对这些国家的政治制度和机构产生某种影响。这种影响也许是直接的和有意施加的，或者也许基本上是一些经济活动和决定所引起的副作用。事实上，跨国公司同样对其母国的政治经济制度具有重大影响。跨国公司对东道国与母国的政治、经济和文化影响，是跨国公司自主权挑战国家主权核心部分的结果。正是跨国公司与国家对自主权的竞争使得企业的政治功能成为一把“双刃剑”，即企业公共外交在优化国家形象的同时，可能损害国家自身的权威，这种损害既来自他国跨国公司也来自本国跨国公司。

可见，由于企业自身的跨国性质、经济属性以及对自主权的追求，企业对外交的参与和贡献是有限度的。因此，特定国家在大力发掘企业公共外交功能的同时，必须正确认识到企业公共外交的局限性，避免对其寄予不切实际的期望。重视但不迷信应是一个国家对企业公共外交应有的客观态度。

第二节　企业公共外交案例③

2000 年 3 月，美国国会围绕着是否给予中国永久性正常贸易关

① 唐勇：《跨国公司行为的政治纬度》，上海立信会计出版社，1999 年版，第 45、46 页。

② Kenichi Ohmae，The N；rrd of Nation States：The Rise of Re｜ ioraal N；corwmie. s，New York：The Free Press，1995.

③ 案例参见洪朝辉：“美国跨国公司的实践与启示”，《公共外交季刊》，2011 年夏季号。

系（Permanent Normal Trade Relations，简称 PNTR）的争论，进入白热化阶段。尽管这是自 1990 年以来，每年必唱的一出中美外交“大戏”，但这次 2000 年的争论非同一般，因为一旦美国国会通过给予中国永久性正常贸易关系，中美之间就不再需要每年折腾一次，最惠国待遇也就不再成为美方制约中方的一张“好牌”，而有可能成为一张“废牌”。

在这一关键的游说案例中，美国民主党政府（当时克林顿当政）不希望人权与永久正常贸易关系挂钩，因为这将严重影响中美两国的外交关系和经贸发展。但政府的力量只能对部分同党的议员施加影响，而且如果这种游说压力的力度过大，将只能逼使两党对决，导致可以争取的共和党议员，意气用事，完全一边倒。

于是，不代表两党、也不代表两国政府，但与中美两国政府立场和观点基本一致的美国跨国企业，便能够通过有效的公共外交手段，起到两国政府所不能起到的独特作用。大致而言，当时的美国跨国企业使用了三种方法进行了有效的游说，展示了有利于中美关系发展的公共外交力量。

其一，直接游说。直接游说的第一个原则是：“不怕水平低，就怕不知底”。美国企业的惯用战略是，根据美国议员过去的投票记录，将他们分为三大类：一是坚决反对；二是坚决支持；三是中间游移。然后，在理论上，它们对第一和第二类就不必花费过多精力，主要游说的对象就是针对游移不定的第三类。但对第三类，还需要了解，谁决定不再竞选连任、谁决定连任。一般而言，竞选连任是大多数议员的最大优先，一旦决定不连任，那么游说者就少有“空子”可钻。剔除了不再连任的议员以后，主要是针对第三类中决定竞选连任者，进一步分析他们选区的选民最需要的是什么？议员最希望解决的难题是什么？他们的软肋又是什么？对此，当时的美国跨国企业合纵连横，针对几个州急需解决剩余产品、解决居高不下失业率的难题，主动出击，使用大量直观、易懂的数据和模板，展示中国市场的巨大潜力，以及停止给予中国永久正常贸易关系的灾难性后果。

直接游说的第二个原则是实施有组织的密集、盯人和持续战术。

当时的中国美国商会组织了了解美国国会生态和中国新兴市场的30位成员，根据不同议员来自的地域、专业领域、喜怒好恶，分为六个小组，每五人一组，对议员进行一对一的密集游说，连续游说六天。同时，摩托罗拉、英特尔、微软、花旗集团和通用汽车等多家跨国企业，斥资数百万美元，旨在游说游移不定的国会议员支持有关议案。尤其是，游说者不断跟踪、持续询问，直到议员做出决定为止。而且，美国的主要大企业大都在首都设立华盛顿办事处，便于游说者长期驻扎在议员的起居地，持续游说。有些公司则乐于雇佣熟知国会运作的专业公关公司，因为这些公关公司雇佣了1.7万名以上居住在华盛顿的专业游说者。一般而言，直接游说的好处是简单、保密、直接和可控。

其二，社区游说。美国的联邦参众议员都在自己的选区设有办事处，因为社区和选区是他们立身存命之处，当地的选民直接决定这些议员该不该“下课”和什么时候“下课”。这为各大公司企业从事社区攻势和草根游说，提供了另一重要渠道，因为大型公司的优势是自己的员工来自全国各地，它们有能力动员自己的员工，既代表公司，又代表当地选民，具有独特的双重优势。这些员工在公司公关部门的辅导下，往往利用电话、信件、电子邮件和直接拜访等形式。例如，2000年，英特尔公司就动员员工寄送了6000多封信件和电子邮件，要求议员赞成给予中国永久正常贸易关系。另外，美国商业圆桌会议（The Business Roundtable）拨出专款，建立了一个宣传机构“Go Trade”，专门从事社区游说，该机构的触角覆盖了19个州和88个选区。在2000年总统初选的“超级星期二”前夕，支持给予中国永久正常贸易关系地位的广告，在美国三大广播公司和有线新闻网长时间播放，覆盖22个州、106位众议员的选区，仅此一项就花费150万美元。

其三，行业游说。在美国，个人的政治捐款数额存在限制，但对各利益集团根据行业性质所组织的行业游说，就相对比较宽松。所以各大行业、地区，包括美中贸易全国委员会、香港美国商会、全美小麦种植者协会、北美谷物出口商协会、玩具商协会、鞋批发与零售商协会等，大都通过建立行业协会或称政治行动委员会，从事选举经费的筹集，并利用这些组织影响国会议员。以美中贸易商业联盟为例，当1999年中美就中国加入WTO达成协议后，它们就开始采取发动基层、登门拜访、媒体公关等策略，出资1200万美元，旨在游说美国国会给予中国PNTR，并投入150万美元做广告。2000年，跨国公司所组织的行业协会的捐款次数和捐款数额，分别高达1365笔和9100万美元，高于劳工组织的236笔和5100万美元和贸易/健康组织的662笔和7200万美元。

另外，在2000年4月10日前后，包括200多位董事长兼首席执行官和总裁在内的500多位企业界巨头，云集国会，会见了300多位参众议员，实施疲劳轰炸战术。据统计，美国跨国企业为给予中国永久正常贸易关系一役，总共花费1.12亿美元，分别投入在游说、政治捐款和广告上。这些行业协会在游说国会关系过程中，往往展示出超强的团队实力、庞大的游说经费和可观的游说效果。其缺点是交流和协调成本很高，公司之间的利益有时往往出现冲突。

2000年5月24日，美国众议院以237票支持、197票反对的结果，通过给予中国永久正常贸易关系。这决定胜负的20票，大都得益于美国跨国企业的游说和压力；同年9月19日，参议院也以83票支持、15票反对通过议案；10月10日，克林顿总统批准议案，正式成为法律。美国跨国企业的游说获得空前成功，成为企业公共外交的一个重要案例。许多美国媒体将这一案例的重要性等同于1972年尼克松访华和1979年中美建交。

上述案例能够揭示企业在公共外交中的一些特殊功能。首先，跨国企业有助于推动两国关系走向理性、和平与稳定。追逐利润最大化的本性决定了跨国企业希望母国和东道国之间关系的和谐与稳定，因为稳定是企业盈利的基本条件，尤其是那些直接投资东道国的跨国公司，由于它们已在当地设厂买地，所以往往成为中美两国关系和平与稳定的一股积极力量。所以，这些跨国企业最恨每年审查一次的最惠国待遇，这导致它们无法设计和实施长期的投资规划和经营战略。历史的教训告诉这些企业家和商人，如果一旦东道国与母国发生战争或严重的外交冲突，那么它们的实物资产和金融资产，甚至公司高管人员，很可能成为东道国的人质和外交博弈的“棋子”，任人予取予求。

其次，企业公共外交有助于适应美国社会的功利文化，也能在一定程度符合中国的国家利益。从事过美国国会游说的人士都了解，游说难度最大的是关于非经济性的议题，尤其是人权、民主、宗教等涉及价值观念方面的问题，因为这些价值和观念只有政治正确性，是非黑白完全受到美国主流价值文化的制约，少有美国议员敢于“冒天下之大不韪”投下反对票。所以，针对这些非经济性议题的投票结果，大都以压倒性多数的通过而告终。这样，一旦议员盯住这些价值观念不放，公共外交几乎没有运作的空间，而政府外交更难有用武之地。但许多涉及中美经济和贸易的问题，美国的跨国企业就可以大显身手。企业最讲利益交换，并善于将利益转化为可供操作和可以量化的价码。

最后，跨国企业能够有效推动政企关系的良性互动。政府外交向来能够有效地帮助跨国企业获取更大利润和更多机会，所以，政府是企业的战略资源。在美国，跨国企业在为自身的利益积极投入游说的过程中，大都期待政府能够以各种方式回报他们所贡献的公共外交。国家元首或高级官员在正式出国访问时，将带领众多的企业主管一起出访，并高姿态地举行公开的签约仪式形成为一个惯例。这是政府报答企业的最佳礼物，既为企业做了最大的国际广告，也有助于企业依靠政府的力量迅速、有效、大量地与他国企业签约。这种外交与经济互为一体的模式已经成为政府经济外交成功的重要标志和政绩的重要象征。国家元首成为本国企业的最佳和最有力的推销员。美国的波音、微软、可口可乐、摩托罗拉、迪斯尼等跨国公司就是既为政府所用，又利用政府为己所用。

第三节 中国企业公共外交

随着中国开放型经济的成长和“走出去”战略的实施，中国与全球资本主义体系的关系在经历了“请进来”和“接轨”两个阶段后，最终进入了“走出去”的新阶段。越来越多的中国跨国公司活跃在世界各地，为跨国公司载体的开发提供了丰富的资源禀赋，而跨国公司本身具有的国际关系角色也使政府有必要尽早将其纳入国家公共外交的轨道。中国特有的经济结构使得国有大中型企业成为“走出去”跨国公司的中坚和主力，这也使得跨国公司载体的开发更具有现实性和可能性。当然，从长远来看，除了发挥“走出去”国有企业的模范带头作用外，针对西方社会的文化习性，尤应着力培养和利用非公有跨国公司，以最大限度地提高中国公共外交的可信度。

公共外交的跨国公司载体，从主体角度看，可以以其利益的相对独立性弥补 NGO 匮乏的现状，增强中国公共外交的可信度；同时，国有跨国公司在海外经营业务时承担起公共外交职责也是对国内民众所尽的一种企业社会责任的体现，有助于缓解当前国内民众因经济社会因素指向它们的社会矛盾，改善国企在国内的形象。在方式上，跨国公司以完全商业化方式运作有助于减少政治色彩，避免不必要的猜疑；此外，利用跨国公司载体对内外一致性的要求，有助于倒逼政府部门加强对本国跨国公司境内产品服务的监管、整治的压力，以增强公共外交的可信度。就其内容方面而言，跨国公司的载体直接以产品服务为操作内容，这可以改善中国企业的世界形象，助推经济外交，以产品服务为媒介还可以另辟蹊径，直接对广泛的民众产生影响，培养感情；对企业社会责任的强调有助于企业融入当地社会，减少来自东道国政府、NGO 及媒体有形和无形的责难与障碍，促进自身成长，增强与世界一流企业竞争的软资本；对本国跨国公司产品服务的境外消费者负责可以结合“世界工厂”的现实国情创造性地回应外界对中国世界责任的呼吁。

除此之外更重要的在于，以“走出去”的跨国公司的产品服务为着力点，还可以把中国政府“以人为本”“和谐世界”的政策与理念具体化、可操作化，充实对外交往的人文关怀，展示诚意，以实际行动树立中国矢志和平发展的负责任大国形象。公共外交的跨国公司载体有望成为中国公共外交落实胡锦涛总书记在第十一届驻外使节会议上提出的要使中国“政治上更有影响力、经济上更有竞争力、形象上更有亲和力、道义上更有感召力”要求的突破，为中国“和平、发展、合作、和谐”的外交赢得世界的信任与尊重而贡献力量。

“走出去”战略是中国的一项基本国策和国家战略，是改革开放大业的重要组成部分，自2001年正式实施并列入国家“十五”规划以来，这一战略获得了巨大的成功。继“中国制造”成功“走出去”之后，又迎来了海外投资的时代，中国正在全面地“走出去”。在国家“走出去”大战略引导下，中国海外利益急剧扩展。截至2015年年底，中国对外投资已遍布全球185个国家，涵盖农业、工业、服务业和高新技术产业等多个领域，投资存量接近5000亿美元，跃居全球对外直接投资国家的第五位。美国亚洲协会（Asia Society）发表报告称，中国的海外直接投资正处在一轮指数级飘升的起点。到2020年，中国企业将在世界各地积累1万亿至2万亿美元资产。中国对外直接投资处于急剧增长时期，但仅占全球对外直接投资总量的1.5%，中国企业海外投资潜力巨大。随着对外直接投资的猛增，中国海外劳工数量也将急剧增长。据商务部统计，2015年中国对外劳务合作派出各类劳务人员76.8万人，较2014年同期增加7.8万人，年末在外各类劳务人员多达111.6万人。这些数据表明，中国国家利益日渐突破传统地理界限而向全球拓展，海外利益逐渐成为中国国家利益结构中必不可少且日益重要的组成部分，中国正由“中国之中国”变为“世界之中国”，海外利益已经成为中国国家利益中不可或缺的有机组成部分。

与此同时，经过30多年的快速发展，这一战略开始面临新问题和新挑战，进入了调整转型和升级的新阶段。与中国海外利益不断扩展相伴随的另一个不容忽视的事实是，近年来，中国海外利益受损事件频发。据不完全统计，21 世纪的第一个十年，中国至少已经实施了 16 次海外撤侨行动，[①] 而各种海外中国人被抢劫、劫持甚至杀害的事件更是频频发生。事实上，近年来中国年均领事保护案件有三万多起。除了海外公民生命安全问题，涉及中国海外企业的利益受损事件同样层出不穷，例如 2004 年上汽集团收购韩国双龙汽车公司（SSANG YONG Motor Company）失败、2005 年中海油竞购优尼科（Unocal Corporation）失利、2007 年华为收购美国 3 com 公司流产、2009 年中铝公司收购力拓集团（Rio Tinto Group）的“世纪大交易”失败、2010 年腾讯竞购全球即时通讯工具鼻祖 ICQ 失败、2011 年华为收购三叶系统（3 Leaf System）失败等。根据麦肯锡 2009 年的一项研究数据，过去 20 年里，中国有 67% 的海外收购不成功。[②] 除了海外并购面临种种非商业困境之外，“走出去”的中资企业同样困难重重。从东道国的政治动乱、政策与法律变更、汇率波动、文化差异、合同条款履行到企业内部运营管理等均对“走出去”的中资企业造成过重大影响。2010 年 10 月和 2012 年 8 月赞比亚中资科蓝煤矿（Colum Coal Mining Industries Ltd.）爆发的冲突更是给“走出去”的中资企业蒙上了挥之不去的安全阴影。

此外，随着中国海外利益的不断扩展，除了上述“硬风险”之外，外界对中资企业的指责构成了“走出去”的“软风险”，极大地恶化了中国崛起的舆论环境。这些指责包括“掠夺资源论”“占领市场论”和“传播中国模式论”等。虽然这些指责经不起事实的检验，但却对中国海外利益的扩展构成了舆论软约束，并对中国企业“走出去”战略直接造成了巨大的负面影响。

为何中国“走出去”战略遇到如此之大、如此之多的困难与挑战？为何中国企业并购之路如此艰难？由于政治、文化等特殊原因，中国企业的海外并购，成败往往与公共外交有着密切的关系。中海油

① 李晓敏：《非传统威胁下中国公民海外安全分析》，人民出版社，2011 年版，第 179 页。

② “透视中铝注资力拓失败案”，新浪网，2009 年 6 月 11 日。

在竞购优尼科失败一年之后，时任董事长傅成玉在接受美国《华尔街日报》采访时表示："我们学到的教训是，做如此大一笔交易时，在公共关系和政治游说方面应该更加谨慎。如果此类事情再度发生，我们眼中的重点就不是这一交易本身了，或许你首先需要做的是公共关系或政治游说工作。在这些方面的问题解决了以后，你再来谈交易本身。"① 美国参议院在一篇报告中也指出，中海油失败的原因之一是没有进行有效的公共外交去消除政府和民间的反对声音。2009 年中铝公司收购力拓再度失败，我们看到，中铝公司在对上层的游说方面做了许多工作，但忽视了对媒体及普通公众的工作，也未能充分利用地方政府和工会组织资源，因此在舆论上处于十分不利的地位。中铝的失利当然有多方面的原因，但公共外交手段的缺失无疑是一个重要因素。同样，海尔公司在竞购美国第三大家电巨头美泰克公司时，也因为没有积极营造有利于自己的舆论环境最终在竞购中失利。

另外，虽然近年来中国在促进企业履行社会责任上做了很多的工作，但中国企业在承担企业社会责任方面仍然与西方国家存在不少差距。2007 年在日内瓦召开的"联合国全球契约领导人峰会"的一次部长级会议上，国际智库 Account Ability 发布了《2007 年责任竞争力状况》，中国在"责任竞争力指数"② 中排名仅列第 87 位，是金砖国家中排名最低的国家（排名最高的南非排第 28 位，印度排第 70 位）。中国企业较低的社会责任竞争力已经严重损害到了中国国家形象并影响了中国企业的海外并购与海外经营。很显然，在中国企业海外并购迅速增加，外国政府和公众对此愈加警惕的背景下，如何通过公共外交消除误解，减少阻力，将是中国企业"走出去"面临的新课题。

反思近年来中国企业海外并购失败的惨痛经历以及企业海外利益受损的种种事件，虽然失败的具体原因多种多样，但企业公共外交功

---

① 周颖："傅成玉的一小步"，《成功营销》，2006 年第 9 期，第 51 页。

② 责任竞争力指数试图衡量在一个国家经济中的负责任的企业行为的程度以及以此为基础，它能够在多大程度上建立全球市场竞争力，是迄今为止世界上最全面的评估负责任的企业行为的标准。

能未得到充分开发和有效发挥却是共同原因。国际公共关系协会2008年度主席罗伯特·格鲁普（Robert Grup）就认为，全球化条件下的企业都应该有外交官这样的角色。[①] 事实上，近十多年来，中国企业在世界各国面临的诸如罢工、环保、人权等各种困境同样与企业公共外交的缺失紧密相关。在对中国国内五个城市几十个“走出去”的企业实地调研的基础上，全国政协常委、外事委员会主任赵启正指出，“实践表明，公共外交开展得好的企业，其‘走出去’就较为顺利，成功的概率就大。反之，企业遭受挫折和失败的可能性就越高”。[②]

从企业自身看，主要存在三个方面的问题：一是企业的公共外交意识不强。中国企业“走出去”总体上还处于初级阶段，对国际市场还缺乏深入的认知和全面的把握，对国际惯例、通行规则还不够熟悉，许多企业没有认识到公共外交的重要性，还缺乏明确的公共外交意识，缺乏开展公共外交的自觉性和主动性。特别是一些企业社会责任意识淡薄，不善于处理企业经济利益与社会效益的关系；个别企业急功近利，存在违法违规经营现象，损害中国企业和国家形象。二是企业的公共外交能力有待提高。许多企业对“走出去”面临的复杂国际环境缺乏深刻认知和了解，对所在国的国情研究不够，对当地民众的诉求了解不多，开展公共外交缺乏明确方向；一些企业跨国经营能力不强，没有很好解决文化整合问题，无法融入当地主流社会。虽已经“走出去”，却未能“走进去”；一些企业只注重做政府、议会和上层人士的工作，而忽视做工会、非政府组织和普通民众的工作；一些企业不重视形象策划和宣传，品牌意识差，不善于甚至害怕与媒体打交道，不善于借助媒介和舆论的力量争取当地民意。这些都与西方发达国家跨国企业的公共外交能力尚存巨大差距。三是企业普遍缺乏熟悉国际市场规则与惯例、精通跨文化沟通与交流的专业人才，公

① 刘晓玲：“公共关系与公共外交”，《国际公关》，2008年第6期，第49页。

② 参见“赵启正在第二届中国海外投资年会上的讲话”，凤凰网，2012年8月22日。

共外交的水平不高。

从政府和公共服务层面看，支持“走出去”企业有效开展公共外交的战略规划、制度设计、组织保障、服务支持和分层培训体系仍需要进一步完善。与“引进来”相比，中国“走出去”制度建设严重滞后，境外投资立法空白，促进投资政策体系不完善，境外服务支撑体系不健全，风险防控和安全援助机制尚未建立，相关部门协同管理和服务水平有待提高；缺乏能够帮助企业顺利“走出去”的中介组织，贸易投资促进机构和商会、行业协会等社会组织的作用没有得到充分发挥；国内媒体的正面宣传力度不够，部分宣传存在失误等。

从外部环境看，由“中国因素”引发的独特政治问题也对企业公共外交提出了挑战。西方国家对中国的崛起存有各种各样的担心和偏见，大肆炒作“中国威胁论”“中国崩溃论”“新殖民主义”等，使经贸问题政治化、复杂化。不少发达国家对中国企业特别是国有企业的投资并购活动存有戒心，借口危害其“国家安全”，通过政治手段横加阻挠。2012 年 3 月澳大利亚政府以担心来自中国的网络攻击为由禁止华为公司参与投标澳全国宽带网项目就是典型的例子。同时，一些国家的反对党、工会组织和地方势力，以保护当地就业和民族产业为名，煽动政府、媒体和民众对我投资进行非难和歧视，或者利用中国企业出现的问题向本国政府发难指责，干扰中国企业的正常经营活动。部分西方媒体恶意放大中国企业境外经营中出现的个别问题，借机炒作，丑化我企业形象。在此背景下，进一步加强企业“走出去”中的公共外交就显得尤为重要和迫切。

对于当前中国来说，问题已经不是要不要企业公共外交，而是该如何从理论上认识公共外交的这种新发展，该如何在实践上实施企业公共外交以发挥企业的外交功能。

结合企业本身的性质及其在公共外交体系中的运作，笔者认为中国企业公共外交至少存在如下实践路径：

第一，公共外交应该成为企业走出去战略的重要组成部分。在政府层面，应将企业公共外交作为整体公共外交的重要支柱纳入国家公共外交战略。具体操作上，可由外交部门负责宏观的政策指导和支持，商务部门负责业务指导，比如向将要到海外投资的企业提供有针对性的培训等。在企业层面，对于加速“走出去”的中国企业来说，首先必须培育和强化企业的公共外交意识，这是任何企业开展公共外交的基本前提。应将公共外交纳入企业走出去的战略规划，一方面加强与政府主管部门的沟通和协调，寻求其支持，另一方面加强自身的建设，增加投入。对于大型跨国企业来说，可以设立专门机构，有相应的编制和预算，以符合所在国法律和传统的专业方式策划和开展相关活动。

第二，大型跨国企业有必要在公关部门专设从事公共外交的机构、人员和预算，既及时与中国外交部门保持联系，及时沟通，获取必要的外交信息和渠道，又与美国国会、政府、社区、媒体和公关公司保持长期密切的联系。美国既是一个法治国家，又是一个游说合法的国家，政治与经济密不可分。如果中国企业不敢从事游说活动，那只能在与自己的商业对手竞争中失去巨大优势和权利，但敢于游说不等于善于游说，游说既是一种技战术博弈，任何人都可以在实战中学习，但更是一种文化，它深深植根于美国主流文化价值和融化于美国人的政治血液之中。所以，中国企业最值得利用的是散布于美国华盛顿各地的500家左右的游说公关公司，许多职业游说高手都是退休的美国参众议员和政府官员，他们所拥有的无价的人脉关系，是任何人都无法复制的，但这种人脉却可以被合法地商业化。同时，不少旅美华人已经成功地介入美国国会的游说活动，并取得了令人瞩目的成就，他们也是中国跨国企业可资利用的一大公共外交的资产。

第三，中国跨国企业需要积极参加驻在国的公益、慈善和社区活动。以美国为例，美国是一个基督教国家，注重生前奉献。于是，参加公益、义务捐献和服务社区成为美国主流文化的一个重要组成部分。因此在美国从事公共外交，需要精耕细作、长期经营，而且中国的产品已经成为一种文化和外交的载体，柔性、软性地征服了他国民众和社会。如中国的长虹、联想等日渐走入美国平常百姓人家的公司品牌，能够向微软学习，在美国成立慈善和文化教育基金会，持续、长期地资助美国的弱势团体、推动中美关系、弘扬中华文明，这绝对是一个利国、利企、利己的善举。

作为当地经济社会发展的建设者，“走出去”企业可以多层面、多角度向当地社会展现中国经济的最新发展成果，提升中国的国家形象。当前，中国企业正在国家支持下开拓进取、走向世界，已经成为中国外部形象和对外关系的一部分。这些成功“走出去”的企业，秉承“发展企业，回报社会”的理念，经济效益与商业道德并重，在促进当地产业发展和就业方面发挥着越来越重要的作用。例如，近年中国企业在一些发展前景较好的新兴市场国家开展了很多能源、矿产、基础设施项目，既帮助东道国提高了资源附加值，把资源优势转成了发展动力，又对完善东道国交通、通讯、电力等基础设施，改善当地生产生活条件，提高当地人民的生活福利起到了积极作用。有些企业还帮助东道国引进了先进管理技术，提高了信息科技和风险控制水平。“走出去”企业在当地经济社会发展中的这种重要作用，使其更容易获得东道国从政府高层到普通民众的社会各阶层的广泛认同。利用这种便利，可以配合政府多做外交工作，协助国家塑造更有亲和力的国际形象。对这些企业而言，每个分支机构都是一扇窗口，每位员工都是祖国的营销员，每笔业务都是中国取信于世界的承诺。

另外，如果中国的跨国公司能够利用孔子学院这一文化教育平台，逐渐取代政府出资，这既能淡化孔子学院的政府色彩，也能帮助孔子学院得到持续发展，更能帮助中国企业在国外大学和社会增加知名度，推广自己的产品，为今后更大限度地从事公共外交，创造条件。

第四，跨国企业应该与元首外交密切结合，既使政府外交成为企业的战略资源，也帮助企业成为公共外交的重要导体和行为体。2011年国家主席胡锦涛在正式访美的过程中，参观了中资企业展览。这一参观表明中方支持民营企业到美国投资设厂，带动当地就业，缩小美中贸易赤字，也有助于提高中资企业在美国主流社会的知名度和影响力。如果可能，今后需要推动国家元首实地品尝国外的中餐馆菜肴、访问中国人开办的学校、参观中国人担任总裁或校长的公司与大学。这种政府外交与公共外交、国家元首与跨国企业的互相支持，将有助于向西方商界和主流社会有力展示中国政府推动企业公共外交的努力，更有助于鼓励众多在外的中资企业今后从事公共外交，推动两国关系的良性发展。

第五，应充分有效地利用区域性多边舞台，建立和发展与区域次区域经济合作组织及机制的关系（如亚太经济合作组织、南亚区域合作联盟、东部和南部非洲共同市场、海湾合作委员会、大湄公河次区域经济合作机制等），这些组织和机制在动员和整合本地区力量方面有独特的优势，有助于中国企业了解当地情况，为其在该地区开展业务创建良好基础，可收事半功倍之效。

同时，也要加强与国际非政府组织以及所在国民间机构的沟通与合作。在全球化和全球公民社会日益发展的当今时代，一些重要人权和环保组织等国际行为体的影响不容忽视。要善于同这些机构打交道，不能置之不理，也不能简单地反驳了事，而应该根据不同情况做出妥善应对，属于沟通不畅的，应加强沟通，属于恶意诋毁的，要依据事实坚决回击。

第六，正确处理跨国企业的本土化问题。这是一个非常复杂的问题，除管理层和员工的本土化外，还包括严格遵守所在国的各项法律和管理制度，尊重当地人民的宗教和风俗习惯，处理好与当地民众的关系，履行社会责任等，如通过为东道国培养人才，帮助其扩大就业和为当地修路、建学校等公益事业以及为环境保护做贡献等，争取当地社会的广泛理解和支持，塑造在当地的良好企业形象。说到底，企业要在海外生存与发展就必须关注当地的社会发展和民生，必须积极融入当地社会。

正确处理跨国企业的本土化问题，还要高度重视与当地媒体打交道和善于利用媒体。现代企业需要利用媒体来宣传自身形象，打造品牌知名度和美誉度。对跨国企业来说，面对的媒体更多，舆论环境更复杂，同媒体打交道的要求也就更高。而对于走出去的中国企业来说，面对种种疑虑，更是要主动加强同媒体的联系，增加企业经营活动的透明度，多提供权威信息和报道素材，多用事实和数据说话，切实增强传播的公信力、有效性，扩大企业在海外的影响。对于突发事件，更是要善于利用媒体进行危机公关，及时透明地发布信息，争取第一发布权和第一解释权，抢占话语权，还可以通过各种机会，包括国家领导人出访和重要节庆等，策划和组织各种类型的公关活动，有针对性地传播企业理念，扩大企业影响，提升企业品牌。此外，在所在国法律允许的范围内，要积极大胆和有针对性地开展游说活动，扩大企业影响，推动具体目标的实现。

尤其值得一提的是，中国企业“走出去”面临的一个新挑战是如何走向发展中国家。长期以来，中国企业所谓“走出去”更多的是走向发达国家，在这方面，我们积累了丰富的经验，也是比较成功的。但是，随着“走出去”战略的发展，中国企业正越来越多地走向发展中国家，随之而来的问题是：建立在与发达国家打交道和西方商业模式基础上的传统经验如何适应发展中国家的新现实？我们还没有现成的答案，但可以肯定的是，在中国企业走向发展中国家的过程中，我们需要熟悉当地政治、经济和文化环境的专业人才，需要有针对性的专业培训。正如有学者指出的，未来跨国企业的地区主管应该不仅能讲英语，懂国际规则，还应该成为地区问题专家，能讲当地的语言。

最后，应努力营造有利于中国企业“走出去”的国际舆论环境。大力加强国际传播能力建设，努力打造更多具有国际声誉的媒体；加大正面宣传力度，以国际通用的表述方式说明中国企业“走出去”的真正意图，传播中国“走出去”企业对推动当地经济社会发展所做的贡献，树立中国企业良好形象；针对西方国家制造的“中国威胁论”“资源掠夺论”和“新殖民主义论”等，积极做好舆论引导工作，必要时应以适当方式予以回击。大力推动我媒体、广播电视机构、孔子学院、中国文化中心等机构境外布局，为企业对外投资合作提供“软实力”支撑。

总体上看，中国企业的公共外交还处在刚刚起步的阶段。与一些耳熟能详的国际跨国公司相比，中国的企业还缺乏形象意识、品牌意识，不愿意更不善于开展公共外交，缺乏跟媒体打交道的能力与经验，尚未形成较为成熟稳定的企业公共外交实践路径，结果常常带来一些不必要的损失。因此，作为中国公共外交缺失的一环，企业公共外交应该成为中国公共外交体系中必要的有机组成部分，以丰富国家形象的塑造渠道，构造包括政府、企业和社会的立体公共外交体系。同时，鉴于企业公共外交的特性与限度，中国在开拓企业公共外交潜力的同时，应该尽量整合政府、社会与企业公共外交，扬长避短，促进不同主体公共外交的有机配合和协同增进，开创中国公共外交新局面，进一步拓展中国和平发展的战略空间。

第五章

卫生公共外交

第一节　卫生公共外交概论

近年来，随着全球卫生危机的加剧，卫生议题日益成为国际关系的一项显性议程，并逐渐进入外交政策领域，传统外交遇到自诞生以来被称为“生存危机”的新一轮挑战。这是因为作为非传统安全的一个重要领域，卫生问题对人的安全、国家安全乃至国际安全都构成了某种程度的挑战。卫生治理不再被主权国家行为体置于传统外交议题之外，而越来越成为全球外交的重要议题。

在传统的国际关系理论看来，公共卫生和外交完全属于两个不同的专业领域，但二者实际上存在着密切联系。特别是随着 SARS、艾滋病以及炭疽恐怖袭击等全球公共卫生危机的出现，公共卫生问题与外交政策日益相互交织，对卫生外交相关的理论研究也随之出现。

集中研究传染病和国际关系之间关系的美国学者戴维·费德勒提出了“微生物政治”一词，用以指称主权国家通过多边方式来解决跨国传染病问题而产生的国际政治活动。美国加州大学全球冲突与合作研究所最早把公共卫生外交定义为一种既能增进本国和他国健康，又能维持和改善国际关系的政治活动。[①] 英国著名医学杂志《柳叶

① “Global Health Diplomacy”，http：//igcc. ucsd. edu/research/globalhealth/index. php.

刀》的主编理查德·霍顿（Richard Horton）则把公共卫生视作当前最重要的外交政策问题，他提出了利用卫生作为一种外交工具的四种战略优势：战略上的正确性；在社会聚合力、公正和强化国家基础设施等方面产生积极收益；一种重要的外交工具；促进国家之间的信任，提升本国的国际形象和国际影响力。世界卫生组织（WTO）认为，卫生外交是指“管理进入或溢出一国的医疗风险的机制，需要多层次和多元行为体的谈判过程，进而塑造和管理全球医疗卫生政策的环境”。这一界定体现出对全球公共卫生与国际关系更全面和更平衡的认知。越来越多的国家也开始意识到卫生议题作为一种外交手段的重要性。正如澳大利亚前外交部长亚历山大·唐纳（Alexander Downer）所言，“卫生议题不再是各国卫生部长的专属地，也必须成为外交部长的关切事项。”①

公共卫生外交有广义与狭义之分。狭义的公共卫生外交是指国家通过外交部门和卫生部门等代表国家的机关和个人，采用谈判等和平方式来解决涉及跨国公共卫生问题的外交活动。广义的公共卫生外交是指一切出于促进本国公民乃至其他国家公民健康之目的而进行的国际合作，其行为主体既包括外交部门和卫生部门，也包括一些政府间国际组织和非政府组织等。总之，公共卫生外交就是指世界上各类行为主体为解决全球公共卫生安全问题所采取的一种全球治理行动。卫生外交具有双重含义，其一就是作为目的的卫生外交，亦即通过开展国际合作来促进卫生安全；其二就是作为手段的卫生外交，亦即通过卫生项目合作，以实现某种对外政策目标。

一般而言，公共卫生外交主要具有以下特点：②

第一，公共产品性质。

英吉·考尔（Inge Kaul）对全球公共产品下了一个相对宽泛的定义：当一种公共产品的受益国家（多于一群国家）、群体（最好所

---

① Downer A, 2003, “Why Health Matters in Foreign Policy”, Speech to the UK – Australia Seminar: Health and Foreign Policy, Canberra, 16. 9. 03. www. foreignminister. gov. au.

② 关于公共外交的主要特点，参见晋继勇：“浅析公共卫生外交”，《外交评论》，2008 年第 4 期。

有群体）和世代（包括当代和未来数代，或至少在不妨碍未来数代发展选择的情况满足当前几代）具有很大普遍性，这种产品即是全球公共产品。从某种意义上说，大多数的全球公共产品都曾是国家公共产品，只是在全球化的过程中，这些产品已经走向了世界。从生产方面看来，它们可以被当作国家公共产品与国际合作的结合。全球公共产品可以分为两类：一类是中间全球公共产品，另一类是最终全球公共产品。前者指那些提供最终全球公共产品的正式或非正式的机制，后者指全球公共产品的最终表现形式。全球公共产品的两个重要特点就是消费的非排外性和非竞争性。

公共卫生领域的全球公共产品可以称为全球公共卫生产品（Global Public Good for Health）。公共卫生外交旨在解决一些跨国性的公共卫生问题，如艾滋病的蔓延、禽流感的爆发等。对传染病有效的国际控制会使许多国家受益，而且一国的收益不会损害其他国家的收益，也就是说这种收益具有非排外性和非竞争性，例如 20 世纪 80 年代在全世界开展的根除天花运动就使所有国家受惠。世界各国在控制可传播性疾病方面所开展的国际合作就是一种中间全球公共卫生产品，例如《国际卫生条例》《生物武器公约》等一系列国际合作机制，因为这些外交活动的结果有很积极的外部性。公共卫生外交是全球公共卫生产品提供的一个重要途径，它的目的是为了促进本国乃至世界各国人民的健康状况，其收益不具有排外性和竞争性，因此公共卫生外交具有全球公共产品的性质。

第二，机制的灵活性。

相对于其他领域的外交活动而言，公共卫生外交具有灵活的机制。在军事、安全外交领域，一些国际安排必须通过正式的外交谈判才能达成，并且以具有强制力的国际机制来确保其得到遵守，对违规行为做出相应的惩罚。以 1970 年生效的《核不扩散条约》为例，尽管有时它的权威及有效性受到挑战，但它可以授权相关国家对违反该条约的国家采取贸易禁运等惩罚措施。总而言之，传统安全领域的机制安排大多是正式的。而在国际公共卫生合作领域，与之相关的国际机制既有正式的，也有非正式的。正式的机制有 2005 年修改过的

《国际卫生条例》《与贸易有关的知识产权协定》以及2005年7月达成的《烟草控制框架公约》等，非正式的机制有国际红十字会组织、《渥太华健康促进宪章》以及“抗击艾滋病、结核病及疟疾全球基金”等。

第三，多层次性。

公共卫生外交的多层次性体现在它既可以是单边的，也可以是双边的和多边的。单边公共卫生外交是指某个国家单方面向其他国家提供医疗援助或全球公共卫生产品，例如中国向非洲国家派遣援非医疗队等。双边公共卫生外交是指两个国家在卫生领域所开展的外交合作。如2005年11月20日，中美在北京达成“禽流感共同行动倡议”。多边公共卫生外交既可以是地区性的也可以是全球性的。欧盟国家有关“疯牛病”问题的合作以及世界卫生大会都属于这一类。

第四，外交行为主体的多元性。

公共卫生外交的行为主体具有多元性。公共卫生问题对政治、经济和社会的影响使得更多的外交人员涉入公共卫生合作领域，也让越来越多的公共卫生专家涉入外交领域。“任何对政策和政治进行‘国内的’‘国外的’，‘硬的’‘软的’或者是‘高级的’‘低级的’简单划分都不合时宜了。”公共卫生所涉及的多领域性决定了外交行为主体的多元性：既包括政府组织，也包括非政府组织；既有个人，也有跨国公司。例如“抗击艾滋病、结核病及疟疾全球基金”“医生无国界”等组织都在全球卫生治理中发挥了重要作用。只有这种多元行为体共同参与的公共卫生外交才能更好地实现全球卫生治理。

第五，较强的专业性。

公共卫生外交必然涉及一些医学问题，特别是在跨国传染病的控制方面，因此它具有较强的专业性。尽管如此，这种专业性并不能隔断外交部门与卫生部门的关联。正如世界卫生组织法律顾问阿吉拉姆所言，“公共卫生不再是医生和传染病学家的特权”。外交的目的就是为本国的安全和发展服务，而一些公共卫生问题就是安全和发展问题。作为卫生部门，其职责之一就是让一个国家的卫生关切和卫生利益在外交活动中得到反映。为了解决专业性问题，一些国家专门在外交部设置了负责公共卫生问题的部门。美国国家安全委员会就设置了公共卫生安全战略顾问一职，以协调卫生和外交之间的技术性问题。

公共卫生外交的第一个特点说明了它在当今全球公共卫生治理中的重要性和必要性。因为在全球化时代，几乎所有的全球问题都与全球公共产品供应的状况有关，其他的几个特点则决定了开展公共卫生外交的复杂性和灵活性。

关于全球卫生外交的目标，国外学术界提出了一些较为明确的看法。如英国学者凯丽·李（Kelley Lee）认为全球卫生外交具有多重目标，包括：（1）利用全球卫生追求外交政策目标；（2）在非卫生的议程设置中倡导全球卫生目标；（3）利用外交渠道和手段来谈判与卫生有关的协定。[①] 目标的多重性也使得全球卫生外交的作用是多重的，从其对特定国家的影响可以看出：它可以作为一个国家推行其外交政策的工具，影响一个国家的对外关系、国家的形象塑造，进而影响一个国家的软实力等等。

从实践来看，卫生外交作为一种嵌入目的性的过程模式，主要是通过医疗援助的形式来实现外交目标。按照现实主义范式的理解，医疗援助主要是由援助国自身利益驱动，而较少考虑受援国的经济发展和人民基本生活需求，完全按照援助国自身的利益与立场来分配援助部门、决定援助对象。利益驱动可以从战略利益、政治利益、经济利益、文化和意识形态利益等方面分析。战略和政治利益包括建立和巩固联盟、加强友好政府的地位、赢得在联合国的投票、获取建立军事基地、避免贫穷国家的难民涌入等；经济利益包括获取受援国的自然资源、扩大援助国在当地的商品市场与投资场所等；文化和意识形态利益包括扩大本国语言和文化的影响力，推行西方民主、自由和人权等价值观等，以提升本国形象、增进国家政治影响力和威望。而理想主义范式则与之不同，强调国际道义与伦理规范在国际关系中的地位和作用，重视国际道义对国家行为的重要影响。自由主义强调道义的普适性，强调受援国的基本需求、援助国的援助责任和利他主义，认

① Kelley Lee Global Health Diplomacy：A Conceptual Review，May 2009.

为人道主义关切构成了对外援助的主要动因。现实主义与自由主义两大理论对国家的国际援助行为具有较强的解释力。

作为一个概念，虽然“全球卫生外交”是一个近年来才出现的新词汇，但这并不意味着卫生外交是新世纪的新生事物。事实上“卫生外交”是一个典型的先有实践活动，后来才成为概念的词汇。

世界上最早的公共卫生外交雏形可以追溯到 14 世纪的意大利城邦时期。当时威尼斯共和国首先使用了“隔离检疫”一词，将从疫区来的人员和船只隔离在意大利的港口。但这一时期现代意义上的民族国家还没有出现，所以也不存在所谓的公共卫生外交。真正意义上的公共卫生外交肇始于 19 世纪中期。在工业革命和殖民扩张之后，欧洲的国际贸易、旅行、海上商业呈现几何级的增长。蒸汽船、铁路的发展以及苏伊士运河的开凿更是推动了 19 世纪欧洲贸易和商业的增长。当时由于缺乏对霍乱、鼠疫等传染病的病原知识，欧洲各国针对这些传染病制定了不同的隔离措施。这些互不统一甚至相互矛盾的隔离措施严重地制约了货物和人员的跨国流动，有的国家还以预防传染病为借口实行贸易保护政策。欧洲国家的贸易和商业诉求使它们必须通过外交活动来协调隔离措施。全球化的出现使这种以欧洲为中心的公共卫生外交走向全球，促进了早期公共卫生的“多边主义化”。面临新发、复发传染病和潜在的生物恐怖等公共卫生危机对人的安全、国家安全乃至国际安全带来的挑战，国际社会展开了积极的公共卫生外交，通过建立一系列多边卫生机制，力图实现有效的全球卫生治理。

公共卫生外交的发展大致可以划分为以下几个阶段:①

19 世纪的公共卫生外交：以欧洲为中心、非机制化。

19 世纪上半期在整个欧洲肆虐的霍乱使疾病控制成为外交活动的一个主题，公共卫生外交也从此开始。费德勒认为，19 世纪多边公共卫生合作的发展主要是为了保护所谓的“文明”国家，使欧洲

---

① 晋继勇：“浅析公共卫生外交”，《外交评论》，2008 年第 4 期。

国家免受“未开化”国家特别是东方国家的沾染。[①] 所以这一时期公共卫生外交的一个特点就是以欧洲为中心。1851 年 7 月 23 日，在法国的倡议下，12 个欧洲国家，包括 4 个意大利城邦国家：撒丁、托斯卡纳和两个西西里国家，以及奥地利、英国、希腊、葡萄牙、俄国、西班牙、法国和土耳其，在巴黎召开了第一次国际卫生会议，旨在对各国港口当局采取的检疫行动进行国际控制和协调，并重点讨论了有关霍乱、瘟疫和黄热病的合作问题。这被普遍认为是公共卫生外交的开始。从 1851 年到 19 世纪末总共召开了 10 次国际卫生会议，达成了 8 项协定或公约。[②] 但是，由于这一时期欧洲国家一直在商业利益和传染病的多边控制之间游移不定，所以大多数公约并没有得到与会国的批准，因此也没有在严格意义上生效，更不用提建立常设的国际公共卫生机构。因此，这一时期的公共卫生外交的另一个特点就是非机制化。这些外交尝试表明通过多边途径应对疫情跨国传播的必要性。

欧洲国家最初采用国家隔离政策处理跨边界的疾病传播问题，然而铁路和航运的快速发展使隔离政策不再有效。单靠某个国家的政策不仅无法阻止疾病的传播，而且引起了商人的不满。隔离政策让商人损失惨重，他们就敦促政府在疾病控制方面采取外交行动。有关传染病控制的国际合作在后来得到了进一步开展。欧洲各国召集国际会议，缔结国际条约，还创建了一些国际卫生组织来为疾病控制的国际合作服务。仅 1892 年至 1902 年期间就召开了 7 次国际卫生会议，并且缔结了《国际卫生公约》。

20 世纪的公共卫生外交：全球化、机制化。

19 世纪末，欧洲国家逐渐意识到，单靠国际公约或条约既不能为应对共同的脆弱性提供一种行之有效的解决方法，也不能在传染病

---

① D. P. Fidler, *International Law and Infectious Diseases*, Oxford: Clarendon Press, 1999, p. 28.

② D. P. Fidler, “A Kinder, Gentler System of Capitulations? International Law, Structural Adjustment Policies, and the Standard of Liberal. Globalized Civilization”, International Law Journal, Vo. 35, No. 3, 2000, p. 327.

威胁方面实现“历史的终结”。为了实施所达成的国际公共卫生公约，世界各国开始通过外交努力来建立正式的国际机制。20 世纪初，多边卫生倡议不再局限于欧洲，而是随着一系列国际卫生组织的建立走向全球。这一时期公共卫生外交的特点就是全球化和机制化。

1902 年于华盛顿召开的美洲国家会议，成立了第一个多边公共卫生机构——国际卫生局。1907 年，缔结 19 世纪《国际卫生公约》的大部分欧洲国家在罗马开会，一致同意建立国际公共卫生局，并在巴黎建立一个常设秘书处。一战之后成立了国际联盟，国联宪章第 23 条规定，其成员国“将努力采取措施，加强在疾病防治和控制方面的合作”,[①] 并于 1923 年成立了国联卫生组织和国际兽医局等国际机构。然而，这个时期的公共卫生外交合作也是一波三折。例如，美国不愿让欧洲列强过多地介入美洲事务，所以一直反对将泛美卫生署并入全球性卫生组织。而作为国际公共卫生局成员国的美国，由于拒绝参加英法两国所主导的国际联盟，也不愿意加入国联卫生组织。

1945 年举行的关于国际组织的联合国会议一致通过了由巴西和中国提出的建立一个崭新的国际卫生组织的动议。1946 年纽约国际卫生会议通过世界卫生组织（WHO）宪章。1948 年 4 月 7 日，WHO 宪章生效。世界卫生组织的成立在公共卫生外交史上具有里程碑的意义，标志着公共卫生外交走向完整意义上的全球化和机制化。以前成立的专门性或地区性的国际卫生组织也被并入世界卫生组织体系之内，例如 1902 年成立的泛美卫生局就成为世卫组织的美洲分部。此外，世卫组织还与一些公共卫生领域的非政府组织建立了紧密的合作关系。

在其他涉及公共卫生领域的国际组织里，世界各国也进行了一定的合作，例如世界银行和世界贸易组织等。前者于 1993 年发表了《世界发展报告：为健康投资》，强调在公共卫生治理领域里的“市场失灵”问题。此外，世界银行还超过世界卫生组织，成为公共卫

---

① 参见《国际联盟宪章》第 23 条，http：//www. Yale. edu/IawwEb/avalon/leagcov. htm#art23。

生治理的最大资金提供者。鉴于传染病传播与贸易之间密不可分的联系，在世贸组织框架内开展相关的国际公共卫生合作就显得十分重要。其中一个主要问题就是有关药品专利权的争议。大部分发展中国家认为，发达国家为了获取高额利润，对研制出的药品制定了为期20年的专利保护期，本来这些药品可以挽救许多人的生命，可是高昂的价格致使许多发展中国家难以企及。经过艰苦的谈判，发达国家和发展中国家在有关药品专利权问题上达成了一定的妥协，在世贸组织第四届部长级会议上发表的“关于《TRIPS 协定》与公共卫生的宣言”，规定发展中国家在特殊情况下可以采取“强制许可”（Compulsory License）和“平行进口”（Parallel Importing）的方式获得相关药品，但这并没有从根本上解决问题。英迪拉·甘地曾说，“更为理想的社会是不再给医药发明授予专利，不再从生命和死亡中获得不正当利益”。[①] 为此，世界各国还需要通过外交活动，在世贸组织框架内继续合作以根本解决必要药品的专利权和可及性问题。

21 世纪伊始的公共卫生外交。

2001 年在美国发生了炭疽恐怖袭击，2003 年出现了在全球快速传播的致命性新疾病重症急性呼吸综合征（SARS），艾滋病仍在非洲乃至全世界肆虐。截止到 2007 年 6 月，全球已经有 189 人死于“禽流感”（H5N1），尽管数量不多，但这组数字的背后是一种危及生命、冲击国家经济和安全的新发传染病。专家们都认为，H5N1 或其他禽流感病毒可能引起的大流行威胁持续存在，早晚都会发生，只是时间问题。[②] 炭疽恐怖事件促成了世界卫生组织出版物《生物和化学武器的公共卫生应对措施：WHO 指南》的更新，也迫使世界各国围绕《生物武器公约》审议展开了大量的外交活动并取得了一定的进展；SARS、禽流感等新发传染病促进了国际社会修订和强化《国际卫生条例》（1969 年）的政治意愿。目前，新的和旧有的传染病正以

① 1982 年 5 月英迪拉·甘地在世界卫生大会上的发言。转引自庄子银、杜鹃：“发展中国家知识产权保护的理论与经验分析”，《武汉大学学报社会科学版》，2003 年第 4 期。

② 世界卫生组织：《2007 年世界卫生报告：建构安全未来》，人民卫生出版社，2007 年版，第 54 页。

迅猛的速度跨国界传播，而世卫组织的《国际卫生条例》（1969 年版）规定，国家只有义务通报三种传染病：霍乱、鼠疫和黄热病。另外，世卫组织对主权问题比较敏感，其做出的任何决议只是不具有强制力的建议。鉴于存在上述缺陷，于 2005 年召开的世界卫生大会对该条例进行了修改，并于 2007 年 6 月 15 日正式生效。修改后的《条例》明确承认，关于疾病爆发的非国家信息来源通常先于官方报告。这是对此前的国际公约和条例的一个重大革新。修改后的《条例》还要求国家通报所有“国际关注的突发公共卫生事件”，包括传染病、由意外和蓄意释放病原菌或化学、核放射性物质造成的威胁。这就拓宽了《条例》的范围以更好地保护全球公共卫生安全。总之，该条例的成功修改是各国通力合作的结果，也是 21 世纪初国际公共卫生外交的重要成果。

一些地区性的国际组织也积极开展公共卫生合作。2000 年在日本举行的八国首脑峰会敦促国际社会就粮食危机和卫生问题采取行动，发达国家也表示将履行之前的承诺，包括保留国际卫生议题，加强卫生体系的建设等内容。此后，全球卫生已经不再被看作是一个边缘的、偶尔出现的外交政策问题，而开始变成了一个外交政策主要目标的战略利益。八国集团 2006 年的圣彼得堡峰会把传染病的控制作为它的三个优先目标之一，并举行了第一次八国集团卫生部长会议。公共卫生问题也成为亚太经合组织的关注点，2001 年的 APEC 上海峰会发表了《APEC 抗击流行病战略》；2002 年的墨西哥峰会一致同意建立地区公共卫生监测网络和早期预警系统，要求对重大疾病流行特别是生物恐怖主义做出反应；200[illegible]年《河内宣言》的重要议题就包括禽流感和流行病的控制。2004 年 11 月，东盟与中日韩发表了《亚洲禽流感防治曼谷声明》，强调各国政府、国际组织和社会团体之间开展合作，迅速遏制禽流感的蔓延。2008 年 10 月 21 日，世界卫生组织总干事陈冯富珍在日内瓦举行的第二次高级别研讨会上发表了题为《全球卫生外交：在 21 世纪开展卫生谈判》的讲话。2009 年 4 月，世界卫生组织召开了全球卫生外交会议，同年 12 月，第 64 届联大就“全球卫生和外交政策”议题举行了辩论会。此外，越来越多的非政府组织也加入到公共卫生外交之中，例如盖茨基金会、洛克菲勒基金会和“医生无国界”组织等发挥了其没有政治约束和灵活性的特点，为世卫组织开展的公共卫生计划提供了大量的资金支持。一些政府组织还与非政府组织建立了全球公私伙伴关系，目前在卫生领域大约有 80 个全球公私伙伴关系，[①] 其中较大的有全球抗癌、结核和疟疾基金、全球疫苗和接种联盟等。这种由诸多行为体共同参与的公共卫生外交为全球公共卫生治理形成了一个多维架构。

第二节　卫生公共外交案例

作为当今世界上最强大的国家，美国的对外政策使命和卫生干预使命长期相互重叠，美国历来十分重视卫生议题在其外交政策中的重要作用，“决策者越来越将卫生问题看作对外政策问题，或者相反。”[②]因此，美国的卫生外交并非是一个新课题。早在 19 世纪中期，出于对公共卫生利益和经济利益的关切，美国就开展了一系列的卫生外交活动。尽管现代公共卫生经常被定性为一种人道主义行动，但是在美国及其他西方发达国家却长期将其与国际贸易的需要联系起来。[③] 1881 年，美国在华盛顿首次主办了关于黄热病的跨国控制问题的国际会议，这标志着美国卫生外交的正式启动。二战结束后，作为杜鲁门主义的一个重要组成部分，“第四点计划”也成为美国卫生外交的一个重要分水岭。

“第四点计划”之前的美国卫生外交主要呈现出以下两个特点。[④]

---

① Kent Buse，“Governing Public－Private Infectious Disease Partnerships ”，The Journal of World Affairs，Vo. 10，No. 2，2004，p. 225.

② Kaiser Family Foundation，Mapping the United States Government Engagement in Global Public Health，August 2009，p. 117.

③ King NB，Security，Disease，Commerce：ideologies of Postcolonial Health，Soc Stud Sci，Vol. 35，No. 5，2002，p. 763.

④ 晋继勇：“美国卫生外交：一种现实与历史的考察”，《太平洋学报》，2012 年第 5 期。

首先，以防止外国的传染病蔓延到本国和促进国际贸易利益为导向。防止传染病蔓延到本国和促进国际贸易利益是美国开展卫生外交的主要动因。这一点在华盛顿国际卫生会议上表现得特别明显。实际上，早在1879年美国国会就已经批准了一项法案“以阻止传染病传染到美国”。该法案要求，所有驶往美国的船只必须从美国驻外领事馆官员处获得相关证明，用以详细说明该船只的卫生历史。要想得到这样一张证书，在船只起航驶往美国之前，美国领事馆官员必须在起驶港登船检查。这种要求后来被证明难以执行，因为这些船只的起驶地一般都位于外国的国内港口。因此，1881年美国召集华盛顿会议的目的就是为了试图说服其他国家同意检查。在该次会议上，美国与其他国家就会议的主题产生了矛盾。该会议主要是讨论黄热病的跨国控制问题，然而它的中心议题并不是关于成员国是否有权对过往船只实施隔离限制或卫生条件问题，而是关于美国要求其他国家允许美国驻外领事（而不是地方当局）对发往美国的船只颁布卫生许可证（A bill of health）。美国的这种治外法权的要求理所当然遭到了其他国家的强烈反对，特别是遭到拉丁美洲国家的反对。这一时期，美国成功地在巴拿马开展了治理疟疾和黄热病的卫生外交活动，使巴拿马运河得以顺利修建。美国从而控制了这个具有重要战略地位和国际贸易价值的通道。

其次，确保美国在卫生国际机制中的主导地位。美国在这一时期的卫生外交活动还表现在促进国际卫生合作的机制方面。美国试图通过建立自己所主导的国际卫生机制来保护其国民免受传染病的威胁，同时保证其在这些国际机制中的独立性。1902年，美国在华盛顿主持召开了国际会议。在这次会议上，美洲国家在美国主导之下协力成立了国际卫生署（The Inter - national Sanitary Bureau）。该组织于1923年被重新命名为泛美卫生局（The Pan American Sanitary Bureau），亦即泛美卫生组织（Pan American Health Organization）的前身。1907年，由美国参加的国际公共卫生会议通过了《关于建立国际公共卫生办事处的罗马协定》，随后成立了国际公共卫生办事处，美国成为该机制的12个成员国之一。

第一次世界大战的浩劫使得世界各国渴望创设一个正式组织来建设一个和平的世界。于是在世界各国努力下，国际社会于 1919 年成立了国际联盟，该组织宪章第 23 条规定，成员国“将努力采取措施，加强对疾病防治和控制的合作”。[①] 为执行此项规定，1920 年 4 月，在国际联盟理事会的要求下，各成员国在伦敦举行了一次国际卫生会议。该会议成立了国际联盟卫生组织（HOLN），其成员方包括国联成员国和非成员国。该组织的创立者认为，国际联盟卫生组织应在一战后爆发的斑疹伤寒及流感的治理中发挥更重要的作用。他们还认为，当时所有的国际卫生机制都应该被置于国际联盟的监管之下，其中包括泛美卫生组织和国际公共卫生办事处。然而，自 19 世纪末以来成为美洲头号强国的美国，基于“门罗主义”和“孤立主义”，企图建立“美国人的美洲”，所以极力反对欧洲大国介入美洲事务，也一直反对将泛美卫生局并入国际联盟卫生组织，尽管美国也是国际公共卫生办事处的成员国。然而，由于美国拒不加入由英国和法国所主导的国际联盟，所以也反对把国际公共卫生办事处与国际联盟卫生组织合并。美国此举的目的在于确保其在相关国际卫生机制中的主导性和独立性。

一国的外交行为往往受制于当时的国际格局，卫生外交也不例外。冷战期间的美国卫生外交主要服务于美国遏制苏联政策的需要，以“帮助公众关注那些滋生共产主义的不良生活条件”。[②] 通过向一些不发达国家提供卫生援助，从而与苏联在第三世界展开势力争夺成为美国外交的一个重要考量。在 1949 年美国的“第四点计划”出笼之后，当时的总统杜鲁门强调，跨国传染病流行问题对粮食生产影响深远，粮食问题又是保证世界和平最关键的因素。为此，他将传染病控制纳入其对外政策的“第四点计划”之中。[③] 1961 年，美国国会

---

① 参见国际联盟宪章第 23 条第 6 款。

② Willard L. Thorp, “New international Programs in Public Health”, American Journal of Public Health, Vol. 40, No. 12, 1950, p. 1479.

③ Melville Mackenzie, *international Collaboration in Health international affairs*. Vol. 26. No. 4. 1950. p. 519.

通过了《对外援助法案》及其修正案。其中第104条主要是关于卫生援助的内容，该法案从法律上确立了卫生援助在美国外交中的重要地位。

20世纪60年代，时任美国总统肯尼迪倡导“发展十年”（Decade of Development）计划，成立了“和平队”，将美国现有的各种对外援助功能合并为“美国国际发展署”（USAID）。美国通过该署支持其对外卫生援助，负责提供管理卫生服务方面的技术和经济援助。1973年，美国国会重新将美国国际发展署的工作重点定位为解决最贫困国家的“人的基本需求”问题，其中包括食物和营养、卫生和教育、人力资源发展以及其他具体的问题，重点是技术援助和能力建设。1978年，美国卡特政府正式提出了“医疗外交”的概念。为此，美国创立了国际发展合作署（The International Development Cooperation Agency），以协调对外援助立法中所涵盖的所有项目，其中也包括对外卫生援助项目。但是，共和党里根政府上台后掀起新一轮的冷战，“医疗外交”在国际关系中并没有发挥什么有效的作用，更没有引起学界的关注。当然，美国冷战期间的卫生外交主要是服务于其冷战利益。正如杰维德·希迪奇所言，“在冷战期间，美国之所以对世界卫生组织发起的根除疟疾项目进行了大力资助，其中的一个原因就涉及到其冷战利益”。美国之所以推迟两年批准世界卫生组织宪章，原因就在于其担心苏联掌握该组织的支配权。在20世纪60—80年代之间，美国的对外援助“反映了反对共产主义的冷战紧张关系”，而且主要集中在“遏制苏联在拉丁美洲、东南亚和非洲的影响”。[①] 冷战期间，美国提供的卫生援助也沿袭了整体发展援助的趋势。

当然，美国在这一期间有时也能跳出冷战思维，通过世界卫生组织就中立性的卫生问题开展合作。例如，正是在美国和苏联的共同支持下，根除天花这一颇具难度的国际卫生合作项目才得以顺利完成。当时，美国疾控中心拥有在发展中国家根除天花的技术能力和条件，

---

① Congressional Research Service, Foreign Aid: An introduction to U. S Programs and Policy, CRS Report for Congress R40213, Washington, DC: LS GPO; 2009, p. 2.

但是缺乏相关资源，而苏联拥有充足的天花疫苗。在美国和苏联的共同努力下，世界卫生组织于1980年在世界范围内成功根除了天花。

冷战结束后，美国扩展了卫生外交战略的范围，更加注重从全球维度来统筹其对外卫生政策，并逐渐将国家安全考量纳入到卫生外交战略之中。“对于美国的决策者和公众而言，美国的全球卫生项目是一个安全问题而非发展问题。”① 这一时期美国卫生外交的特点是卫生外交维度的全球化、理念的安全化以及机制安排的一体化。

在克林顿政府时期，美国将卫生问题上升为国家安全和国际安全问题。1995年，美国国务院发布的一份战略报告认为，艾滋病疫情不仅要从人的健康和国际发展的角度来审视，而且还要从其对国际安全和美国安全的威胁方面加以考量。② 同年，基于“传染病对对外政策构成挑战，对国家安全构成威胁”的观点，美国国家科技理事会工作组发布了一份全球卫生战略报告。1996年6月12日，克林顿总统发布了“总统决议指令”，包括如下政策目标：“以地区轴心为基础、以现代通讯方式为联系，建立一个全球传染病监测和应对系统。”在同一天，副总统戈尔宣称：“新发传染病成为国际社会面临的最严重的健康和安全挑战之一。”1999年7月19日，克林顿政府宣布了“抗击疫情的领袖和投资倡议”（The Leadership and Investment in Fighting an Epidemic Initiative）。根据该倡议，美国将首先增加1亿美元援助，以防止艾滋病在南部非洲地区和印度的传播。

2000年，美国国家情报部门首次发布了题为《全球传染病威胁及其对美国的含义》的报告。报告认为：“全球传染病将会危及海内外美国公民的安全，威胁到美国部署在海外的武装部队，在那些美国拥有重大利益的国家和地区恶化了社会和政治稳定。”③ 2000年8月，

① Kaiser Family Foundation, Mapping the United States Government Engagement in Global Public Health, August 2009, p. 13.

② US Department of State, US international Strategy on HIV/AIDS, Washington DC, 1995.

③ National intelligence Council, The Global infectious Threat and its implications for the United States, NIC, January 2000, p. 5.

美国国会颁布了《2000 年全球艾滋病和结核病援助法案》（The Global AIDS and Tuberculosis Relief Act of 2000），授权美国政府在 2001 年和 2002 年每年划拨 3 亿美元，用于在美国国际发展署的框架下协调世界范围内抗击艾滋病的努力。在美国的大力推动下，联合国安理会于 2000 年 7 月发布了第 1038 号决议。该决议认为，“如果得不到遏制，艾滋病可能会对稳定和安全构成威胁。”2000 年 4 月，克林顿政府宣称全球艾滋病疫情是美国的一种国家安全威胁，并要求美国国家安全委员会重新审视美国在抗击全球艾滋病方面做出的努力，呼吁将 2001 年的相关财政预算在 2000 年的基础上翻一番，增加到 2.54 亿美元。克林顿政府成功地启动了卫生问题的“安全化”。

在 2001 年初，小布什政府还不太重视像卫生议题这样的“软安全”问题，然而“9·11”事件后爆发的炭疽恐怖袭击和 2003 年的“非典”疫情极大地影响了小布什政府的卫生外交议程，并“将传染病威胁提升到了一个值得国防和情报部门关注的安全诉求最高优先事项的级别”。小布什政府宣布，美国对外援助主要围绕三个“战略支柱”展开：经济发展、农业和贸易；全球卫生；民主、冲突预防和人道主义援助。这充分说明从全球维度来考虑卫生议题已经成为美国对外援助中的一个重要战略支柱。2001 年 5 月，美国政府首先向新成立的“全球抗艾、结核和疟疾基金”捐助 2 亿美元。2002 年 6 月，美国参议院全票通过了《2002 美国领导抗击艾滋病、结核和疟疾法案》（The United States Leadership against HIV /AIDS, Tubercular and Malaria Act of 2002），该法案授权向“全球抗艾、结核和疟疾基金”捐资 22 亿美元。美国成为该基金最大的捐助国。同年，美国国际发展署发表的《国家利益中的对外援助》报告认为，对外援助将会成为一种至关重要的外交政策工具，并将促进公共卫生发展作为对外援助的六个重点之一。[1]

---

① 其他五个重点分别是：促进民主治理、推动积极发展、降低冲突、提供人道主义援助、为私人对外援助负责。详见 US. Agency for international Development, Foreign Aid in the National interest Washington D. C. 2002, p. IV。

2002年，小布什政府发布的《国家安全战略》认为，美国“会继续领导世界，在降低艾滋病和其他传染病所带来的苦难方面做出努力”。该报告列出了七项主要战略，其中第六项战略就是“确保公共卫生安全”。布什政府为此制定了一个全面的“所有风险”政策框架，其中涵盖了潜在的流行病和生物恐怖活动。该政策框架包括对那些被认为是传染病疫情高风险的中、低收入国家提供援助，以建设疾病监测和应对能力。2004年，美国国会还专门为流感应对计划划拨资金，其中资金的一部分是通过与伙伴国家开展的双边援助来强化国际疾病监测和应对能力。

2003年1月，在发表的国情咨文演讲中，小布什呼吁国会“在那些深受艾滋病疫情困扰的非洲和加勒比海国家逆转艾滋病的发展”，并且宣布了“总统防治艾滋病紧急援助计划”（PEPFAR）。根据该计划，美国将划拨高达150亿美元的资金，用以抗击艾滋病和向艾滋病感染者提供抗逆转录病毒药品。[①] 美国国家情报委员会2008年发布的题为《全球卫生的战略涵义》的报告认为，“慢性非传染疾病、被忽视的热带病、营养不良、饮用水的匾乏以及基本医疗保健的缺位将会对关键国家和地区的经济、政府和军队产生影响，因此也将影响到美国国家利益”。2007年，美国在《2007—2012财政年度战略规划》中列出了其对外援助的七个战略目标，其中第四个战略目标“投资人民”的首要优先事项就是促进全球健康。

奥巴马上台以来，也将卫生问题作为其外交政策的一个重要方面。2009年5月5日，奥巴马宣布了“全球卫生倡议”（Global Health Initiative）。根据该倡议，美国政府计划在2009—2015年7年内划拨高达630亿美元的资金，力图制定一个一体化的全球卫生战略，并使其成为美国提供对外卫生援助的主体框架。2010年9月，美国国务院和美国国际发展署首次发布了《四年外交与发展报告》

① 该计划主要包括以下几个目标：1. 为200万艾滋病感染患者提供抗逆转录病毒的药品；2. 为1000万艾滋病患者提供医疗保健，包括儿童和孤儿；3. 预防700万新感染病例的产生。http：//www. pepfar. gov/about.

(Quadrennial Diplomacy and Development Report)，该报告认为，全球卫生是最能促进美国核心利益的六个发展领域之一。该报告还将传染病列为美国需要在新世纪应对的新全球威胁之一。“我们投资全球卫生用来保护美国的安全利益，将其作为公共外交的工具。”① 奥巴马政府在同年发布的《国家安全战略》还提出了一体化的全球卫生战略。其中认为，“美国追求一种一体化的全球卫生战略；在促进全球卫生方面，美国拥有一种道义和战略利益”。上述文件充分表明，美国政府已经从国家安全战略上重视全球卫生问题，并将全球卫生当作其发挥世界领袖作用的舞台。美国已将“全球卫生倡议”作为其以“巧实力”为驱动的外交政策的核心组成部分。②

公共卫生是美国对外政策的独特领域。美国在全球卫生事务的领导权可以为追求美国及全球利益提供明确积极的框架。从历史的角度分析，美国“第四点计划”之前的卫生外交主要是为了防止海外的传染病蔓延到本土，乃至干扰其国际贸易利益；冷战期间的卫生外交则主要是服务于与苏联在广大第三世界争夺势力范围的需要。因此对第三世界国家进行了包括医疗援助在内的大量资助。秉承“肮脏污秽、疾病和人类苦痛会滋生共产主义”的理念，美国海外卫生援助项目成为其冷战时期围堵共产主义滋生的努力的一部分；而冷战之后的卫生外交则主要从属于美国的整体国家安全战略和大战略。可见，美国所开展的卫生外交不但是对美国国家安全（卫生安全）的一种再保险，而且也是美国追求其地缘政治和经济利益的重要手段。

美国耶鲁大学国际安全研究中心的莱斯利·卡瑞（Leslie Curry）、约翰·加迪斯（John Gaddis）和保罗·肯尼迪（Paul Kennedy）等人认为，鉴于冷战后卫生问题日益成为国际关系、经济发展以及外

① US Department of State “USA1D”, Quadrennial Diplomacy and Development Rcview, 2010. p. 82.

② Maria Otero, Smart Power: Applications and Lessons for Department, April 8, 2010, http://Geneva. usmission. gov - 04/15/smart - power - applications - and - lessons - for - development/Accessed on 20 August 2011.

交事务的一个中心方面，美国逐渐开始从大战略的视角来审视其全球卫生政策就显得至关重要。通过实施综合性的全球卫生政策以更好地服务于美国的大战略，其中包括维持美国在全球事务中的领导地位和解决战略性问题。美国近年来推行的卫生外交政策实际上也是从属于美国的大战略。前者对后者的从属主要体现在以下两个方面：保持美国在全球卫生事务中的领导地位和解决战略性安全问题；通过将卫生议题纳入到国家安全框架之中，作为公共外交的重要工具和手段，卫生外交成为美国在新世纪塑造国际形象，巩固和扩大国际影响力，确保其世界领导地位的一个重要支点。

第三节　中国卫生公共外交

新中国在卫生外交领域的活动具有很长的历史。自 20 世纪 60 年代开始，中国即向非洲国家派出医疗队，为接受国的卫生状况改善做出了巨大的贡献。这些工作在国际上为中国赢得了尊敬和荣誉，常被援引为卫生外交的典型例子。随着中国经济实力的增强，国际地位的上升，中国卫生外交工作的内容更加丰富，包括派遣医疗队，建设医院，设立疟疾防治中心，培训卫生技术和管理人员，提供药品和医疗物资，支持国际组织如世界卫生组织、联合国艾滋病规划署等联合国机构，以及“全球抗击艾滋病、结核病和疟疾基金”等全球卫生新倡议等方方面面。2006 年中国首次提名陈冯富珍竞选并成功当选世界卫生组织总干事，更是被视为中国卫生外交的重大胜利。在地区层面，中国通过亚太经合组织、中国—东盟合作机制及中非合作机制，在禽流感与艾滋病防控方面开展了卓有成效的国际合作。不但为全球卫生状况的改善做出了巨大的贡献，增强了中国在全球卫生领域的国际话语，扩大了中国在世界的影响，同时也改善和提升了中国的国际形象。

从新中国成立至今，中国参与卫生外交的历程大致可以分为四个阶段：

第一阶段：1949—1962 年。

在这一阶段，受制于当时特定的时代特点和中国“一边倒”的对外关系状况，中国卫生外交的对象主要是社会主义兄弟国家。卫生外交是中国加深与其他社会主义兄弟国家亲密关系的重要手段之一。

以中国与越南的关系为例。在 20 世纪五六十年代，中越双边关系处于“同志加兄弟”的亲密状态，每当越南党和国家重要领导人病重时，通常都要请中国著名医疗专家赴越救治或将病人送到中国进行诊断和治疗，由此也衍生出一段段中越友谊的历史佳话。中越之间的这种做法一直持续到 60 年代末胡志明主席病重。1969 年 8 月底，当越南共产党主席胡志明重病生命垂危时，在周恩来总理的亲自过问和周密安排下，中共中央先后派出四批医疗救护人员赴河内进行救治。虽然未能挽救胡志明主席的生命，但来自中国方面的一片真情厚意，却深深地感染了越南党政领导人。

第二阶段：1963—1971 年。

这是中国对第三世界国家进行单边卫生外交的阶段。在这一阶段，中国的卫生外交主要表现为单方面向亚、非、拉第三世界国家派遣援外医疗队。

1962 年 7 月，北部非洲的阿尔及利亚人民摆脱了外国殖民主义者长达 130 多年的统治，赢得了民族独立，但很快就陷入了缺医少药的困难境地。阿尔及利亚政府被迫向国际社会求救。中国政府从两个渠道得到了阿尔及利亚政府的求救信息，一个渠道是国际红十字会，另一个渠道是阿尔及利亚政府的卫生部长直接请求中国政府提供医疗援助。1963 年 1 月，刚刚从三年自然灾害阴影下走出来的中国政府，第一个响应阿尔及利亚政府的邀请，于当年 3 月派出卫生考察团并迅速组建了以湖北省为主，另由北京、上海、天津、江苏、辽宁、吉林、湖南等地的 24 名医疗专家组成的第一支中国医疗队。其中，第一批 13 人于接到命令的第三天，即 1963 年 4 月 6 日乘火车由北京出发离开祖国，经过十几天的奔波到达阿尔及利亚，从此掀开了中国同第三世界国家以医疗队为主要形式的卫生合作与援助的篇章。20 世纪60年代至70年代初，中国先后向桑给巴尔、老挝、索马里、也门、刚果（布）、马里、坦噶尼喀、毛里塔尼亚、越南、几内亚、苏丹、赤道几内亚等国派遣了援外医疗队。

第三阶段：1972—2002年。

这一阶段，中国的卫生外交主要呈现了两条主线：一是中国对第三世界国家进行单边卫生外交，主要表现为医疗援助；二是开始与专业性的国际组织——世界卫生组织（WHO）进行合作，逐渐适应一个重要大国在国际卫生领域应该扮演的角色。这一时期中国的对外关系状况已经发生了重要变化。1971年10月，中国恢复了在联合国的合法席位。

20世纪70年代是中国援外医疗队数量大增的时期。中国除继续向第三世界国家派遣援外医疗队外，在卫生外交方面的另一进展是开始与专业性的国际组织——世界卫生组织进行合作。这是中国融入国际体系的重要一步。中国虽是世界卫生组织的创始国之一，但很长时间内却被隔离于该组织之外。直至1972年5月10日，第25届世界卫生大会才通过决议，恢复中国在世界卫生组织的合法席位。此后，中国出席该组织历届大会和地区委员会会议，多次被选为执委会委员。1978年10月，中国卫生部长和世界卫生组织总干事在北京签署了《卫生技术合作谅解备忘录》。1981年，该组织在北京设立驻华代表处。1991年中国卫生部部长陈敏章被世界卫生组织授予最高荣誉奖——“人人享有卫生保健”金质奖章，成为世界上第一位荣获此奖的卫生部长。20世纪70年代到本世纪初，中国与世界卫生组织的合作关系得到了顺利发展。

第四阶段：2003年至今。

随着国力的提升，中国开始积极在国际社会塑造一个负责任大国的形象，体现在国际卫生领域，中国开始把参与公共卫生领域的国际合作和承担相应的国际人道主义义务看作是履行中国大国职责的重要舞台，积极参与了防治全球性流行病的国际合作和国际人道主义救援。这一阶段的中国卫生外交包含了与世界卫生组织合作为主的多边国际合作、区域性合作、双边合作、单边合作等多个层次，在国际卫生领域发挥着越来越大的作用。

在中国参与国际卫生合作的过程中，2003 年的“非典”（SARS）事件是一个重要的分水岭。在 2003 年应对“非典”疫情时中国有过惨痛的教训。“非典”疫情早期的防控不力使中国的国际形象受到了相当程度的损害。境外媒体（包括网站）出现了不少批评、指责甚至攻击中国的言论。世界卫生组织在 2006 年 5 月 18 日出版的一本题为《SARS：一种全球流行病是如何被阻止的》书里，也直接批评了中国在“非典”出现的早期阶段封锁消息和否认“非典”爆发的过失。在“非典”疫情爆发后的一段时间内，由于国际社会严重怀疑中国的实际疫情，以及中国政府处理公共卫生危机的措施，因此对“非典”威胁下的中国态度冷漠，中国与国际社会之间建立起来的一些互信关系也因此而面临巨大考验。这使中国深刻地认识到了以积极的态度参与国际卫生合作的重要性。不久，中国政府做出了积极的回应，公开承认最初对疫情处理的一些失误，宣布与世界卫生组织积极配合，共同阻止疫情的进一步扩大，并在 4 月 20 日将失职的卫生部长张文康、北京市委副书记孟学农免职。

“非典”事件使得中国的国际卫生合作进入到了一个全新的发展阶段。它促使中国参与国际卫生合作的态度更加积极、主动，合作对象也呈现出了多层次、全方位的特点，合作的力度不断扩大，合作的内容和领域也更加广泛。在多边合作方面，中国开始以更加积极的姿态参与到了与世界卫生组织为代表的国际组织的合作之中。2003 年 3 月 28 日，中国正式加入了世界卫生组织成立的全球虚拟实验室研究网络，通过电话和互联网分享公共信息。2003 年 5 月 20 日，中国国务院副总理吴仪率领中国代表团高规格地出席世界卫生组织大会，再次向国际社会承诺，中国将为世界卫生组织抗击“非典”的全球基金承担主要的贡献。世界卫生组织也努力筹集 1 亿美元资金，用于加强中国内地的公共卫生系统，控制“非典”的进一步传播。2006 年 11 月，陈冯富珍女士当选世界卫生组织总干事后，中国与世界卫生组织的合作进一步加强。2007 年 5 月，在日内瓦第 60 届世界卫生大会上，中国代表团团长、卫生部长高强在发言中宣布，中国政府决定向世界卫生组织捐款800万美元，主要用于帮助非洲等地区的发展中国家建立、健全疾病监测网络，提高疾病防治能力和应对突发公共卫生事件的能力。2008年4月7日，中国卫生部副部长马晓伟指出，截至2007年，世界卫生组织共为中国提供了价值约1.9亿美元的援助，帮助中国派遣了2000多名高级医学人才赴国外进修，并向中国派遣了数千名各类技术专家。同时，中国率先实现了消灭天花和脊髓灰质炎的目标，并在传染病防治、传统医学、初级卫生保健等领域取得了显著成绩，对世界卫生组织的工作也给予大力支持，提供了有益的经验。此外，中国还先后与世界卫生组织共同制定了《世界卫生组织在中国的国家合作战略：2004—2008战略优先事项》《2008—2013年世界卫生组织：中国国家合作战略》和《国家环境与健康行动计划（2007—2015）》等，规划了双方中长期的合作方向。除了与世界卫生组织的合作，中国在多边合作领域的努力还表现在：2003年首次在联大发起了“加强全球公共卫生能力建设”的倡议，此后连续三年推动联大通过同名提案。2009年5月18日，中国卫生部长陈竺在第62届世界卫生大会上明确表示，中国愿与各国、各国际组织加强合作，共同应对人类公共卫生安全面临的挑战。2009年10月23日，中国国家主席胡锦涛在第64届联大上发表了《同舟共济共创未来》的重要讲话，强调“用更开放的态度开展合作，推动互利共赢”，呼吁国际社会合作应对包括公共卫生安全在内的全球性挑战。

在区域性合作方面，中国积极通过“东盟+1”“东盟+3”以及中、日、韩三方机制等框架参加东亚地区的公共卫生合作。“非典”疫情爆发后，2003年4月29日，中国与东盟国家领导人齐集泰国曼谷，召开了非典型肺炎问题特别会议。中国总理温家宝在国内“非典”疫情高度危急的时刻出席了中国—东盟国家首脑防治“非典”的特别高峰会议，并提出由中国出资1000万元人民币，设立东亚防治“SARS”的地区基金，敦促设立“东盟+1”卫生合作机制，启动卫生部长会议。会间，中国与东盟发表了《中国与东盟防治非典联合声明》。2003年10月，中国和东盟启动了“东盟+1”卫生部长会议机制。2004 年 3 月在北京举行的中国和东盟防治禽流感特别会议上，又建立了中国与东盟公共卫生基金，发表了《中国—东盟防治禽流感会议联合声明》。2007 年，中日韩三国签署了关于共同应对禽流感大流行的合作备忘录，并确立了三国卫生部长年会合作机制。同年，中国卫生部提交了加强中日韩—东盟传染病疫情信息沟通的项目书，得到各国的积极响应，并获得东盟秘书处批准。2007 年 11 月，中国卫生部和东盟秘书处联合在北京召开了传染病疫情信息沟通机制研讨会，起草了“中日韩—东盟传染病疫情信息交流与沟通方案”，并获得东盟各国卫生部和中日韩—东盟高官会议通过。按照项目方案，中日韩—东盟各国需要按照世界卫生组织《国际卫生条例》的要求通过网站交换信息。此外，还需要每月报告一次登革热疫情信息、每季度报告一次疟疾疫情信息，每年报告一次艾滋病、结核病和狂犬病疫情信息。如发生有国际影响的突发公共卫生事件，则需要在 48 小时内通报。2008 年 6 月 17 日，中日韩—东盟传染病信息通报网站（www. aseanplus3 - eid. info）在印度尼西亚雅加达正式开通。2009 年 5 月 7 日，以甲型流感（H1N1）疫情防控为主题的东盟与中日韩卫生部长特别会议在泰国首都曼谷召开，来自东盟十国、中日韩三国的卫生部长或代表，以及世界卫生组织、联合国粮农组织等国际组织官员约 100 人出席了会议。与会的中国卫生部部长陈竺表示，中国政府高度重视与东盟和中日韩（10 + 3）框架内的国家合作应对疫情，希望与东盟国家加强信息沟通与合作。为应对“甲流”的传播，中国还为东盟国家举办了“甲流”诊断技术培训班，并向东盟国家提供了“甲流”诊断参考试剂。

SARS 事件后中国在双边卫生合作方面也上了一个新台阶。以中美双边卫生合作为例，2003 年 5 月，中国国务院副总理兼卫生部长、全国防治 SARS 总指挥吴仪与美国卫生部长通了电话，就中美展开 SARS 防治的交流与合作交换了意见。此后，中国疾病预防控制中心和美国疾病预防与控制中心就防治“非典”开展了合作研究。2003 年 10 月 19 日，美国卫生与人类服务部部长汤普森访华，两国卫生部门商定在“非典”防治和公共卫生等领域开展合作。2004 年 10 月，中国卫生部长访美，与美国卫生部门商定建立两国双年度卫生部长级会晤机制。同年 11 月，胡锦涛主席与美国总统布什在亚太经合组织领导人非正式会晤期间也就两国在公共卫生及其他诸多领域的合作交换了意见。2005 年在美国华盛顿召开了“中美全球事务论坛”首次会议，本次会议主要就可持续公共卫生、发展和能源、人道主义援助和发展以及执法合作等四个领域进行了讨论。2005 年 10 月 30 日，中国卫生部部长高强和美国卫生与人类服务部部长莱维特在华盛顿签署了《中美新发和再发传染病合作项目合作谅解备忘录》。2008 年，中国与美国续签了《中美关于医学及公共卫生科学技术领域合作议定书》。2010 年 6 月，中美卫生政策论坛在北京举行。此外，“非典”事件后中国与意大利、法国、加拿大等国也都签署了双边合作协议，且进展顺利。

在参与国际人道主义救援方面，2004 年底，印度洋发生了地震和海啸，中国国际救援队在第一时间奔赴灾区，进行紧急医疗救护、搜救遇难伤亡人员等工作。此外，中国卫生部还派遣了上海、广州、北京三支中国卫生救援队前往灾区救援。其中，北京市卫生局组建的中国卫生救援队，在海啸受灾国斯里兰卡开展了长达半个月的医疗救援工作，每天连续工作 14 个小时，18 天里救治外伤、皮肤病、呼吸系统、消化道、心血管等疾病 2000 多人次，并开展了大量的卫生防病工作。中国卫生救援队的出色表现受到受灾国政府和人民的充分肯定。2010 年初，海地发生了强烈地震，受灾严重。虽然与海地尚无正式外交关系，但中国在第一时间就派出了国际救援队并提供了相当数量的救灾援助。中国国际救援队的医疗队平均每天为几百名灾民提供医疗救助。此外，中国政府还派出了一支由 40 名医疗人员组成的医疗防疫救护队，并向海地提供了一批药品和医疗设备。近年来中国积极参与国际人道主义的医疗救援也得到了国际社会包括联合国秘书长潘基文在内的高度评价和赞扬。

在卫生合作方面，中国已持续 45 年向非洲派出 1.6 万人次的医疗队员，足迹踏遍 45 个非洲国家和地区，使 2.6 亿非洲人民得到无偿医疗援助。中国政府明确表示将继续加强同第三世界国家在医疗卫生领域的团结与合作，增进相互理解和信任，加强相互帮助和支持，开拓新的合作领域和渠道，努力落实中非合作论坛后续行动，共同为人类健康和社会发展做出新的贡献。2008 年 9 月，中国政府宣布了为促进实现千年发展目标拟采取的六项对外援助举措，涉及农业、粮援、教育培训、卫生、清洁能源、免债、零关税待遇等领域，引起了国际社会热烈反响。其中在卫生领域，中国于 2009—2013 年间每年为非洲国家培训 1000 名医生、护士和管理人员。中国在中非合作论坛北京峰会上宣布的援非 30 所医院项目已经于 2011 年前后全部竣工。中国根据受援国需求，为各医院配备了适当数量的医疗设备、器械等物资。

中国开展的卫生外交在政治和道义上赢得了受援国家的广泛尊重与赞许，成为中国赢取外交支持，塑造国际形象，提升国家软实力的一个重要因素。首先，中国积极支援第三世界的外交政策使得中国与广大第三世界国家建立起了牢固的友好关系，为中国在重大问题上赢得国际支持奠定了基础。在 1971 年召开的第 26 届联大上，阿尔及利亚和阿尔巴尼亚等 23 国提出了要求恢复中华人民共和国一切合法权利的提案（“双阿提案”）。23 个提案国均为第三世界国家，其中有 11 个是中国派有医疗队的国家。[①] 对提案投赞成票的 76 个国家绝大多数是第三世界国家。

同时，公共卫生问题属于政治敏感度较低的“低级政治”。也正是这种特点，使得卫生外交能够在一些关键的“时间窗口”发挥其特有的作用。20 世纪 90 年代的中越关系中就发生过这样一个经典案例。越南作为中国的邻国与中国的关系可谓源远流长。1996 年 11 月上旬，越南国家主席黎德英高血压急性发作，处于深度昏迷状态，四肢部分瘫痪，无法正常进食。越南方面向中国紧急求援，请求中共中央派脑病专家前往越南参与治疗。在这种情况下，中国政府应越南政府的请求，于 1996 年 12 月派出了高水平、高级别和高规格的专家医

① 李安山：“中国援外医疗队的历史、规模及其影响”，《外交评论》，2009 年第 1 期，第 38 页。

疗组，赴越南为身患重病的黎德英进行诊治。经过中国医疗专家组和越南医务人员的精心诊治和护理，黎德英主席终于恢复健康。这是中越关系史上又一次成功的“卫生外交”，被视为中越关系在新的时代条件下得到全面恢复和进一步发展的重要标志。

其次，中国的援外医疗队在进行医疗服务的过程中虽采用中西医并用的手段，但他们最大的优势是中医和针灸疗法。中国针灸由于疗效好在受援各国口碑极好，不少国家都掀起了针灸热，这对传播中国传统文化和价值观，扩大中国的影响起到了很好的作用。

其三，最重要的是，中国的医疗援助始终坚持平等互利的原则，援助不被视为单方面的赐予，援助时绝不附带任何条件。中国政府认为，援助是相互的，绝不要求任何特权；提供技术援助时要保证受援国人员充分掌握这种技术；中国援助专家与受援国专家享受同等待遇，不许有任何特殊要求。随着中国综合国力的不断增长和中国企业“走出去”战略的实施，中国在非洲的影响力不断增强。近年来，尽管西方国家大肆渲染“中国威胁论”，将中国在非洲的投资行为妖魔化为“新殖民主义”和赤裸裸的“功利主义”，也质疑中国对非洲无条件援助的政策，但是中国对非洲的医疗援助以实际行动向非洲与世界人民证明了中国的诚意与努力。中国援非医疗队所处环境艰苦、条件简陋，但队员们不求回报，不畏艰险，在异域他乡为非洲人民治愈病疾，有的甚至长眠在非洲大地上，中国援非医疗队员表现出的白求恩精神令人动容。以非洲受援国本身的需求为出发点，中国对非医疗援助为非洲带来了实实在在的福利，也输出了不可估量的人文效应。这可以从两方面理解：第一，中国关注非洲地区的民生问题，在向非洲提供医疗公共产品的过程中，改善了非洲人民基本医疗卫生；第二，向非洲国家推广了中国传统医学的价值、传播了中国的和合理念、平等思想以及人道主义精神。显然，中国的医疗援助外交重“义”而不重“利”。中国外交从不按照既定的西方国际关系理论行事，但中国对非洲医疗援助中义薄云天的行为，与自由主义中人道主义援助的理念不谋而合。我们不否认中国在非洲的具体国家利益考量，但从根本上来说，中国对非医疗援助是“义”大于“利”的。

这比较符合公共外交的本质。

但是，从横向比较来看，全球卫生外交在中国还没有得到应有的重视，与其他形式的外交相比仍然处于相对落后阶段。不管是从全球卫生外交的发展趋势，还是从外交转型的前景来看，中国全球卫生外交还有许多方面需要改进。

首先，从战略层面看，中国应确立系统完整的理论指导。美国在对非洲医疗援助过程中，逐渐将卫生问题作为其外交事务中一项重要工作，以至发展到从大战略的视角来审视其全球卫生政策。与美国相比，中国并未将医疗卫生外交上升到国家战略的高度，同时缺乏像美国那样的负责全球医疗卫生工作的专门办公室，来负责所有关于全球卫生的事务，也缺乏更高级别的协调机制。这样容易导致援助工作中资源的重复浪费，人力、物力、财力难以得到最有效的调配。

正是由于缺乏系统完整的理论指导，中国对外卫生援助政策倾向于政治化、功利化，难以保证政策的延续性。中国因对非医疗援助战略不清晰常引起外界猜忌其援助动机，各部门对医疗援助的表述口径不一也难以自圆其说。此外，单从器物层面援助非洲既不能充分发挥其效果，也难以为继，授人以鱼不如授人以渔。非洲医疗体系极其落后，医务人员数量和诊疗水平与患者需求的差距大，加之非洲国家医疗人才严重流失以及中国国内也存在派遣难问题，中国援非医疗队中应逐步增加培训人员的比重，加大对非洲本地医护人员的培训和技术转移力度，“给当地人民留下一支永远不走的医疗队”。在人员培训层面，应在一些非洲受援国开展针灸教学活动，建立针灸中心；介绍和传授中医药的治疗机理，推广中医特色推拿项目，指导当地医护人员学习中医理论，提高医生医务水平。

因此，中国需要将卫生外交维度全球化、理念安全化以及机制安排一体化，借鉴美国的先进经验，融合中国独特的人文理念，以完善中国的医疗外交体系，优化议程目标与力量布局，从战略高度指导今后的医疗外交工作。为此，中国政府迫切需要研究制定全球层面的卫生战略，探索适合全球卫生议程的中国卫生援外模式，并且建立相应的制度，以保证中国卫生外交的顺利开展。

其次，应当加强中国当前的卫生外交制度能力建设。在国家层面制定全球卫生战略对一个国家开展卫生外交具有重要意义。美国在卫生外交方面已经有了一套有效的制度保障。美国发起的任何全球卫生倡议都是以国内法律的形式将其确立下来，无论是小布什的“总统防治艾滋病紧急援助计划”，还是奥巴马的“全球卫生倡议”都是如此。正是通过这种制度保障，美国成为将卫生手段与外交目的结合得最为密切的国家。两者的有机结合使得美国的卫生外交政策具有可持续性。而反观中国当前的卫生外交，基本上仍处于一种就事论事的状态，缺乏相关的制度建设来保证卫生外交政策的可持续性和连贯性。中国目前的对外卫生援助计划任务大部分都是由中央政府分配到各个省份，而省级政府并没有推进卫生外交的动力，这就使得中国的对外卫生援助的效果大打折扣。

其三，中国的卫生外交组织结构有待于加强。当某个议程出现时，必须建立一定的组织结构与其相匹配，否则的话，该议程的实施将成为问题。卫生问题已经成为美国的国家安全和外交议程，为了实施卫生外交，在“美国国际发展署”的协调之下，美国国务院、国防部、人口与卫生服务部、国土安全部等部门协同开展了有效的卫生外交活动。而且各个部门都设置了负责全球卫生事务的办公室，这样就从组织结构上保证了美国卫生外交议程的顺利开展。在卫生议题日益上升为显性的外交议程的背景下，中国的卫生外交组织结构亟待优化。目前，中国的卫生外交分别由外交部、卫生部和商务部来负责实施。作为卫生外交的主要实施单位之一，外交部还没有设置任何关于全球卫生或卫生合作事务的办公室。更值得注意的是，目前还没有一个更高级别的协调机制。因此，为了更好地实施卫生外交，应该在上述三个部门中分别设立负责全球卫生事务的办公室，并且成立一个专门机构来协调上述三个部门开展的卫生外交活动，从而在组织结构上促进卫生外交活动的实施，为中国的国家安全战略和整体外交战略服务。

在全球卫生的新形势下，如何利用卫生外交在国际上展现我们作为一个负责任大国的形象，扩大中国在全球卫生方面的影响力，应该是我们的关注重点。作为正在崛起的大国，中国应加强卫生外交能力建设，从战略的高度来优化卫生外交组织结构，进而让卫生议题成为中国整体外交战略的一个重要发力点。

其四，从机制层面看，中国应创新与完善医疗外交机制。半个世纪以来，中国大多在双边机制内开展医疗外交活动，但在全球化的时代背景下，国际社会愈加关注非传统安全领域，全球性问题的严重性加深了人们对非传统安全威胁的认识和忧虑，全球治理的紧迫性也日益凸显，因此，卫生外交工作的落实还需要在机制上有所创新，由双边援助转向多边合作，由官方主导转向官民并举。

中国一直致力于向非洲提供医疗卫生公共产品，但是面对全球性公共卫生危机，中国仅凭一己之力难以应对。当代全球公共卫生问题的突发性和严峻性，迫切需要能快速反应的国际机制，中国对非医疗援助的双边机制已经难以适应新的形势，公共卫生领域的国际多边合作成为必然趋势。当前形势下，中国卫生外交在实践中不妨将传统的对外医疗援助纳入到全球卫生治理的框架下，这既是对中国医疗卫生外交意图的深化，又可在参与国际医疗援助中构建中国在全球治理体系中的福利贡献者形象。

因此，中国卫生外交有必要在全球卫生治理的框架内，适度开展对外医疗援助的国际合作，汲取美国等发达国家成熟的援外经验，建立多边卫生合作机制以应对全球公共卫生危机，以展现中国的负责任大国形象与人道主义国际精神。从执行层面看，中国应加强法制化建设，优化对项目本身的管理。

在执行层面，中国可借鉴美国的援助模式，首先国家从立法上确立医疗援助与医疗外交的战略意义，其次可以将资金、人员流向透明化，建立援助绩效考核与外界监督的途径。此外，在合作对象的选择上，中国可以增加与非政府组织的协作，利用其丰富的经验与优势资源，将中国的卫生外交置于全球治理的层面上开展，以避免官方部门的资源重复利用，优化卫生外交资源配置，切实提高医疗援助对非洲人民的民生效益。

同时，要优化对项目本身的管理。一是要优化在非洲地区的医疗资源的布局，提供内容更丰富、形式更多样、更加人性化的医疗服务。二是要统筹规划医疗队派遣工作及其他医疗援助项目，完善援非医疗队的派遣机制，优化援非医疗队的成员结构并使医疗队成员更加深入地了解和掌握当地情况，避免交接时重新熟悉情况的混乱现象。

总之，“公共卫生确实是富有成效和充满善意的外交领域。”① 作为全球公共卫生安全领域的利益攸关者，中国应该在完善国内公共卫生体制的同时，通过开展积极的公共卫生外交，向国际社会提供力所能及的全球公共卫生产品，促进全球公共卫生治理，以此向国际社会释放更多的善意，并最终证明，崛起的中国是世界和平发展的促进者而非威胁。

① 引自陈冯富珍2007年9月27日在外交与全球卫生部长级会议上的讲话，http：//www. wdo. int/dg/speeches/2007/20070927 newyork/zh/index. html。

第 六 章

国际组织公共外交

第一节 国际组织公共外交概论

随着信息技术的迅猛发展和全球化浪潮的推进，国际组织在国际事务中日益活跃，已然成为当今世界全球化浪潮的重要表征。随着国家间关系交往的扩大与深化，民族国家的主权日益“碎片化”，国内政治与国际政治的界限逐渐模糊，包括国际组织、跨国公司在内的大量的非主权国家行为体开始在国际政治中扮演越来越重要的角色，从维护区域和平到解决贸易争端，从赈灾救难到艾滋病防治，从全球大气污染控制到人权的国际保护，现代民族国家所能涉及的各个领域事务，基本上都会有相关专业性国际组织关涉其间，国际组织逐步成为左右世界局势和影响人类命运的重要力量，其对民族国家的影响已经日益内化到国家各个专业领域的政策，但相较于传统“高级政治”——政府外交活动所产生影响的高能见度，国际组织对国家层面的潜移默化影响因其相对隐性而不易为世人所知晓。这种影响的低能见度，很大程度上源自于各国政府乃至学术界对国际组织中立、低政治化的软实力形象及其公共外交功能的认同。

作为一种新型外交模式，公共外交所追求的具体目标主要包括：声誉、国家形象与软实力等，而软实力是一个国家形象的重要内容和体现。建构国家形象的渠道既包括大众媒介，也可以是政府国际公关，即“一个国家的政府系统运用各种手段协调其与特定的国际公众关系的活动”。[①] 相对于新闻报道而言，国际公关是一种软渗透，具有较少的说教色彩和生动活泼的形式，能增加与国际公众的双向交流，较易为受众所接受，因而能有效地展示和树立一个国家良好的国际形象。作为一种重要的非国家行为主体，国际组织是特定国家与国际公众沟通联系、影响国际舆论的重要桥梁，因而必定成为国家国际公关的重要对象，其公共外交的角色和地位日益凸显。

从功能上看，国际组织在国际体系中主要扮演三种角色，即工具、平台与行为体。其中工具角色主要是指国际组织被其成员用于追求某些特定的目标。作为平台角色的国际组织则被视为成员之间行为发生的场所。成员国家可以经由此两种角色对国际组织开展公共外交以达到特定目标；行为体角色则强调国际组织在行为方面的自主性和独立性，这主要体现在国际组织通过积极参与跨国政治进程，运用利益策略和道德说服，影响、塑造或者改变国家的偏好、观念认知、身份认同和利益计算，推动国际合作并为国际谈判提供政策建议，[②] 藉此对国家和国际社会实施公共外交以提升自己的国际形象与影响力。行为体角色在某种程度上强化了其工具和平台角色功能，从而引起国际社会的广泛关注。

包括非政府组织在内的国际组织被国际学界理解为公共外交的主体之一，主要原因在于：第一，非政府组织在全球治理中的地位提高。冷战结束后，以国家为中心的国际格局转变成不仅由政府，而且由跨国公司、非政府组织和社会运动多层次行为主体共同发挥作用的国际格局，非政府组织被授予联合国咨商地位，有更多机会和能力真正影响全球事务。第二，非政府组织从事解决的问题多是公众关心的全球性问题，非政府组织常常将这些活动建构成具有公平、正义、平等、可持续发展、人道主义等伦理价值和道德性的议题，任何一个主

① 陈耀春、杨东风：“论政府国际公共关系的特点要求”，《中国行政管理》，1994 年第 11 期。

② 王彦志：“非政府组织参与全球环境治理”，《当代法学》，2012 年第 1 期。

权国家如果忽视这些议题，都会形成不讲求道义的负面形象。第三，信息技术的发展使非政府组织拥有有效的传播体系和机制，大多数非政府组织都建立了自己网站，有的还出版电子图书、电子新闻杂志、举办政治论坛等等，通过这些平台，非政府组织能够广泛开展自己的宣传倡议活动，加强与同类型国内国际非政府组织的联系，并与自己现有的成员与潜在的支持者广泛沟通，也使非政府组织劝说、监督、向政府施加压力接受自己的观点有了更多的渠道。由于独立于政府，非政府组织的传播体系在外国公众中享有更多的信誉。

从性质上来看，国际组织不同于主权国家，它既非政府部门，也非跨国集团，而属于非营利性的非国家行为体，走的也是国际政治中的“第三条道路”，以中立、温和形象示人，以灵活多变方式向国际社会提供公共产品、追求实现公共利益为主要目标。在对外关系上，国际组织特有的柔性形态构成其参与国际事务的巨大优势，使其能在公共外交方面发挥极其重要的作用。

目前，世界上绝大多数国际组织，特别是非政府国际组织均不拥有强力机构和强制手段，但是从其宗旨到活动形式所体现的“柔性”特征却使国际组织在国际上拥有广泛号召力和巨大影响力。①

首先，从其宗旨来看，无论是政府间国际组织还是非政府间国际组织，它们多以强调国际合作增进世界稳定、促进人权发展和环境保护等为活动宗旨，强调国际社会的共同利益与相互协调，在国际社会中拥有显著的道德优先性。公共外交实践中，包括联合国在内的国际组织大都比较注重塑造自身的中立形象，往往将关注焦点放在政治性并不那么突出的领域，从而不易引起合作者反感。非政府组织的主要活动领域是国际公益事业，大多数活动与慈善事业、社会救助、气候变化、生态环境、人口素质提高、妇女儿童教育、生存与发展等问题有关，主要服务对象是被主流社会所忽视或排斥的边缘性社会群体，不以经济利益和政治利益为目的。有些非政府组织有深刻的宗教或族

① 樊勇明：“全球化与国际关系行为主体的多元化”，《世界经济研究》，2003 年第 3 期。

群根基，有些非政府组织虽然历史较短，但为国家的社会政治发展做出了贡献，如提供减贫救灾和社会服务、参与国家民主进程、调解冲突与稳定社会等，容易产生吸引力和号召力。

其次，从非政府组织的结构来看，非政府组织是具有一定目标和愿望的志愿者群体，有组织者和领导者，这些人通常在品行、能力、经验、知识等方面具有一定优势，是社会上德高望重或有影响力的人，如前政治家、著名知识分子或其他专家学者。他们有能力通过各种方式激发公众参与政治活动的意愿并影响其选择，是促成各种政治性活动的初始力量和推动器。非政府组织拥有一定规模和数量的基层成员。他们来自社会的各个阶层和领域，如热心社会事务的市民、工人、学生、教师、商人以及非政府组织的服务对象，但他们具有共同的目标和愿望，容易凝聚在一起成为一些倡议性活动，如呼吁、请愿、抗议、示威游行，甚至非暴力抵抗运动的群众基础，而公众参与政治活动的意愿和规模，是影响政府政策变化的关键力量。

其三，从其组织形态看，国际组织特别重视外在规范和合法程序操作。大多数国际组织是由各国政府经过谈判协商或民众自发组织起来的，其活动所需经费也是来自成员国或组织成员的自愿捐献。国际组织或通过国际会议制定国际公约与宣言倡导推广先进理念，或进行广泛的对外文化传播与交流，或实施国际维和、大规模的对外援助计划等，从而对各国政府和公众施加潜移默化的影响，同时也达到了改善自身国际形象，增强自身软实力的战略目的。

最后，国际组织是独立于各国政府的力量。它们与世界各国政府不存在直接的行政关系，在公共关系的交往方面可以不受政府的控制，虽然在日常活动中不可避免地要与政府发生某种联系，但这种联系是建立在活动和信念不受约束的基础之上的，开展哪些活动和项目，交往何种对象，接受哪种方式的捐赠，寻找什么样的合作伙伴，都是其自行决定的。这些特点都极易使目标国非政府组织从“公共外交的对象”转换为“公共外交的工具”，所以西方国家常常会以它们为公共外交的对象。

中国人民大学国际关系学院教授李庆四认为，国际组织特别是非政府组织在国际社会具有特殊的象征意义：其一，它是小政府大社会的传统文化理念的体现，象征着“社会实现自治、减少政府施政成本、人民当家作主的实践机会”；其二，它象征着“市民社会与政治国家的分立，廓清了权利与权力的界限”，体现了国家权力的相互制衡；其三，它常常扮演着沟通政府与社会的桥梁，承担着“社会良心”的责任，“有责任心的市民社会是政府提高执政能力的伙伴”。就此而言，非政府组织是主权国家公共外交中“政治正确性的必要成分”，非政府组织从公民社会赢得合法性、责任和资源，其声音和行动最容易得到国际公众认可。

作为公共外交工具的国际组织的历史可以追溯到冷战岁月。为推动欧洲的资本主义意识形态宣传，当时美国建立了“国家自由欧洲委员会”，以推动自由主义思想观念在共产主义世界扩散，非政府组织成为美国及其盟国在欧洲争取价值观认同的有效武器。此后，西方国家利用“和平演变”战略影响社会主义国家，以非政府组织为主的公共外交成为西方国家对外政策和国家安全战略的重要组成部分，为这种战略的顺利实施立下汗马功劳。

国际组织作为公共外交对象的历史几乎与其作为公共外交工具的历史一样长。除了重点操纵联合国等政府间国际组织控制与影响世界舆论之外，早在冷战时期，美国及其盟国的外交活动就瞄准了东欧国家的市民社会组织，20 世纪 60—70 年代，苏联出现各种运动和组织，如人权民主运动、反对社会主义的宗教组织、体育俱乐部、志愿性民间社团、环境保护团体以及文学团体等，“国际和平”组织、劳联产联、国家民主基金会、“人权观察”等，西方非政府组织开始在苏联培植亲西方的民间力量，在它们的培育下，苏联形形色色的非政府组织如雨后春笋般地发展起来，在激化苏联社会矛盾和冲突中发挥了重要作用。冷战结束后，中亚、俄罗斯的民间力量依然是西方国家公共外交的重点对象，如 1993 年到 2003 年，美国用于帮助独联体国家进行“民主改革”的 90 亿美元专项援助，其中 3/4 都提供给这些国家的企业、民间组织和独立媒体。事实上，西方国家公共外交的对象远不止东欧、中亚和俄罗斯的非政府组织，还有世界上其他发展中地区，如非洲、拉丁美洲和东南亚的社会力量，特别是近年来，随着这些地区公民社会的发展，种类繁多的非政府组织在国内争取民主、平等、公平和推进国家政治现代化进程中都相当活跃，西方国家更加重视与这些地区非政府组织的沟通，常常以本国非政府组织为中介资助这些民间力量。

今天，国际组织所发挥的公共外交功效使各国民众对国际组织的认同程度越来越高。已有的资料显示，当代欧美国家的民众对非政府组织为代表的国际组织的信任度远超对本国政府的信任。[①] 联合国、WTO、国际货币基金组织（IMF）等政府间国际组织已经成为促进国际稳定和平与经济发展繁荣的象征，而非政府组织则在很大程度上成为世界公众，特别是那些弱势国家和弱势群体利益的代言人，因而受到世界公众的热情拥戴。原因即在于，与传统的政府外交相比，国际组织的柔性外交实践可以实现传统政府外交所不具备的“春风化雨、润物无声”的功效。例如“以联合国教科文组织为代表的国际组织就对世界教育，特别是在发起全民教育、倡导教育公平、构建终身学习社会等方面产生了重大影响”。[②] 而在国际人权保护领域，非政府组织不仅扮演着整个国际人权工程的中坚力量，而且很大程度上成为在人权领域发展有关规则、标准以及促使政府间国际组织人权实施机制得以建立并发挥有效作用的“引擎”。美国著名法学家布雷特（Rachel Brett）教授甚至认为，如果没有非政府组织，整个联合国人权机制就会失效。[③]

随着全球化的深入发展和各国接洽的日益亲密，国际组织对国际事务的参与日益深入，其公共外交功能越来越凸显，许多国家政府亦越来越重视与国际组织的对话和合作，并以国际组织为平台开展广泛

---

① 樊勇明：“全球化与国际关系行为主体的多元化”，《世界经济研究》，2003 年第 3 期。

② 谢喆平：“中国与联合国教科文组织的关系演进：关于国际组织对会员国影响的一项经验研究”，《太平洋学报》，2010 年第 2 期。

③ Rachel Brett, *The Role of NGOs – An Overview*, in Gudmundur Alfredsson, etc, ed, *International Human Rights Monitoring Mechanisms*, Martinus Nijhoff, 2001. 845.

的公共外交。以美国为例，冷战结束以后，随着世界社会主义运动陷入低谷，承担意识形态攻击使命的公共外交在美国对外战略中的地位曾一度降到冰点。但“9·11”恐怖事件的发生让华盛顿不得不重新审视起公共外交的重要性，公共外交被视为赢得全球反恐战争胜利的重要权力要素之一。为了更好地促进公共外交，美国政府除了增加对联合国、北约、IMF等国际组织的资金投入之外，国内包括兰德公司、卡内基国际和平基金会、传统基金会等在内的各种智库和非政府组织也纷纷奔赴重塑美国形象的公共外交战场。

总体而言，尽管在后冷战时代，国际组织在公共外交中的平台和工具作用时而被诟病，时而被赞扬，但没有国家再忽视它，无论是政府间国际组织还是非政府组织都受到越来越多的重视，被不同的国家用来实现不同的外交目标。如日本借助非政府组织改善国家的历史形象；加拿大借助非政府组织缓解国际舆论对其增加可猎杀的海豹配额的强烈谴责；澳大利亚以非政府组织为合作伙伴，促进与太平洋、非洲、中东、拉丁美洲和加勒比地区60多个国家和社区友好关系。此外，英国、法国、荷兰、德国、瑞典等国家也非常重视非政府组织在公共外交中的功能，非政府组织在推动这些国家的对外发展援助、文化交流和教育活动，促进国家间的经济文化社会合作，提升国家外交正当性和增强国家对外传播效果方面都功不可没。

国际组织的公共外交价值历经冷战及冷战后几十年长盛不衰，其原因除了政府高度重视以外，很大程度上还在于国际组织自身对其行为主体、工具和平台的三重身份的高度认知和肯定。大量问卷调查和深度访谈表明，西方国家的很多非政府组织对本国的价值观念和对外政策都有着非常高的认同度，有强烈的愿望在世界范围内传播国家价值观念，为国家外交服务。冷战时期每届美国政府都鼓励非政府组织参与美国的公共外交事务，非政府组织也把自己看作是一支可以用来更有效地在世界各地促进美国式民主的重要力量，参与公共外交的非政府组织包括学校、医院、环保组织、慈善组织、宗教组织、人权组织、社会服务组织、艺术博物馆、研究机构、思想库、基金会、商会，长期或明或暗地承担着美国外交任务，政府为这些非政府组织提供资金支持，这些非政府组织则在对外援助活动中自觉或不自觉地体现和贯彻国家价值观念，扩大国家在国际社会的影响力。

而各国政府之所以选择这种方法，是因为政府相信这要比由政府直接发起的公共外交更有效，它有助于隐藏政府的真实意图和资金来源，加强在目标国推动运动的合法性。

上述分析表明，随着国家间关系交往的扩大与深化，各国公民社会的日益壮大和公共外交的不断发展，包括非政府组织在内的国际组织作为公共外交的工具、对象和主体，正从外交舞台的边缘走向中央，正在成为一股强大的力量，影响主权国家的外交议程，干预主权国家的对外政策，构建主权国家的国际形象，虽然在国际政治中国家仍然是主角，但国际组织对主权国家的约束、限制和影响日益强劲，使主权国家的外交面临着从未有过的挑战和机遇。

第二节　国际组织公共外交案例

一、俄罗斯的国际组织公共外交

第二次世界大战结束之后，作为联合国创始国，苏联成为五个常任理事国之一，作为战后国际秩序的主要制定者之一，苏联与世界上众多的国际组织保持着千丝万缕的关系。苏联解体后，俄罗斯名正言顺地继承了苏联在联合国的成员国和安理会常任理事国的地位，以及在各种国际组织中的成员国资格。近年来，俄罗斯在国际影响力逐步增强的同时，其国际形象却遭遇困境：一是西方世界对俄罗斯的怀疑心理和舆论指责不断升级；二是东欧和原苏联国家接连出现以“去苏联化”“改写历史”为标志的将俄罗斯“妖魔化”的行动。2009年夏天，波兰、捷克共六个国家首脑甚至联名致信新任美国总统奥巴马，请求美国不要接近“独裁、野蛮的俄罗斯”，认定俄罗斯和过去的苏联一样，是欧洲的“最大威胁”。[①] 因此，俄罗斯十分珍视国际组织这笔巨大政治遗产，充分利用并使之服务于实现俄罗斯的长远战略目标。

2004 年普京接任俄罗斯第二任总统后不久，重新修订了俄罗斯对外战略和政策。在历时一年半完成的《俄罗斯战略：总统的议事日程》中，在对俄罗斯所处的外交环境和所拥有的外交资源进行分析研究基础上，特别提出了充分利用国际组织的战略指导思想，该文件认为：“为了保持对外政策的影响，确保得到资源，俄罗斯希望最大限度地加强联合国、联合国安理会以及欧安组织的作用，特别重要的是，维护俄罗斯在八国集团中的地位，并加强它的作用。从得到信息、适应新世纪的条件来看，同世贸组织、亚太经济合作组织以及其他区域组织接近是很重要的。在俄罗斯和欧盟的政治和经济接近方面，我们应该做出特别的努力。”

为了达到这样的战略目标，近十多年来，俄罗斯采取了积极合作、努力参与、争取主导权力的国际组织公共外交政策，并把它作为俄罗斯多边外交的一个重要方向加以实施，其特征是摈弃了苏联时期以意识形态为标准的传统规则，采取了现实主义的外交策略，力图通过发展与各类国际组织之间的关系，树立俄罗斯的大国形象，为俄罗斯的重新崛起创造良好的国际环境。

（一）以联合国为政治宣传平台，树立俄罗斯重视国际合作的大国形象

把与联合国的关系放在俄罗斯外交战略头等的重要位置可以说是普京总统上台后采取的最引人注目的重大策略之一。如果说苏联时期的外交政策是把联合国作为与美国为首的西方针锋相对的政治舞台的话，那么到了普京时期，则是继承了这一传统，并不仅限于此。在 2000 年 6 月发表的《俄罗斯联邦外交政策构想》中，普京正式阐述了俄罗斯对于联合国的外交政策立场。普京提出：“在 21 世纪，联

① 许华：“俄罗斯：应对国家形象困境”，《对外传播》，2011 年第 3 期。

合国应当仍然是国际关系的主要中心。要加强联合国在世界上的凝聚作用。俄罗斯联邦坚决抵制企图忽视联合国及其安理会在国际事务中的作用的做法。”三个月过后，普京在联合国千年首脑会议上再次阐述了俄罗斯的思想，高度评价了联合国的作用：“20 世纪后 50 年是在联合国的主持下度过的。联合国这个组织的存在本身就是摒弃专横、霸权和强制的保障。”普京甚至还创造性地提出了“联合国的经验”一词。普京所指的是“已为所有国家所接受，并为国际社会的利益服务”的国际行为准则。这一年的首脑会议是联合国历史上第一次集全球各国国家元首和政府首脑于一堂的盛会，共有来自 150 多个国家的领导人参加了会议。利用这个巨大的舞台，除了提出“应当更新和完善联合国的机制”的思想以外，普京还不失时机地要求把由联合国主持的下一次国际会议定在莫斯科召开，提出了好几个旨在使世界更安全、更公正、更民主的倡议，大声宣传了俄罗斯主张：“在 21 世纪，除了已经公认的解决问题的基本方式，还应该加上独立自主的权利。国际关系的民主化首先是绝对遵守国际法的基本原则，意识到世界文明的多样性，并承认和尊重这种多样性。”普京第一次在联合国会议上亮相就获得了全世界颇高的评价，显示出极强的公关能力。

俄罗斯开展联合国外交时的一个重要特点是非常重视首脑公关外交。联合国秘书长安南在任时曾三次受邀访问莫斯科同普京总统会晤，彼此间建立了深厚的友谊。安南卸任后，俄罗斯与新任秘书长潘基文延续了这种友好关系。2008 年 4 月，潘基文就任后首次访问了俄罗斯。普京在莫斯科克里姆林宫会见潘基文时表示，俄罗斯认为联合国是所有国际关系体系中的一个重要因素，正是从这一立场出发，俄同联合国建立了密切关系。普京强调，联合国是世界上唯一的、在各方面都能发挥作用的国际组织。俄罗斯积极参与联合国框架内的各项活动，俄罗斯同联合国有着紧密的联系。在接受俄新社访问时，潘基文高度评价了在联合国领导职位上工作的俄罗斯人的活动，表示出对俄罗斯的高度重视和期待。

俄罗斯开展联合国外交第二个特点是积极推动联合国改革，彰显俄罗斯大国的作用。

普京在第一次参加联合国大会时就大声疾呼："我们相信，应当更新和完善联合国的机制"，"我们和我们的先驱者为使这象征性的形式具有深刻意义做了许多努力"。普京一再强调"俄罗斯将继续维护联合国宪章的基本原则，始终不渝地尊重国际法至高无上的地位"。冷战结束以来，美国的单边主义在全世界引起极大的反感，国际新秩序的重建势在必行，普京的讲话反映了大多数国家的意见，为俄罗斯赢得不少好感。

第三个特点是积极参加联合国框架内各种国际组织的活动。俄罗斯除了联合国大会的成员国身份以外，在联合国的其他重要身份还包括：安理会五个常任理事国之一、经济及社会理事会的54个理事国之一、托管理事会的五个成员国之一、国际法院的15个法官派出国之一。联合国主要机构领导下的几乎所有重要的委员会都有俄罗斯的参与，俄罗斯充分利用了这一优势。

（二）积极申请加入国际经济组织和参与创设新的国际组织，并争取在国际组织中的话语权

积极融入世界经济，建立西方模式的市场经济国家成为俄罗斯独立后首选的经济战略。1992年6月，俄罗斯成为国际货币基金组织的成员国家，并且在入盟后的当年就获得了该组织的第一笔贷款。1992—2002年，俄罗斯与国际货币基金组织共签订了九个贷款协议，总额为349.9亿美元，实际利用国际货币基金组织的贷款12笔，总额为155.97亿特别提款权，相当于209.82亿美元。与此同时，俄罗斯还与国际复兴开发银行（世界银行）签订了总额为63.2亿美元的协议，实际利用数目为51.39亿美元。1994—2002年，俄罗斯又与欧洲复兴开发银行签订了八个项目，总额为4.4亿美元。此外，俄罗斯还积极申请参加世界贸易组织和其他国际经济组织。

在争取国际经济组织话语权方面，俄罗斯充分利用金砖四国会议、G20高峰会等国际政治舞台，率先提出了建立新的世界货币——

超国家主权储备货币，[1] 以减少对美元的依赖等一系列主张，表现出参与并主导国际金融管理和国际金融新秩序的强烈愿望。2007 年 6 月 10 日，在圣彼得堡国际经济论坛上普京毫不客气地“批评世界贸易组织实行歧视性保护主义”，建议欧亚国家考虑联合建设世贸组织替代机构，替代落伍的国际组织，保障资金流向的多样化。普京认为：“国际（经贸）组织需要重构和改进，这是因为它们是在其他现实条件下建成的，已经不能胜任调控全球国际市场的职能，显得过时、不民主、笨拙、远离现代力量分布的现实。在这些条件下，这些组织使用的方法已经不再有效，这在已陷入僵局的世贸组织和多哈回合谈判的例子中很明显。”[2]

在参与组建新的国际组织方面，俄罗斯的目标是建立多极国际体系。为此，俄罗斯积极参与了“世界格局委员会”章程的制定工作。该章程对委员会的活动范围、成员构成、结构和委员会同联合国其他机构的关系等做出了明确的规定。俄罗斯还进入了该委员会的领导核心——组织委员会。不仅如此，在俄罗斯的坚持下，还规定了未来的“世界格局委员会”必须以安理会的积极参与为前提，从而使得作为安理会常任理事国之一的俄罗斯有可能在将来的“世界格局委员会”中具有相当的地位和发言权。[3]

2004 年 10 月，在中国与俄罗斯的大力推动下，由哈萨克斯坦、塔吉克斯坦、吉尔吉斯斯坦、白俄罗斯等国共同作为创始成员国的“欧亚反洗钱与反恐融资小组”（EAG）在莫斯科正式成立，时任俄罗斯总理的祖布科夫被任命为主席。同年 12 月，EAG 在莫斯科举行了第一次全体会议，标志着该组织在开展反洗钱和反恐融资合作方面将进入实际运作阶段。会议一致同意接受摩尔多瓦、日本和德国为 EAG 新观察员，使该组织观察员达到 19 个。俄罗斯的积极表现使它成为这一领域的领头羊。

---

① 汪宁：“俄罗斯国际组织外交的几个特点”，《国际观察》，2010 年第 2 期。

② 汪宁：“俄罗斯国际组织外交的几个特点”，《国际观察》，2010 年第 2 期。

③ 郑羽、柳丰华主编：《普京八年：俄罗斯复兴之路（2000—2008）》外交卷，经济管理出版社，2008 年版，第 351—352 页。

对待其他一些诸如 G8、G20、金砖四国（Brics），以及区域性安全、经济合作类型的国际机构，俄罗斯更加超乎寻常地显现了极大的主动精神，表现出积极参与和融入世界的强烈愿望，以及主导国际事务的能力。这在上海合作组织的筹划和建立、朝鲜伊朗核问题六方会谈、叙利亚安全问题等方面表现尤为明显。

努力改善周边环境，巩固区域领导地位是俄罗斯发展与区域性国际组织关系的特点。俄罗斯独立之后，始终把融入欧洲作为外交的主要方向之一，除了积极改善同北约的关系以外，努力发展与欧盟的双边合作关系最具代表性。

在发展与独联体、欧亚经济共同体、上合组织等一些区域性国际组织关系上，俄罗斯当仁不让地占据着主导的地位，尤其是在独联体。普京在《国情咨文》中，几乎每年都会老调重弹地强调“独联体作为俄罗斯对外政策优先方向的战略”思想，对独联体可谓是殚精竭虑。尽管如此，由于独联体效率低下，不少成员国仍然对俄罗斯将独联体视为其传统势力范围怀有深深的疑虑。为了维护自己的主导地位，俄罗斯不得不采取了一系列包括经济、军事、文化在内的各种有力的措施。普京在离任俄罗斯总统之前的最后一个国情咨文中再次强调：“俄罗斯今后仍打算在独联体空间——更广泛地说，在整个欧亚大陆的经济一体化进程中发挥创造性的作用。”①

2008 年爆发的金融危机为俄罗斯继续发挥“创造性的作用”提供了机会。在这次席卷全球的金融危机中，独联体国家也在所难免地受到影响。为了应对全球金融危机的冲击，独联体相关国家开始联合自救。在 2008 年 12 月，以俄罗斯牵头，由哈萨克斯坦、吉尔吉斯斯坦、塔吉克斯坦和亚美尼亚五国在独联体框架下成立了 100 亿美元的“反危机基金”。2009 年 2 月，俄罗斯和哈萨克斯坦等欧亚经济共同体成员国再次宣布成立总额为 100 亿美元的“反危机基金”。这两个基金的成立，不仅仅是俄罗斯和以哈萨克斯坦为首的中亚国家应对金融危机的重要举措，更主要的是通过经济上的相互关系把独联体内的

① “2007 年致联邦会议的国情咨文”，《普京文集》（2002—2008），第 463 页。

国家与俄罗斯更加紧密地联在了一起。

（三）重视基金会、智库等各种非政府国际组织在公共外交事务中的作用

非政府国际组织在俄罗斯的活动非常活跃。根据资料，俄罗斯各种类型的非政府组织多达 45 万个。2002 年俄总统颁令将 1994 年成立的俄政府所属“俄罗斯国际科技文化合作中心”划归外交部管理，由其专门从事组织、协调、监督俄公共外交事务。中心设立跨部门协调理事会，外长兼任理事会主席，其他相关部委的一名副部长为其成员，成立公共外交基金和智库，提高国际对话能力。

2010 年 2 月，梅德韦杰夫签署总统令，成立挂靠在外交部和教育科技部的两个公共外交机构：以 18 世纪俄著名外交家命名的“亚米·戈尔恰科夫支持公共外交基金会”和“俄罗斯国际事务理事会”，旨在改善俄罗斯在西方的形象。其中，俄罗斯外交部是基金的成立方，资金来源为财政拨款和自愿捐款；而国际事务理事会则由外交部、教育和科学部共同发起成立，莫斯科大学、莫斯科国际关系学院、圣彼得堡大学、俄罗斯科学院和俄罗斯和平基金会参与其中。据 2010 年 5 月 11 日美国《新闻周刊》俄文版透露，梅德韦杰夫要求外交主管部门要积极协调和配合，开展科技外交、文化外交和民间外交。比如，密切与联合国下属的教科文组织等相关机构合作参加国际性科学项目，加入教科文组织下属的分支机构，参与国际合作与交流，推举俄罗斯学者及科研团体角逐教科文组织的奖项，为俄罗斯的科研人员，尤其是青年学者争取奖学金和其他资助等等，以提升和恢复俄罗斯科技强国的形象。

为改善俄罗斯的对外形象，缓和与西方的关系，梅德韦杰夫在几次讲话中对外交部门提出：要放下被欺负心态和报复心理，对外不要动不动便吹胡子瞪眼睛，北极熊也要学会“微笑”。梅德韦杰夫总统 2010 年 4 月在接受西方媒体时所说：“我们都明白，这个世界是相互依存的世界，应当相互协作降低军事、恐怖和生态领域的威胁水平，俄愿与各国保持良好关系，并且愿与其他国家共同发展。希望俄罗斯保持微笑的面孔，应当与其他国家保持相互微笑，我们不对任何国家咬牙切齿，憎恨和生气。”显然，从梅德韦杰夫的这番话中我们能感受到，面对变化着的国际形势，俄愿意改变过去外部世界对其“尚武”“生硬”“贪婪”，甚至“非理性”等不良印象，塑造新时期善于对话与合作，具有一定“亲和力”的“新形象”。为树立俄罗斯“美好”的国际形象，2009 年 5 月底，梅德韦杰夫要求成立了“国际形象委员会”，由总统办公厅主任谢·纳雷什金、外交部部长谢·拉夫罗夫、总统国际事务助理谢·普里霍季科等政坛要人出任该委员会的领导。这是继“反篡改历史和损害俄罗斯利益委员会”之后，在一个月内成立的第二个与公共外交和对外形象有关的高级别工作机构。就像俄罗斯联邦委员会（上院）国际事务委员会主任米·马尔格洛夫所说的，目前俄罗斯应该推广“美好”的形象，而非一味展现“强硬”的力量。

为提高俄罗斯在国际学术界的影响力，俄罗斯外交部门大力支持俄学者参与全球关注的发展问题的研讨，并在联合国社会经济机构中宣传俄罗斯的观点。扩大对外经济援助与合作设立俄罗斯国际发展署，并打造促进国际发展的高效国家机制确保俄公司参与实施俄联邦国际发展促进计划投资的项目，将受援国的经济与俄罗斯的商品、技术、劳务及配套服务捆绑起来。

在地区层次上，俄罗斯非常重视密切拉近与邻国的文化联系，加强独联体、欧亚经济共同体下属机构的工作，对独联体人文合作委员会以及跨国人文合作基金会的工作给予支持。大力推广俄语和俄罗斯文化、密切文化交流（包括教师、大学生之间的交流）为独联体各国的国家机构培训人才，以增强俄罗斯在独联体地区的影响力。

（四）积极设置国际议题、举办大型国际活动，提升国家形象吸引力

俄罗斯推广对外形象的主要做法之一，就是通过举办公众感兴趣的一些大型国际活动来赢得世界的关注。八国集团首脑峰会、圣

彼得堡建城300周年等活动成功地展现了俄罗斯经济实力和政治影响力。近两年，最令俄罗斯人振奋的事件是获得了2014年冬奥会和2018年足球世界杯等大型文化体育活动的主办权。在俄罗斯申办世界杯的宣传片中，一个名叫萨沙的小男孩踢球的形象令人难忘。他带领观众走进了俄罗斯悠久的历史，领略了俄罗斯广袤领土的恢弘气势。在这个孩子身上集中体现了俄罗斯传统和现代相融合的魅力。作为2014年冬季奥运会和2018年世界杯举办地，俄罗斯加大投入，进行了大规模的基础设施建设。这些国际顶级赛事将推动俄罗斯经济社会发展。改造升级体育场馆、机场、饭店和道路等基础设施，改善服务水平，吸引更多的国外投资，带动旅游业发展，提升整体的国家形象。

兴办各类高层学术论坛、俱乐部，搭建国际各界名人对话平台。近年来俄建立圣彼得堡、贝加尔湖、哈巴罗夫斯克、顿河罗斯托夫等四大年度国际经济论坛，大批俄官员和学者出席并解释俄经济政策，同时吸纳国外专家建议；2004年起每年9月举办“瓦尔代国际俱乐部”，邀请世界特别是西方国家的政治、经济、媒体等领域名人参加对话，俄总统和总理都亲自参与，力图将其打造成研讨俄罗斯问题的顶级专业聚会和展示政治决策的重要窗口。2009年首次建立“雅罗斯拉夫国际安全论坛”，几次会议中，俄罗斯均邀请一些国家的政要和著名学者参加，目标是将论坛打造成与达沃斯经济论坛齐名的全球性政治论坛。在此之前，俄罗斯已通过举办国际论坛、在境外设立研究基地等方式引导国外智库和意见领袖，以提高国际对话能力。安全与民主标准等问题。

另外，在欧美建立“民主”研究对话机构。为加强与欧美在民主理念和制度体系上的沟通，回应西方压力和展现俄“民主形象”，俄效仿西方智库在国外设立分支机构的做法，于2006年分别在美国和法国成立“民主与合作研究所”，由俄著名历史学家和政治学家出任所长，向西方宣传俄政治、民主、人权发展成果，并与西方专家、学者及政界人士就民主等问题进行交流与对话，积极树立俄罗斯开放、民主、进步的国家形象。[①] 虽然目前的效果并不明显，但假以时日，这类活动将有助于外国智库、学界更客观地分析俄罗斯问题，从而间接对国际舆论产生影响。

此外，俄政府还把提供国际人道主义援助和救灾作为树立国家形象的重要事务来做。近年来，俄罗斯参加了经社理事会有关经济救援、发展援助、信息技术、国际发展合作等一系列议题和活动，通过这些议题和活动的参与，俄罗斯不仅加快了融入世界经济一体化的进程，而且为本国的经济和社会发展争取了更多的外交资源。[②] 与此同时也大大提升了自己的“软实力”，拉近了与欧盟等其他许多国际组织之间的关系。

总体来看，俄罗斯国际组织外交具有历史悠久、参与面广泛的特点，而联合国是俄罗斯国际组织公共外交战略的重点。冷战结束至今，俄罗斯政府摈弃了苏联以意识形态为标准的国际组织外交战略，采取了积极合作、努力参与、争取主导权的国际组织外交战略，特别是利用联合国平台积极塑造和树立俄罗斯的大国形象，争取对国际事务的话语权，俄罗斯的公共外交战略可以说取得了很大成就。可以预见，未来随着俄罗斯国力的恢复和增强，与各种层次、各种类别国际组织关系的深化，俄罗斯对国际事务的影响力也将日愈增加。

二、美国的国际组织公交外交

美国是世界公共外交的主要发源地，有着悠久的公共外交传统。美国公共外交是美国总体外交的重要组成部分。它主要是指美政府针对世界其他国家民众采取的对外宣传和文化教育交流活动，也包括那些受美政府部门指导或资助的美非政府组织针对外国民众进行的相关活动。其主要目标是，对外宣传美国的外交政策和价值观，增进外国

---

① 许华：“俄罗斯：应对国家形象困境”，《对外传播》，2011 年第 3 期。

② 郑羽、柳丰华主编：《普京八年：俄罗斯复兴之路（2000—2008）》外交卷，经济管理出版社，2008 年版，第 351—352 页。

民众对美社会制度、历史文化和对外政策的了解，赢得他们对美国的同情和支持，营造对美国有利的公共舆论，进而影响外国政府的外交政策和对美政策，以维护美国家利益、国家安全和全球霸主地位。正如美国国务院前负责公共外交和公共事务的助理国务卿夏洛特·比尔斯所言，美国公共外交具有三个战略目标：一是重现美国的价值观和信仰，以创造一种共同价值观的交流格局；二是展示美国源于民主化、善治和开放市场所带来的良好机会，消除其他国家对美国的误解；三是支持青年教育，在其他国家的青少年中间树立美国的良好形象。

作为世界唯一超级霸主，美国的公共外交不仅资源丰富，而且手段方式众多，其中国际组织不仅是美国开展公共外交的重要资源，也是其塑造美国形象、扩大国际影响方面的重要手段。在此方面，美国可以说是享有得天独厚优势。

纵观美国外交政策史，自 19 世纪中叶以来，美国就一直处于建立国际准则、法律和机构的运动前列，为这个世界贡献了一些最积极的国际合作的倡导者和最具创造性的国际组织的缔造者，如国际联盟的主要发起人伍德罗·威尔逊（Woodrow Wilson）、建立联合国的主要倡议者富兰克林·D. 罗斯福（Frankin D. Roosevelt）和哈里·S. 杜鲁门（Harry S. Truman）等。二战后美国主导或推动建立的各类国际组织以及种种机制、制度、规范和规则，推动了以经济、政治为主要维度的多边国际机制的建立及深入发展，迄今仍然对当今全球治理发挥着重要的作用。例如在经济领域，美国主导建立了国际货币基金组织、世界银行、关税及贸易总协定等赖以管理和控制世界经济的制度体系；在政治安全领域，美国推动建立了联合国，确立了联合国安理会的权威和大国一致原则；在军事领域，美国在二战期间及战后世界各战略要地建立了一系列军事基地，并驻军欧亚，从而构筑了保障自己利益与权力资源的军事战略网。冷战后，美国成为全球唯一的超级大国，全球第一的高科技军事大国，世界经济中最大、最先进的经济体。它凭借其强大的硬实力和软实力在国际组织中依然处于强势地位。

从美国外交政策思想的角度而言，“建立新世界”的“天赋使命”理想与“增进国家利益”的现实需求，共同构成美国外交政策基础。国际组织作为国际社会治理从无序走向有序的国际合作机构，被深深地烙上了理想主义、多边主义和国际主义的印记。在美国决策者看来，国际组织不仅能以较小的成本保证美国的全球利益，而且能通过国际组织和国际制度反映、延伸和传递美国的传统和价值观，树立世界领袖形象。

从战后美国主导建立的国际组织和多边机制来看，它们所体现出来的主要是美国的政治文化观念，反映着美国式的政治结构和组织原则：美国按照其国内所认可的一套系统的规则，通过国际组织为其他国家制定行为规范，并向其他国家提供公共产品，力求它们遵循这些行为规范，从而运用貌似合法性的工具将对世界的政治领导由“看得见的统治”转向“看不见的政府”。可见，国际组织/机制与美国的国际形象和霸权相辅相成。从某种意义上说，国际组织为美国形象塑造提供了便利的权利资源，其本身也成为美国霸权的重要支柱。这是美国高度重视国际组织公共外交的原因。

除高度重视联合国、国际货币基金组织、WTO、世界银行等由美国一手建立并牢牢主导的政府间国际组织操纵世界局势，掌控国际舆论，塑造大国形象，施加国际影响之外，美国政府也非常重视国际性民间组织在公共外交方面的作用。

国际性民间组织是美国公民社会中一个独特而又非常重要的样体。它的兴起与发展同美国的崛起、全球化进程、科学技术革命，以及后冷战时期的世界政治密切相关。据统计，目前美国的国际性民间组织至少有 1.4 万个在从事国际事务、外交和国家安全方面的事业，此数量不及现有美国联邦免税组织总数的 1%，但在技术、组织和资源等方面的国际能量与影响力，已经成为美国公共外交的理想渠道，是美国国家软实力的重要组成部分和实现美国 21 世纪外交与国家安全战略所必需的基础性因素。这些民间国际组织不仅享有天生的非官方性质，很少占用联邦政府的资源，而且在灵活性、专业化、敬业态度、工作效率等方面都具有明显优势。正是它们把美国的国旗、援助物资、课本和美国人的语言、价值观念、宗教信仰行事风格带到世界各地甚至穷乡僻壤，千方百计与当地普通民众、学生、基层民间组织、社区领袖、部落首领、武装组织头目、知识分子、新闻媒体和各级政府官员建立合作关系。这对于增强美国的吸引力与亲和力，赢得民心，改善美国的海外形象，维持美国对国际事务的领导地位无疑至关重要。例如，第一次世界大战结束以来，诺贝尔和平奖已经被数次颁发给美国的国际性民间组织或与它们有关的人士。人道援助组织美国公谊服务会（American Friends service Committee，简称 AFSC）和英国公谊服务委员会（Friends service Council）共同分享了 1947 年的诺贝尔和平奖。1985 年的获奖者是总部设在波士顿的国际防止核战争医生组织（International Physicians for the Prevention of Nuclear War）。1997 年的和平奖授予了国际禁止地雷运动组织（International Campaign to Ban Landmines）及其主要创建者美国人朱迪·威廉姆斯（Jolly Williams）。

公共外交的核心功能是在职业外交机构以外广开渠道，促进民间交往与信息交流，深化相互理解，努力塑造有利于己的国际形象。长期以来，国际性民间组织与官方机构和私营企业一道，是美国联邦政府对外援助计划，尤其是发展援助和“民间援助”计划的承担者。国际性民间组织一直是美国外交的另一种资源和灵活的渠道。在美国国务院碰到棘手困难的时候，这样的组织往往可以另辟蹊径，为决策者提供帮助或选择。2010 年夏季卡特的平壤之行能够很好地说明民间组织的这种作用：前总统卡特以卡特中心负责人的身份于 8 月 25 日抵达平壤，在同朝鲜最高人民会议委员长金永南会谈后，带着因非法入境而遭朝方扣押的美国公民戈梅斯回国。尽管美国国务院发言人强调卡特此行纯属“私人和人道性质的非官方访问”，但朝鲜中央通讯社的报道宣称卡特已经“代表美国政府和他本人”向朝鲜领导人保证绝不会再发生类似非法入境事件。

正是由于上述显而易见的优势，美国联邦政府自艾森豪威尔总统以来就非常重视通过国际性民间组织开展公共外交，这种势头在后冷战时期日益增强，手法也日渐成熟。小布什政府时期，美国国务院发布了一共有 10 条内容的《非政府组织指导准则》。虽然这个《准则》看上去是一份适用于所有民间组织的普遍性文件，但如果稍加细读就会发现，它的着眼点在于指导美国的国际性民间组织如何根据《准则》同外国政府打交道。

“9·11”事件以后，公共外交被视为美国赢得反恐战争胜利的权力要素之一，为了更好地促进公共外交，美国小布什政府除了增加对联合国、北约、IMF 等国际组织的资金投入之外，国内包括各种基金会在内的非政府组织也纷纷奔赴公共外交事务的战场。当年事件发生后不到三个月，卡内基国际和平基金会就召开了以“赢得心灵和观念：信息时代的宣传和公共外交”为主题的研讨会；2004 年其又推出中文网，向中国的“政策制定者和学者广泛介绍来自卡内基基金会的著作、杂志、活动及其他信息资源，增进中美之间国际政治和公共政策领域的学术交流及相互了解”。2003—2004 年，传统基金会连续召集顶尖学者，研究“如何恢复美国在海外的声音”，改革美国的公共外交。

奥巴马政府对国际性民间组织的重视程度超过前任。国务卿希拉里·克林顿多次强调，国务院要把美国对外关系的“3D”（以 D 开头的外交、发展和国防三个英文词）融为一体，依靠“巧实力”（Smart Power）来获取和维护美国的国家利益。她认为，必须加强联邦政府与美国各种民间组织，尤其是有国际性存在和国际性活动的组织的合作，构建政府、商界、民间组织和公民个人结成的伙伴关系。在这个过程中，国务院要起到“召集人”“催化剂”与“合作者”的三重作用。2007 年 1 月 10 日，美国国务院和公共关系联合会共同举办“私营机构公共外交峰会”。时任国务卿赖斯公开宣称，美国将创建“本杰明·富兰克林大奖”，以奖励在海外推广美国形象的私营公司、学术团体、非赢利组织和个人。这一颇具创新的宣传策略旨在鞭策美国的企业、非赢利组织对外打交道时能更加积极主动地树立美国的形象。2009 年 4 月 22 日国务卿希拉里·克林顿宣布，在国务卿办公室设立“全球伙伴关系倡议”（Global Partnership Initiative），任命伊丽莎白·巴格利（Elizabeth F. Bagley）

大使为负责人。2010 年 5 月，奥巴马总统把所获得的诺贝尔和平奖的 140 万美元奖金捐给了 10 家民间组织，其中有 3 家是分别涉及拉丁美洲、非洲和亚洲的国际性组织，这些精心策划的举动所传达的信息非常明确：美国政府高度重视国际性民间组织，并把它们作为推行公共外交的理想渠道。

美国人相信，非官方组织比官方组织更容易赢得国际民众的信任。国际性民间组织是美国开展公共外交最为理想的渠道，是美国国家形象的民间大使。同时，它们也是美国软实力日益重要的组成部分，构成了实现新世纪美国国家安全战略的基础要素，美国人的价值观、信仰、对外部世界和自然界的看法及由此产生的各种信念、主张与制度。美国人为推广、传播和实现这些信念、主张与制度的努力在很大程度上是通过本组别的国际性民间组织来体现、贯彻和实践的。有能力开展令人眼花缭乱的倡议活动（advocacy）是这些组织的共同特点。[①] 对于这个组织群体的特殊能量和潜力，奥巴马政府给予了特别重视，这也意味着美国的国际性民间组织今后将获得更有力的政府支持、更广阔的活动空间和更大的国际影响力。

值得注意的是，在经历了几十年甚至上百年的经营后，一批美国的国际性民间组织已经在其各自事业领域和特定目标人群中形成了较好口碑和较高认知度，产生了品牌效应。这些品牌与可口可乐、麦当劳等美国消费品品牌，波音和通用电气等美国制造业品牌，苹果、谷歌和微软等美国高科技品牌，以及好莱坞电影、美国流行音乐所代表的美国文化品牌一起构成美国软实力的符号。根据 2009 年公布的一项权威品牌研究报告，美国公益慈善类民间组织中最有价值的 100 个品牌约 1/3 属于国际性组织，如“给穷人以食品”世界宣明会、特殊奥林匹克运动组织（Special Olympics）、大自然保护会等。考虑到

---

① 最活跃的国际性人权组织无疑是“人权观察”（Human Rights Watch），它宣布要通过“战略性和有针对性的倡导活动”向目标当局施加压力，“提高侵犯人权的成本”。除美国总部外，它在全球各大洲重要城市都设立了办事处和各种委员会。该组织从 1990 年起发布关于 90 余个国家人权状况的年度报告，2010 年年度报告长达 612 页，对美国人权的许多问题也提出了批评。

国际性民间组织的数量不到联邦免税组织总数 1% 的事实，应该说这些组织的影响力、感召力是巨大的。

在美国，各种基金会和思想库几乎成为美国政府委托实施公共外交的最理想选择。如美国的外交关系委员会虽然是非官方组织，但其大部分成员都是前政要或现任政要和精英。该委员会在二战结束后一直高度关注东南亚政策并在事实上影响美国的东南亚政策，特别是对越政策，其主要影响包括积极推动越战政策、最早反思越战政策并最终推动越战政治解决。据相关研究统计，美国的东南亚事务决策中有 72% 的参与者是外交关系委员会的成员。福特基金会也是与美国政府进行长期合作的著名非政府组织。1958 年，福特基金会在中央情报局局长艾伦·杜勒斯（Allen Dulles）和美国国务院高层授意下，开始注意研究对中国的政策。1962 年起，福特基金会向外交关系委员会资助 46 万美元，用于其主持的研究项目，最后由罗伯特·布伦姆、鲍大可等编撰“世界事务中的美国与中国”丛书，提出“遏制而不孤立”的对华政策建议。在 20 世纪 90 年代，福特基金会还与美国国务院一起资助“中国朋友和伙伴项目”。该项目用互联网作为工具促进对中国文化和中国人的理解和交流，创造个人和组织间合作和建立友谊的机会。

美国的国际性民间组织与联合国系统的关系可谓错综复杂，概括起来主要有两大方面：联合国经社理事会的语商地位，以及资金与人事方面的密切关系。根据《联合国宪章》第 71 条的规定，民间组织可在联合国发挥协商（consultation）作用，而这种作用的主要途径是经社理事会。目前来自会员国的 1.3 万多个民间组织在联合国注册，享有申请经社理事会协商地位（consultative status）的资格，取得语商地位的组织有权参加联合国举办的相关国际会议及其筹备会议。到 2009 年 9 月 1 日，共有 3413 个民间组织取得语商地位，其中美国的民间组织（含众多国际性组织）达 699 个，超过英、法、德、意、俄、中、日和巴西八个主要国家取得语商地位的民间组织的总和。美国的国际性民间组织还与联合国系统中的联合国难民事务高级专员公署、联合国儿童基金会、联合国贸易和发展会议、联合国开发计划署、世界粮食计划署、联合国民主基金、世界卫生组织和世界贸易组织等机构的关系尤其密切。以联合国民主基金为例：这个机构成立于2005年，美国在38个出资国中捐款最多，5年来累计捐助3334万美元，约占全部基金的1/3。基金由联合国秘书长任命的19人顾问委员会组成，其中有两个席位留给民间组织，美国的亚洲协会与国际和平研究所分别占据了上届和本届顾问委员会的一个民间组织名额。由此不难理解，为什么美国代表经常能够在一些重要国际会议上掌握话语权，并对会议议程和结果有效地施加影响。

总的来看，在全球化、信息化和互联网时代，美国作为当今世界拥有国际组织资源最为丰富的世界唯一超级大国，凭借其强大的综合国力支持和积极的进取心，在国际上大力推进国际组织公共外交，有助于改善美国国际形象，维护美国国家利益和国家安全。值得指出的是，美国加强公共外交的根本目的，是对外宣扬和输出美意识形态和价值观，推行美式“自由民主制度”和自由市场经济，为维护美全球霸主地位服务。尽管美国标榜本着“互信和尊重”的原则开展公共外交，但只要美骨子里不改变恃强凌弱的本性，不放弃强权外交，其公共外交成效恐怕是有限度的。

三、印度的国际组织公共外交

印度是发展中国家中举足轻重的大国之一，又是亚洲地区大国，独立以来一直在国际舞台上非常活跃。印度独立前，尼赫鲁就提出印度要做一个“有声有色的大国”，在印度洋地区，从东南亚一直到中亚西亚，印度要发展成为“经济和政治活动的中心”。[①] 独立后，他又提出要把印度建成一个强大、统一、受国际社会尊重并发挥重要作用的世界大国。[②] 在印度的外交战略构想中，成为不结盟运动的领

① ［印］贾瓦哈拉尔·尼赫鲁：《印度的发现》，世界知识出版社，1958年版，第57、712页。

② V. M. Hewitt, The International Politics oJ' South Asia, Manchester University Press, 1992, p. 195.

袖、拥有核武器和成为联合国安理会（准）常任理事国是印度走向世界大国的“三步曲”。为此，在积极开展大国外交和不断改进周边外交的同时，努力开拓国际组织公共外交也是印度塑造国家形象、提升世界影响力进而实现世界大国目标的重要战略举措和主要途径。

和那些胸怀大志、雄心勃勃的世界大国一样，国际组织公共外交同样是印度总体外交的重要组成部分，且具有优势、富有特色。首先，印度具有参与国际组织活动的传统和经验。印度是许多国际组织的缔约国和成员国，在发展中国家中参与国际组织最为活跃。① 根据国际协会联盟（UIA）的数据，在 67 个全球协定性政府间国际组织中，印度参与其中的 45 个，参与率为 67%，世界排名第 8 位；在 1555 个全球协定性非政府间国际组织中，印度参与其中的 1190 个，参与率为 76%，世界排名第 14 位，而在发展中国家中排名第一。② 印度虽不是安理会常任理事国，但曾六次担任非常任理事国，仅次于日本和巴西（各七次）。印度是最早参与联合国维和行动的国家之一，目前派遣的联合国维和人员数量居世界第三位。印度在不结盟运动中积累了很多领导经验。其次，印度具有在国际组织发挥重要作用的客观条件。印度以其人口规模、领土面积、经济力量、发展速度、政治影响，以及作为一个亚洲国家和发展中国家，在联合国和其他多边机制中有相当的分量。印度人的语言和表达能力也为其参与国际组织提供了便利。第三，印度具有在国际组织发挥领导作用的强烈政治意愿。从尼赫鲁开始的历任印度领导人都把成为世界大国作为其外交政策的首要目标。

印度独立时，正是冷战开始和两大阵营对抗的世界战略格局形成之时。以尼赫鲁为首的印度国大党政府审时度势，决定在两极对抗中采取中立立场，不依附于任何大国，在国际事务中保持行动的独立性。尼赫鲁是印度少数几个在外交方面具有世界眼光的领导人之一。

---

① 王玲：“世界各国参与国际组织的比较研究”，《世界经济与政治》，2006 年第 11 期。

② Union of Intenrational Association, Yearbook ofInternational Organizations, Vol. 2, 2007 - 2008, K G Saur, 2008.

以至于圣雄甘地也称他为自己外交事务方面的导师。[①] 他从全球的眼光看待印度的独立，坚信印度可以在地区和世界事务中发挥重要的作用。他在独立前后的几次演讲中曾反复指出："印度在世界事务中的崛起是世界历史中的大事件"，"印度正在成长为一个世界大国"，"印度可以在避免战争方面发挥重要和有效的作用"。印度独立初期国际组织外交非常活跃，是与尼赫鲁个人的国际视野和远大抱负分不开的。

冷战时期，在和平主义和全球主义的思想指导下，印度在反殖民化和反对种族隔离、领导不结盟运动、倡导全球裁军和结束军备竞赛、建立更公正的国际经济秩序等方面表现积极，在联合国和其他国际组织以及国际活动中得到第三世界国家的普遍支持，获得较高的国际声誉。1954 年，尼赫鲁与周恩来共同提出了著名的和平共处五项原则。1955 年，尼赫鲁又参与发起并参加了亚非会议（万隆会议）。1958 年 12 月 9 日，尼赫鲁总理在印度国会人民院的演说中全面阐述了以"不参加任何军事集团"和"根据我们自己判断"为主要含义的不结盟政策。[②] 这一政策很快赢得广大新独立的亚非国家的支持，尼赫鲁与南斯拉夫的铁托、印度尼西亚的苏加诺和埃及的纳赛尔共同领导了不结盟运动，对不结盟运动的诞生和发展做出了突出的贡献"，发挥了举足轻重的作用。[③] 在反殖民化为方面，印度是 1960 年联合国通过的《允许殖民地国家和人民独立的宣言》（非殖民化宣言）的共同发起国。第二年，在为执行非殖民化宣言而成立的特别委员会，即非殖民化委员会中，印度当选为第一任主席国。印度利用自己的地位和影响，把非殖民化问题提交到联合国托管理事会、不结盟运动、英联邦等国际场合。联合国成立后早期，印度成为亚非国家在联合国的代言人，加上对联合国的财政贡献和语言优势，印度在联

---

① Harish Kapur, Foreign Policies ofIndia Prime Ministers, New Delhi: Lancer, 2009, p. 23.

② A. Appadorai and M. S. Rajan, India Foreign Policy and Relations, New Delhi: South Asian Publishers. 1985, pp. 38 - 39.

③ 马嫈：《当代印度外交》，上海世纪出版集团，2007 年版，第 218、220、221 页。

合国具有很高的地位和声誉。

印度积极参与联合国框架下的南北对话和南南合作，特别是在“77国集团”内发挥了重要作用。印度提出的国际经济新秩序的主张对“77国集团”的发展方向和行动路线，以及推动南北对话和南南合作具有重要的影响和意义。英迪拉·甘地在第二次担任总理期间（1980—1984）参加了一系列的多边外交活动，如1981年10月在坎昆的南北首脑会议、11月在墨尔本的英联邦会议、1982年2月在新德里的不结盟国家首脑会议并当选为主席、1983年6月在贝尔格莱德的联合国贸发会议、10月在纽约的联合国大会。

印度还是联合国全面和彻底裁军目标的积极支持者。1948年，印度就积极呼吁原子能应仅用于和平目的。1954年印度是最早提出结束所有核试验的国家之一。1978年印度建议就达成一项禁止使用或威胁使用核武器的国际公约进行谈判。1982年印度又倡议“核冻结”，即禁止生产武器级裂变材料、禁止生产与核武器相关的投放系统。1988年印度总理拉吉夫·甘地在联合国发表了著名的“无核武器世界”倡议，引起世界的广泛关注。

冷战结束后，印度的外交政策有所调整，开始实行全方位大国平衡外交。但在印度的整个外交布局中，以联合国和地区国际组织为中心的国际组织公共外交仍然得到了充分重视。

印度大力支持联合国采取集体行动和多边方式应对全球性问题。印度是联合国维和行动最早、最大和最一贯的参与者之一。印度自20世纪50年代就参加联合国维和行动，迄今已参与了40多项维和行动，派遣了近10万人次维和士兵。印度三军协会（United Services Institute of India，USI）在培训维和人员方面享有盛誉。作为受恐怖袭击最严重的国家之一，印度积极支持和配合联合国的反恐战略和行动。印度参加了联合国关于反恐的13个文书、执行安理会第1267、1373和1540号反恐决议，向联合国反恐委会员提交了五个反恐国家报告。[①]

---

① 张贵洪：“印度的国际组织公共外交”，《国际观察》，2010年第2期。

在联合国环境和人权等领域，印度的公共外交也富有特色。1972年6月在斯德哥尔摩召开的联合国人类环境大会上，印度总理英迪拉·甘地是与会中唯一的外国政府首脑，她在会上提出，对发展的强调不应脱离对环境的关注。印度积极参与了1992年6月在里约热内卢召开的联合国环境与发展大会。按照会议通过的“21世纪议程”，印度启动了许多活动和项目。印度是多项国际环境协定的成员，如《气候变化框架公约》《生物多样化公约》《保护臭氧层维也纳公约》《关于消耗臭氧层物质的蒙特利尔议定书》《拉姆萨尔国际重要湿地公约》《巴塞尔危险废物越境转移公约》《防止荒漠化公约》《濒危野生动植物种国际贸易公约》等。在人权领域，印度积极参与起草了《普遍人权宣言》，签署了六个主要的人权公约和《儿童权利公约》的任择议定书。印度通过一系列国内法律和行动来促进人权的保护，如1993年成立全国人权委员会、1995年通过《残疾人法》、2003年实施《全国儿童宪章》、2005年通过《农村就业保证法》和《信息权利法》、2007年成立保护儿童权利全国委员会等。在国际上，2006年印度以高票当选新成立的联合国人权理事会成员，是联合国民主基金（UNDEF）的第二大捐助国（1500万美元）。同时，印度还是联合国改革的积极支持者和推动者，认为联合国必须进行改革，这样才能有真正的代表性并增强其威信和效力。印度强烈主张扩大安理会，以反映21世纪国际关系的现实。①

在地区性国际组织方面，冷战结束后，印度积极发展与非洲地区国际组织的合作和伙伴关系，先后与非洲统一组织（OAU）、联合非洲经济委员会（UNECAA）、南部非洲发展共同体（SADC）、西非经济共同体（ECOWAS）开展了往来。② 2008年4月，印度举办第一届印度—非洲峰会。印度在会议上宣布将为34个最不发达非洲国家提供免除贸易关税的贸易优惠安排，免税范围涵盖印度目前关税项目的

---

① 张贵洪：“印度的国际组织公共外交”，《国际观察》，2010年第2期。

② India' SMinistry of ExternalAffairs, AnnualReport, 2008 – 2009, pp. 110 – 111, see http://meaindia. nic. in.

94%；印度还承诺，在未来5年，印度进出口银行将为印非双边及非洲内部经贸往来提供54亿美元的信贷支持，铁路建设、信息技术、通信和能源以及生物医药等领域将优先获得支持。近年来，东南非共同市场（COMESA）成为印度在非洲主要的合作伙伴。COMESA是非洲地区成立最早、规模最大的地区经济合作组织，现有19个成员国。2008年印度与COMESA的贸易额为89亿美元，在2009年印度—非洲峰会上，印度宣布将向非洲34个欠发达同家提供54亿美元的信用额度，总税目中85%的免税和9%的特惠关税。印度还将提供1亿美元的泛非电子联网项目，通过远程会议、远程教育、远程医疗等把所有非洲国家连接起来。

在欧洲，印度非常重视与欧盟的战略伙伴关系。欧盟是起步最早、发展得最为成熟的经济政治一体化组织，在世界政治经济格局中扮演非常重要的角色。印度视欧盟为一个价值观相同、历史联系悠久、现实意义重大的伙伴，因此加强与欧盟的合作关系成为印度国际组织公共外交中的重要一环。从2000年开始印度与欧盟每年举行峰会，特别是在2004年11月的第五届印欧峰会上，双方决定开始构建"战略伙伴关系"，2005年又签署《印度—欧盟战略伙伴关系政治宣言》。欧盟视印度为"地区和全球领导者"，与其他世界大国一样看待。欧盟还同意印度参与"伽利略"计划。欧盟是印度最大的贸易伙伴，占印度总出口的23%，也是印度最主要的外国直接投资来源之一。2009年1月，在第十届印度—欧盟峰会上，双方签订了一项民用核能协议，印度将参与价值100亿欧元的国际热核反应堆（ITER）计划。双方还同意加强在应对气候变化、打击恐怖主义、改革国际金融机构等领域的合作，同时相互承诺在一年内完成双方有关自由贸易协定的谈判。据估计，一旦双方正式签署自贸协定，到2013年，印度与欧盟之间的双边贸易额将达2000亿美元。

在亚洲，印度与东盟的关系日益密切。印度于1992年提出"东向政策"。1996年印度被东盟接纳为全面对话伙伴国，2002年开始加入东盟"10+1"机制。政治上，印度视东南亚地区为其进入亚太的战略支点，对于其拓展外交空间，获得其争取大国地位和入常的支持、平衡中国的影响具有重要的政治意义。2003 年印度加入《东南亚友好合作条约》，2004 年双方签订了《和平、进步与共同繁荣伙伴关系协定》。经济上，东盟的市场、资本、技术和发展经验对印度有很大的吸引力。2003 年印度与东盟达成“全面经济合作框架协议”，2005 年签署《印度—东盟自由贸易协定》，提出 2010 年双边贸易额 500 亿美元的目标。安全上，印度与东盟国家处于印度洋和太平洋相交的海上通道附近，在地缘安全上相关度非常高，印度与缅甸接壤，与多数东盟国家隔海相望。因此，印度与东盟国家在开通航线、保护海上通道、开展联合军事演习、协同反恐等方面建立了合作安全机制。印度于 1996 年加入东盟地区论坛，在维和、反恐、海上安全、网络安全等领域开展了大量活动。印度于 2005 年开始参加东亚峰会，主张通过发展泛亚自由贸易区以最终建立亚洲经济共同体。2004 年启动的“孟加拉湾多部门技术经济合作计划”（BIMSTEC）是印度和南亚的“东向政策”与泰国和东盟的“西向政策”交汇的结果，七个成员国在 13 个优先的部门开展合作。

在南亚，南亚区域合作联盟（SAARC）是唯一的地区国际组织。南盟的命运与印度的立场息息相关。冷战时期，印度态度冷淡，南盟发展缓慢。冷战结束后，印度的态度有所转变，南盟发展速度有所加快。1996 年 9 月和 1997 年 1 月，时任印度外交部长的古杰拉尔分别在伦敦和孟买的演讲中提出了后被称为“古杰拉尔主义”的新南亚政策五原则：第一，给予而不求回报；第二，尊重领土完整；第三，不干涉内部事务；第四，任何国家不利用其领土反对另外一个国家的利益；第五，直接谈判解决争端。[①] 这为南盟的发展提供了一个契机。近年来，印度对南盟的态度变得较为积极。2004 年在伊斯兰堡召开的第 12 届南盟峰会讨论了广泛的地区合作问题。在峰会开幕式上，印度总理瓦杰帕伊指出，“我们需要从观念层面转向行动计划，

① I. K. Gujral, A Foreign Policy fo, India, the Extenral Publicity Division, Ministry of External Affairs, Government of India, 1998, p. 7, p. 73.

我们良好的意愿必须变成实实在在的行动。”[①] 2007 年在新德里召开的第 14 届南盟峰会上，通过了一系列加强成员国合作的协定和措施。印度还同意自 2008 年 1 月 1 日起对南盟成员中的欠发达国家单方面实行零关税。

在与跨地区国际组织的关系方面，印度是英联邦（The Commonwealth）53 个成员国之一。2009—2010 年度印度向英联邦技术合作基金（CFTC）捐助 100 万英镑，向英联邦其他发展中国家派遣的技术专家人数仅次于英国。印度于 2010 年主办英联邦运动会。对印度来说，英联邦的意义在于：第一，提供了一个英语国家相互合作的平台。英联邦成员中有英国和加拿大这样的发达国家，但更多的是大量发展中国家，因此既有南北合作，又有南南合作。第二，英联邦有 32 个小国成员，印度可凭借其政治制度、高新技术、经济增长等有利条件和优势发挥其影响和领导作用。第三，英联邦成员国中有大量印裔，这是印度的利益所在。第四，与联合国相比，英联邦是一个非正式、基于协商一致的合作平台，有利于印度施展外交抱负。

冷战后，印度为了弥补其国际组织公共外交空间的不足，1997 年 3 月与南非共同倡导成立了环印度洋地区合作联盟，并把它视为其“扮演全球角色、并影响发展中国家的一个平台”。此外，印度与海湾合作委员会（GGCC）、加勒比共同体和共同市场（CARICOM）、安第斯国家共同体（CAN）、东南非共同市场（COMESA）等开展了不同程度的合作关系。

当然，印度的国际组织公共外交也有一些失败和不愉快的经历，如 1996 年竞选安理会非常任理事国失败、1998 年谴责印度核试验的安理会第 1172 号决议、2006 年沙希 · 塔鲁尔竞选联合国秘书长失败、2007 年未能推动印地语成为联合国官方语言之一、多年来争取成为安理会常任理事国的努力受挫。自 1992 年以后印度再也没有担任

---

① 2004 年 1 月 4 日瓦杰帕伊在第 12 届南盟峰会上的发言。http：//meaindia.nic. incgi—bindb2www/meaxpsite/coverpage. d2w/coverpg? sec = ss&iflename = speech/2004/01/04ss01. htm.

过安理会非常任理事国。这与印度国际组织外交的某些局限性有关。印度长期游离于国际防扩散体系之外，拒不参加《不扩散核武器条约》，没有签署《全面禁止核试验条约》。1998 年印度公开进行核试验，成为第一个核扩散国家，受到联合国安理会决议的谴责。长期以来，印度未能成为本地区安全和稳定的建设性力量和积极因素，对推动本地区合作态度消极。与巴基斯坦的长期对抗和与邻国的领土纠纷也不利于印度的大国形象。

总体来看，倡议发起和领导不结盟运动、反殖民化运动提高了印度在联合国，特别是第三世界国家的形象和地位，扩大了其世界影响，是印度走向世界大国的第一步。积极参与联合国等国际组织事务，并经常提出建设性的政策主张增强了印度的国际地位和话语权，而开发和拥有核武器则引起世界大国对印度的重视，增加了印度成为世界大国的砝码。现在，印度把眼光转向了联合国，因为“印度把获得联合国安理会常任理事国席位当作衡量世界大国的一个尺度”。这意味着印度又开辟了国际组织公共外交的另一个重要战场。

四、日本的国际组织公共外交

在全球化和信息化的今天，世界各国纷纷加强对公共外交的投入以求扩大自己的话语权，增强自身的软实力。作为世界第二经济强国的日本，在其政治和军事影响力的发挥仍然受到很大限制的情况下，特别重视通过开展公共外交扩大自己的国际影响力，改变外部世界特别是以中韩为代表的亚洲民众对其根深蒂固的看法。从二战以来日本政府对公共外交的重视程度和投入力度可以看出，公共外交业已成为日本 21 世纪外交战略框架中的重要组成部分，将对日本的外交行为产生深远的影响。

日本的公共外交政策在不同时期侧重点不尽相同。战后初期，面对美军的直接占领和国际社会强烈反对日本军国主义东山再起的国际背景，日本公共外交主要围绕着“结束占领体制”“回归民主社会大家庭”的目标而展开，重点是加强同美国及其盟国的关系，以建设所谓“民主和文化的国家”为标榜，努力消除国际社会对自己的疑虑。正如日本首相片山哲在第一次国会演说的结束语中提到：“为了突破危机，接受联合国的好意援助，重新成为国际社会的一员，我们要推进民主的和平国家、文化国家的建设，以此来实现生活的安定和民族文化的振兴”。[①]

20 世纪 70 年代是日本公共外交进一步发展和转型时期。公共外交开始被日本视为有助于实现国家“综合安全保障”战略目标的有效手段之一，希冀通过开展公共外交，发展与邻国关系，取得“正常国家”的身份及政治大国的地位。进入 20 世纪 80 年代，随着经济实力的迅速提升，日本信心膨胀，宣称要成为“国际国家”，要在国际社会发挥与其经济实力相称的政治作用。为了成为所谓“国际国家”，日本提出了“文化国家”的发展理念，力图通过公共外交，把由吸收并改造世界文化而形成的新型的、具有世界魅力的日本文化推介到全世界。中曾根首相曾提出“文化大国”的概念，他把“璀璨的文化之国”和“国际国家”结合起来作为日本的国家战略目标，表示日本应该在经济发展的基础上，进而在文化上、政治上对世界积极地做出贡献。[②] 20 世纪 90 年代，日本由于经济泡沫的破灭，导致其经济实力相对下降。因此，更加重视公共外交的作用，试图通过加强对外开展公共外交，来弥补其因经济地位下降而带来的外交地位的下降。1991 年，日本外务省制定出针对美、中、加、英、德、法等国的外交战略，同时还计划把东盟各国（尤其是与日本有历史宿怨的国家）列为日本公共外交的重点国家。1997 年 1 月，日本首相访问东南亚时，在新加坡发表了被称为“桥本主义”的政治演说，特别强调要与东盟“建立丰富多彩的文化合作和交流关系，通过文化交流进一步培养亚太地区共同体意识”。[③] 近年来，为谋求联合国常任理事国的席位，实现其政治大国的梦想，非洲 40 多个国家的投票

① 日本内阁制度百年编撰委员会：《内阁历代总理大臣演说集》，［日］大藏省印刷局，1985 年版，第 435 页。

② 新华社东京电讯，1983 年 9 月 10 日。

③ 高连福：《东北亚国家对外战略》，社会科学文献出版社，2002 年版，第 172 页。

权使非洲又成为日本公共外交的重点。可以看出日本开展公共外交，实用主义的特征和痕迹非常明显。

在日本的对外公共外交中，国际组织一直是一个非常重要的层面。日本在二战中的失败，导致了近代国家神话在日本人心中的幻灭，战败后的日本在国家发展理念方面因此发生了很大变化，“脱国家主义”的情绪一时成为战后整个日本社会的总体政治意向和社会风潮。对国家主义的批判与挞伐，使得日本不愿再走国家至上主义的老路，转而追求以联合国为中心的国际制度外交。虽然冷战的爆发迫使日本不得不放弃以同盟国为主导建立起的国际组织，而转向了日美同盟，并通过对主导战后国际自由主义政治经济体系的霸权国美国的追随而迅速融入到了国际制度体系中，成为美国霸权治下搭便车的典型国家。但日本通过参与诸多国际组织的活动，特别是联合国、国际货币基金组织、世界银行等，高扬理想主义大旗，强调和平主义与国际合作和协调的政治理念并没有改变。

首先，积极申请加入国际组织，并通过这些国际组织在国际社会中发挥自己的影响力。

战后日本就积极申请加入国际组织，并逐步确立起“以联合国为中心”等三大外交原则，十分重视在联合国、国际货币基金组织、世界银行等这些世界最大的国际组织框架内开展公共外交活动。为此在外务省内部专门设有综合外交政策局，分为“联合国政策课”与“联合国行政课”。日本积极参与联合国的所有事务，在政治、经济、环境、女性、裁军等领域都有日本人活动的身影。绪方贞子1991年至2000年间曾长期担任联合国难民署事务高级专员。2005年，外务省职员斋贺富美子以最高票当选《消除对妇女一切形式歧视公约》委员。目前，联合国教科文组织干事长一职也由日本人松浦晃一郎担任，日本还积极参加联合国的维和行动。日本加入联合国的时候，所分担的会费比率只占全部会费的1.92%，但2005年达到了19.468%，金额高达3.464亿美元，仅次于美国的22%，居世界第二位。除会费以外，为了支援联合国的各种活动，日本还参与各种筹款。1999年，联合国设立人类安全基金，到2004年底，日本约捐助了290亿日元。这一基金用于援助贫困地区、保护环境、消除冲突、扫雷、救援难民、扫除毒品、控制艾滋病等各种活动。此外，对于依靠自发筹款维持运转的联合国人口基金、联合国难民高级专员公署、世界粮食计划署、联合国开发计划署、联合国儿童基金会、联合国巴勒斯坦难民救济和工程处等机构，日本也是主要的出资国。联合国大学的永久总部也位于东京，土地和建筑物分别由东京都和日本政府无偿提供。

日本在1952年8月作为第51个成员国参加国际货币基金组织。目前在国际货币基金组织的2681名职员中，日本职员有46人。日本的分配额约为133.1亿特别提款权，相当于1.9万亿日元，占全部分配额的6.26%，仅次于美国（约371.5亿特别提款权，占17.64%），是成员国中第二大单独出资国。为了帮助成员国制定更加有效的经济政策，日本一直提供技术援助，帮助各国开发生产资源。日本通过“关于特定活动的日本管理项目”和“攻读博士学位日本项目”来提供资金。日本通过这两个项目，援助设立在东京的世界货币基金组织亚太事务所的活动，而且承担了两个奖学金项目的经费。1990年以来，日本是对国际货币基金组织技术援助活动的最大资金提供国，提供了约2.4亿美元以上的资金。其中1.91亿美元用来技术援助和亚太事务所的工作，另外1300万美元用来实施亚洲地区的奖学金项目。1997年，国际货币基金组织亚太地区事务所在东京成立，目的是通过国际货币基金组织与日本的合作，加强对亚太地区经济的预测，支援关于地区政策的各种论坛。东京事务所负责召开关于宏观经济政策和金融改革的会议，对该地区内的成员国提供技术援助。此外，还通过举行各种宣传活动和分发日语出版物，促进人们对日本和亚太地区的国际金融体系的理解，同时动员日本和亚洲各国有能力的人才担任国际货币基金组织的职员等。在技术援助活动中，每年日本都批准100个项目，迄今为止已经批准了1188个项目。现在，123个货币基金组织成员国、13个地区组织和研修机构在接受日本提供的技术援助。利用这些资金，加强这些国家的人才培养、提高组织以及制度方面的能力、增加政策制定的合理性以及宏观经济运营效率等。此外，日本政府还为两个奖学金项目提供援助，其中之一是“攻读博士学位的国际货币基金组织日本奖学金项目”，始于1996年，迄今为止已经有114名学生接受了奖学金，总额达1000万美元。另一个项目是“国际货币基金组织亚洲奖学金项目”，始于1993年，迄今为止已经有281名学生接受了奖学金，总金额达到1300万美元。

另外，日本在签署《旧金山和约》的翌年即1952年8月即申请加入了世界银行。日本以世界银行的资金为基础，实现了战后的飞跃发展。现在的日本是世界银行的第二大资金提供国，在各种领域都是世界银行的重要伙伴。从1990年至1999年的10年间，日元贷款和合作融资每年都达到八个项目，每个项目的资金约为8500万美元。同时，日本与国际合作银行的国际金融项目以及与世界银行的合作融资在80年代大幅增加，从1990年至1999年的10年间，无附加条件贷款的合作融资每年平均达到五个项目，每个项目的资金平均达到约1.47亿美元。

和美国一样，今天的日本已经是一个拥有丰沛的国际制度性资源的大国，是当代发达国家中政府间国际组织参与率最高的国家之一，这为日本开展积极的国际组织公共外交活动创造了极为有利的条件。

其次，积极宣扬和平、文化国家理念，构建文化吸引力和国际吸引力。

战后日本给自己的定位是反省作为“军事国家”的过去，使日本成为一个贯彻民主主义和为世界做贡献的“文化国家”。为达此目的，日本将文化交流作为改善日本“战败国家”和“侵略国家”的负面形象并为世界做贡献的有效手段和方法。比如，战后第一任首相东久迩稔彦说，“要把日本建设成为一个道义和文化上高水平的民主主义和平国家”，“为此日本应该成为废除军备、放弃战争、为世界的和平与人类的福祉做贡献的先驱者”。他指出，日本国内民主主义的实现，为日本与太平洋战争中觉醒的东南亚民族主义携手前进奠定了基础。1947年，社会党首相片山哲在国会演说中首次提出了“文化国家建设”的目标。片山认为，为了恢复日本的国际信用，还应该建立各方面彻底的高度的民主主义，“文化的提高”是战后日本的出发点，是恢复国际社会信任的必要条件。因此，参加联合国教科文组织就成了战后日本文化外交的最初目标和日本向世界展示自己作为和平、民主的文化国家新形象的试金石。为此，日本做了相当细致的工作，从文化交流的角度，也就是说从公共外交的角度切入，宣传日本的和平主义、无核主义和民主主义等，开始让自己重新走向世界，尤其是走向西方世界，重新赢得欧美国家的信任。

20 世纪 60 年代后，伴随经济实力快速增长，日本开始积极实施国际公共外交。1964 年的东京奥运会成为向世界展示二战后日本的绝佳机会，作为东道主的日本民众的良好卫生表现和礼仪给世界留下了良好印象。在此次奥运会上，被称为“东洋魔女”的日本女排不仅引起了日本全国而且引起了世界的关注，特别是日本还研发了游泳比赛终点记录器等先进设备，尤其是卫星彩色直播技术的使用，使世界对日本的科技实力有了深刻的印象。同时，东京借这次奥运之机建设了首都环状高速公路和东名高速公路以及东海道新干线。通过奥运会的举办，日本向世界展示了经济和科技实力，同时也展示了本国的发展成就。1963 年 7 月，日本成功加入世界经济与合作发展组织（OECD）成为日本重返国际舞台的主要标志，再次向世界展示了日本国际地位提高和经济发达国家的新形象，这是日本旨在接近“国际规则制定权”组织、提升其国际动员力的重要步骤。此外，日本还通过参加 1967 年蒙特利尔世博会等大型国际展会，积极宣传其文化和理念。

其三，通过国际组织积极开展对外经济和文化援助树立国际形象。

随着战后日本经济、文化力量的飞速发展，日本开始逐步扩大对外援助的规模，希冀以对外经济和文化援助的方式开展对受援国的公共外交，扫除国际社会接受日本的心理障碍，改善日本的国际形象，扩大日本的国际影响力。

通过对外经济援助的形式对受援国开展公共外交始终是日本实现政治大国目标的重要手段。一方面，日本希望通过对外经济援助来重塑日本的国际形象、重返国际社会、重新赢得亚洲国家的理解与信任、重建与亚洲国家的关系等。另一方面，日本希望通过在西方阵营中做“国际贡献”来提高自身的国际地位。日本对外经济援助的重点是以亚洲为重点的发展中国家，这种援助不仅在经济上可以加深这些国家对日本的依赖，而且在政治上也能淡化它们对日本过去侵略历史的怨恨。日本外务省亚洲局长中江要介认为，亚洲，特别是东南亚是日本在国际政治角逐中的“选举基盘”，而援助就相当于日本在竞选中获胜必须投放的“政治资金”。[①]

日本政府除对受援国提供直接的经济与文化援助外，还积极通过国际组织来开展对外援助活动。1989 年日本在联合国教科文组织出资设立了用于保护世界文化遗产的“日本信托基金”。这笔基金在保护亚太地区的世界遗产等文物方面发挥了积极的作用，如对中国西安唐朝大明宫含元殿的修缮、对吐鲁番交河故城的保护以及对柬埔寨吴哥古迹的保护等。同时，日本政府还对文物保护提供人员和技术援助，如日本的纸保技术被试用于中国敦煌的文物修复工作中等。自 20 世纪 90 年代以来，日本政府无偿提供的对外文化援助呈逐年递增的态势。例如，1990 年度日本实行无偿文化合作的数量和金额为 53 件，22 亿日元；1992 年度为 56 件，24 亿日元；1994 年度为 58 件，25 亿日元。[②] 日本政府对国际文化事业的积极合作政策及慷慨的援助，对日本建立同各国的相互理解和信任，树立其和平大国、文化大国的形象，无疑影响深远。

日本的对外援助大多数项目都与第三国或国际组织合作。这种合作方式不仅为日本赢得了更多的经济和技术支持，减轻了本国的负担，保证了援助项目的顺利进行；从公共外交的角度来说，其重要意义在于日本不仅在诸多国家和国际组织中树立了负责任国家的形象，同时多方合作的形式增强了合作项目的合法性，减少了受援国的顾虑，对于日本在周边国家国际形象的提升功不可没。

---

① 刘国华、李阵：“战后日本的公共外交”，《日本学刊》，2009 年第 3 期。

② 日本外务省编：《外交青书》，1996 年版，第 287 页。

其四，通过非政府组织开展国际人文交流传播日本文化和价值观。

日本一些半官方和非官方的民间团体、组织，是日本政府用以在世界推行公共外交的重要工具。这些民间组织以进行文化学术交流和保护生态环境的名义，以帮助发展中国家发展教育和提供人道主义援助等手段，向发展中国家宣传日本的理念、价值观和发展模式，培育和扶植亲日的势力和社会精英，以达到扩大日本国际影响力的目的。

日本非政府组织在20世纪90年代发展迅速，截止到2012年12月，在日本民政部门注册的非政府组织机构已达3.6万个，目前这一数字仍然以每月200家的速度增加。[①] 其中超过60%的非政府组织从事海外教育活动，日本高校与非政府组织合作开展国际教育的方式和效果尤其引人注目。

与欧美发达国家相比，日本的非政府组织参与国际事务的状况可以说处于后来居上之势，并且在展开国际协作活动方面也有一些特点。据日本有关方面的统计，至2012年，日本全国以各种方式经常性参与国际交流和国际协作活动的非政府组织约有2500个，就其组织形态而言，主要有任意团体（1765）、财团法人（513）、社团法人（104）、NPO法人（50）、社会福利法人（7）、特殊法人（7）、宗教法人（4）及其他（100）等[②]。而其中财团法人虽在数量上次于任意团体占第二位，但因其有一定的人才储备及较规范的运作方式，尤其活动资金较为充足，故展开活动的实际效果和社会影响也大。

20世纪70年代至80年代是日本国家文化软实力构建战略的正

① 后房雄：《NPO否能承担公共服务的职责——未来十年的社会研究课题及战略》，法律文化出版社，2009年版，第92页。

② 根据日本有关机构调查，日本从事国际活动的四大组织形态的年平均事业费支出分别为：财团法人：6900万日元；社团法人：4740万日元；NPO法人：2456万日元；任意团体：710万日元（毛受敏浩等监修《草根的国际交流和国际协作》，东京：明石书店，2004年版，第230页）。

式实施阶段，为了塑造新形象，日本政府在国际文化交流方面投入了大量资源。以笹川和平财团为例，该财团是一个标榜通过促进国际理解、国际交流、国际协作的活动来致力于形成健全的国际社会的民间团体，仅就这点宗旨而言，在各国非政府组织中也算是一个颇具个性的存在。该财团理事长入山映曾说：笹川和平财团的所有工作集中到一点，即它不是以使国际社会变得更好，而是“探寻使国际社会变得更好的方法”为目的的组织[①]。笹川和平财团的两大支柱事业，一是资助探索和解决冷战后的全球性问题的一般事业，二是协助解决对象国家及地区的重大问题的特定事业。如笹川日中友好基金。该基金以促进日中两国永久和平及相互理解为宗旨而设于 1989 年，在推动日本政府解冻对华贷款及先于欧美与中国恢复交流关系方面起了积极作用，为此曾受到中国政府和民间组织的高度评价[②]。

1972 年日本设立的由外务省管辖的国际交流基金会是日本改善国际形象的另一重要举措，在日本的国际文化交流中起到了枢纽作用。该基金会的基本宗旨是“生产、搜集、交换和分送资料，以向海外介绍日本文化，促进国际交流”。例如，1973 年，它资助对外发行了 34 部电影和向海外派遣了 21 名日语专家，1991 年则资助发行了 129 部电影，派遣了 204 名日语专家。1989 年，国际交流基金会设立了日语国际中心，负责日语教师培训、教材制作和与国内外日语教育机构合作事务。1989 年，在国际交流基金会内建立了“日语国际中心”，开始进行国际人才教育。根据日语国际中心 1998 年的统计，外国学习日语者已经超过了 200 万人。日语教师达到 2700 人，日语教育机构超过 10930 个。1986 年，日本文部省又拨巨资设立了“国际日本文化研究中心”，该中心成为对外文化交流、输出日本文化的国际舞台。在与各国开展艺术、体育等文化交流活动中，日本着力传播本国文化。此外，日本政府部门和社会团体等在

---

① 笹川和平财团，关于财团：http：//www. spf. org/profile/staff/index. html。

② 高海宽：“莫道夕阳红来迟——记为中日友好做实事的笹川父子”，《人民日报》，2002 年 4 月 19 日。

世界各地频繁举办名种形式的文化节来推介日本文化。如英国日本节、加拿大日本月、中东日本文化节及在中国举办的“2002 日本年”等。

总体来看，冷战后日本的国际组织外交虽然仍具有“反应性公共外交”和以美国为中心的色彩，但较之冷战时期积极性和独立性都大大增强。日本文化软实力构建战略和公共外交的整体框架基本清晰，战术选择和形式更加多样化，在人文外交、公关外交、媒体外交及次层次的各项外交机制全面铺开的同时，侧重使用媒体外交和人文外交机制。从实施效果来看，一定程度上缓解了贸易摩擦和经济威胁论，强化了与美国的战略关系，提升了国际动员力，向其“国际国家”的目标推进了一步。2008 年日本提出了“科技外交”的概念，反映出新时期日本公共外交的新动向，其目的之一就是打造“科技发达国家、科技援助国家”的新形象，是提升日本国际影响力的重要途径。

第三节　中国国际组织公共外交

对国际组织参与度和认同度的高低往往是判断一个国家融入现有国际体系程度的一个重要指标。[①] 新中国成立后对国际组织的态度先后经历了从拒绝到承认、从注重实际利益到努力寻求双赢的过程，外交实践也相应地经历了从政府外交发展到政府外交与公共外交并重的转换。这一系列演变从一个侧面真实地反映了中国国际地位与对外战略理念的变化，同时也深刻反映了中国对国际组织及其公共外交功能有了全新的认知。

冷战时期，出于对世界革命的热情支持，中国曾在相当长的时间之内在国际社会扮演帝国主义批评者和革命者的角色，以“世人皆浊我独清”的姿态傲视环球，而将西方国家主导下的国际组织视为

① 孙洁琬：“中国与国际组织亲密接触”，《人民论坛》，2007 年第 11 期。

资本主义国家愚弄、操纵世界的政治工具。[①] 在朝鲜战场上，中国军队更是与以美国为首的联合国军兵戎相见。其后，中国虽也曾实施过参与国际组织包括其制度和机制的外交战略（如联合国及其下属组织），但此时的中国远没有彻底摆脱“革命外交”的窠臼，参与国际组织的基本目的更多体现为争取政治承认和外交需要，中国的国际形象也由此被西方国家冠以“消极参与”的局外者角色。

改革开放后，中国确立起以经济建设为中心的总体战略，政治上开始逐步告别以往那种带着浓重意识形态的理想主义“革命外交”[②]，以积极主动的姿态融入现存的国际体系。这一时期，国际货币基金组织、世界银行、国际农业开发银行、亚洲开发银行等国际组织开始被视为一个有利于中国现代化进程、构建中国国际形象的积极因素，积极参与国际组织活动因此被列为新时期外交政策的重要内容。[③] 1989年中国首次派出维和观察员，参与了联合国在纳米比亚的维和行动，展示了积极融入国际社会的崭新姿态。但由于缺乏在国际组织内开展多边外交的经验以及旧思维的惯性作用，同时由于这一时期主要顾及的是解决国内的温饱及发展问题，在经济利益的目标导向下，这一时期的中国在国际事务中总体上采取了“韬光养晦”的低姿态，对国际经济组织的热衷、对政治安全组织的有限参与及整体上缺乏议程创设意识、乐意扮演国际事务的倾听者是此时中国国际组织外交的最基本特征。

冷战结束后，随着经济全球化的迅猛发展，国际政治生态的多元化，多边外交日趋活跃成为国际社会的一个重要现象。在全球化深入发展时代，国际组织成为解决全球性问题的必要途径，国际组织所具有的合法性、权威性则成为一个有志于施展国际抱负的民族国家必需善加利用的战略资源。这一时期，随着中国的经济崛起，中国在国际上参与并借重国际组织平台，积极承担国际责任、传播国际理念、塑

---

① Byron weng：“Communist China's changing attitudes toward the United nations”，international Organization，Vol. 20，No. 4，Autumn1966，pp. 698 – 699.

② 章百家：“改变自己，影响世界”，《中国社会科学》，2002年第1期。

③ 孙洁琬：“中国与国际组织亲密接触”，《人民论坛》，2007年第11期。

造国际形象、拓展国际影响力并推动国际组织变革成为新时期中国多边主义外交的主旋律，中国外交也藉此由政府外交为主向政府外交与公共外交并重转型。

这一时期，中国积极开展以国际组织为平台的公共外交，不仅表现在中国参与国际组织的数量日益增加及国际组织的重要岗位上出现越来越多的中国人面孔，而且体现在中国开始积极申请和组织承办重要国际多边会议。除每年一次的亚洲博鳌论坛之外，2008 年以来中国成功举办了北京奥运会、上海世博会和广州亚运会，中国通过这些国际组织公共外交实践，不仅促进了中国国际形象的进一步改善，提升了中国在国际组织中的影响力和话语权，最重要的是，随着自身经济实力的增强和政治影响力的扩大，中国在国际组织外交中的责任意识也日益增强，中国在国际组织外交实践中逐步扬弃和告别过去的角色，将自己的身份明确定位为负责任的建设者，特别是 2003 年中国确立起“和平崛起”战略之后[①]，中国将“负责任的大国”形象确立为国际组织公共外交中高度重视的行为准则，并以此来指导国际组织公共外交实践。

首先，在国际组织外交实践中，中国改变了过去坚守的绝对主权观念，共享型、问题解决导向型主权观逐步成为新时期中国国际组织公共外交的指导原则，从而为深入参与国际组织的活动开辟了更为广阔的空间。在此原则指导下，中国开始自觉接受为促进国际安全、和平繁荣的目标而集体达成的国际组织规则和共同安排。[②] 无论是《联合国气候变化框架公约》《京都议定书》等国际环境机制的参与，对《不扩散核武器条约》《全面禁止核试验条约》等由国际原子能机构和禁止化学武器组织实施的具有高度主权干涉内涵的程序的合作性容忍，还是最终批准旨在对人权实施国际保护的《经济、社会和文化

① 2003 年 11 月 3 日，中共中央党校原常务副校长、中国改革开放论坛理事长郑必坚在博鳌亚洲论坛上发表了题为《中国和平崛起新道路和亚洲的未来》的讲演，首次提出了“中国和平崛起”这一论题。参见 http：//baike. baidu. com/view/419652. htm。

② 刘宏松：“中国的国际组织外交：态度、行为与成效”，《国际观察》，2009 年第 6 期。

权利国际公约》《公民权利和政治权利国际公约》；无论是促进国际能源安全、打击国际恐怖主义、参与国际维和，还是捍卫全球金融体系的稳定等，中国都承担了超越传统主权范畴的具有强制性的法律义务，并在国内机构设置、法律实施等各个方面做出了积极的努力。通过积极参与国际组织和对国际秩序规则的良好遵守记录，中国在国际组织活动中建立起良好的声誉。

其次，在国际组织外交中的大国责任意识日益增强。这主要表现在随着经济实力的强劲增长，中国越来越重视承担国际义务与责任，对国际组织的支持力度日益增大。这不仅体现在中国与联合国计划开发署的合作关系由“进多出少”转向“进出均衡”，也体现在中国国际组织会费的飞速增长方面。在1997年东南亚经济危机和2008年国际金融危机爆发期间，中国政府宣布人民币不贬值，并通过国际货币基金组织、世界银行、亚洲开发银行等国际和地区组织提供经济援助，作为全球经济发动机的中国稳定、拉动全球经济的卓越表现赢得国际社会的广泛赞扬和期许。在维持国际和平与安全方面，中国不仅是联合国维和经费的主要提供国之一，也是联合国安理会常任理事国中派遣联合国维和人员最多的国家。自1989年中国首次参与联合国维和行动到2012年底，中国已累计派出14650人次维和官兵参与联合国的维和行动，成为目前联合国维和行动中的一支重要力量。在与发展中国家关系上，从和平共处五项原则到“三个世界”理论，从求同存异理念到和谐世界主张，中国始终站在广大发展中国家立场“立言”“发声”。中国不仅积极减免发展中国家的债务，同时积极发展对外经济与技术援助，带动发展中国家共同发展，其立场和主张在联合国和其他国际组织中得到广泛认同。

除了广泛参与全球政治、经济、社会、安全、环境和人权等各类国际组织并发挥建设性作用之外，中国还积极参与APEC和ARF等地区多边合作和对话进程，并乐意在诸如上海合作组织，朝鲜、伊朗核问题六方会谈，中非合作论坛，南亚区域联盟等地区组织机制建设中扮演积极角色。通过这些多边国际组织网络渠道，中国获得了改善国际关系环境、影响国际公众对本国看法的良好机遇。《华盛顿邮报》就此评论道：（通过国际组织外交）中国正在四邻间建立起全新的声誉。以前这个国家被大部分人看作是一个危险的贸易对手、外交威慑以及潜在的军事威胁，现在则是一个负责任的地区大国以及带动亚洲经济增长的核心动力，中国正在越来越多地做着美国以前做的事情。①

其三，在外交战略理念上，中国借助联合国等国际组织和多边会议平台先后提出了“新安全观”“睦邻、安邻、富邻”“和平崛起”“和谐世界”等体现国际社会发展趋势的先进观念，体现出中国负责任姿态和维护国际秩序的良好意愿，向国际组织贡献出一系列具有中国特色的、多元化的组织文化、理念和价值观。② 例如在联合国安理会改革问题上，中国提出应坚持地域平衡的原则，特别要优先增加发展中国家的代表权；在国际环境谈判中积极倡导发达国家与发展中国家之间“共同但有区别的责任”；在 G20 峰会有关改善国际货币体系议题上，中国呼吁稳步推进国际货币体系多元化，主张全面性、均衡性、渐进性、实效性的原则，推动国际金融秩序不断朝着公平、公正、包容、有序的方向发展。中国积极倡导的这些治理原则，反映了国际组织发展的现实，顺应了全球化时代对国际治理机制变革的合理诉求，为中国获得了良好的国际声誉。

综上所述，中国与国际组织关系的演变是一个曲折发展的过程，在这一“社会性”的学习过程中，中国的国家利益诉求和国际行为方式决定了中国在国际组织中的战略认知和立场表现，这种变化实质上也映衬着我国由重视政府外交到政府外交与公共外交并重的政策变迁。我国学者王逸舟将此变迁准确地表述为“从拒绝到承认、从扮演一般性角色到争取重要位置、从比较注重国内需求到更加兼顾国际形象”的曲折过程。③ 冷战结束以来，中国正是通过在国际组织公共外交上的积极作为，获得了一条加速融入国际体系，建构和传播自己

① 转引自《环球时报》，2003 年 11 月 19 日，第 13 版。

② 金灿荣：“从‘中国威胁论’到‘中国责任论’”，新华网，2010 年 8 月 23 日。

③ 王逸舟：“中国与国际组织关系研究：理论解释及现实难题的一种探究”，《世纪周刊》，2001 年第 2 期。

新型国家形象的新途径。

近代以来的世界发展史表明：一个大国的崛起总是以硬实力增长为基本内容的物质性成长和以软实力增长为基本内容的社会性成长的统一。其中，作为软实力重要表现形式的国家形象是国家对外决策的重要背景因素。冷战结束以来，出于塑造良好国际形象和维护国家利益考量，中国更深入地参与到各种国际组织和一系列全球治理问题之中。西方学者一度担心中国在参与国际组织时会“固守传统的主权观念、工具性地利用国际组织”。事实证明，中国通过决策性参与国际组织，并运用国际组织公共外交实践，正在把一系列全新的观念，特别是具有中国特色的文化价值理念成功地带进国际社会，逐步确立起负责任的大国形象，提高了中国的国际地位和国际话语。

中国与国际组织相互依赖程度的加强以及彼此之间的良性互动，为中国和国际组织自身的发展带来了“双赢”或“多赢”的效果，进而对国际社会的发展也产生了积极的影响。但是，两者之间的关系还存在很多问题。这些问题制约着当前中国与国际组织的合作，也影响着中国与国际组织关系未来的发展。

当前中国在开展国际组织公共外交方面存在的制约因素主要体现在，首先，国际组织中存在的大国霸权使中国在国际组织中的作用受到抑制。全球性国际组织多数是由大国主导建立和运作的，冷战后大国在秩序重构和国际制度创新过程中仍占据着主导地位，因此主要的国际组织中自始至终存在着大国霸权。西方大国的经济、军事、技术等物质实力的发展决定了其权力地位，它们在国际机制或者国际组织的制定方面能够充分运用自己的优越地位，利用自己对国际运行机制的深入理解，掌握规则的制定权和解释权，为自己争取有利的国际经济环境并大得其利。例如，世界银行、国际货币基金组织、世界贸易组织或者国际能源机构等都是大国创建的，其运行所赖以存在的那些原则反映了国际体系中大国的利益和意识形态，甚至联合国也充斥着大国强权的声音。大国除了在国际组织内部活动中运用霸权外，一旦国际组织不能维护其霸权利益时，它就会将国际组织抛开，或者转移问题场所。如 2003 年美国发动对伊拉克的战争，就绕过了联合国，这使原本想利用国际组织来制约美国霸权的国家非常尴尬。

作为发展中国家的中国，在国际组织中是“后来者”，在国际运行机制及规则制定等方面都处于弱势，因此在与国际组织的协作交流中会遭遇到制度霸权。毋庸讳言，中国在国际组织中国家利益的争取、正常作用的发挥都会受到美国等大国霸权的抑制。国际组织以及维系其运行的制度将成为美国等大国约束中国的有力工具。可以预见，其中的权利博弈将是长期的。

其次，中国国力发展水平较低使中国在国际组织中的作用受到自身发展的限制。国家在国际组织中的作用与国家的实力密切相关。发展中国家虽然在国际组织中同大国一样原则上处于平等地位，特别是在表决方式为一国一票的国际组织中。但是权力决定的事实上存在的不平等也是客观存在的。由于发展中国家经济社会的发育程度不足，自我积累的能力不够强，在国际组织中难免处于被动地位。它们缺乏全面选择参与国际组织和国际机制的能力，即使参与了有限的机制，它们的规范调节作用也是有限的。就当前的态势而言，发展中国家也许可以改变国际组织的外表，却很难动摇其基础。

中国是发展中大国，在国际组织中的影响比其他发展中国家要大得多，但是，中国在国际组织中的权力资源仍然是有限的，还不能根本改变发展中国家这一基本地位。综合国力的弱势使中国在参与国际组织或者在国际组织的活动中，因过多地考虑国家的政治和经济发展利益而患得患失。此外，由于国家的财力所限，中国在国际组织活动中贡献率较小。比如，在联合国会费的承担上，中国所占比例与政治大国地位还不相应。在加权表决的国际经济和金融组织中，我国更加处于不利地位。如世界银行、国际货币基金组织、亚洲开发银行等，都实行加权表决制，美国在其中是最大的股权国，享有控股地位。我国则因为认缴股份少而获得的表决权有限，在这些国际组织中的影响也相对有限。

目前，中国在国际组织中的议程创设能力和参与决策能力虽然有所增加，但在大多数国际组织中还没有进入决策层主流发挥核心作用，还没有一个重要的国际组织的总部设在中国，中国人在国际组织中担任高级官员和技术顾问的还很少。总之，中国的实力还没有强大到有能力改变国际组织中的游戏规则的程度。

其三，中国在国际组织外交中仍然面临着比较严峻的国际舆论环境。由于政治制度、意识形态、价值理念、文化传统等方面的差异，一些外国政府和民众对中国的误解和疑虑渐趋增多，而长期以来西方国家对中国存在的意识形态偏见及实施的战略防范政策也没有得到根本改变，周边国家对中国的强势崛起更是心有余悸。“中国崩溃论”“中国威胁论”“中国责任论”等都是此方面的真实写照。这些因素必然会反映到国际组织外交中来，从而影响到中国国际组织公共外交的效果。

而从中国外交实践来看，强调攻守防御的现实主义政治观也影响着冷战后中国的国际组织外交实践。体现在公共外交方面，就是中国在开展公共外交方面姿态依然过于“内敛”，甚至回避，特别是普通民众和社会组织参与公共外交的渠道和机制尚没有完全建构起来，这在一定程度上限制了中国公共外交作用的发挥。

最后，中国自身的国内社会现状也制约着中国国际组织公共外交的成效。公共外交的首要目标是在国际社会塑造良好的国家形象，尽管国家形象的影响是国际性的，但国家形象的塑造首先却不是一种国际行为，而是一种国内行为。这是因为无论国家希望塑造怎样的国际形象，构成这个形象的素材必然来源于现实中的国家。“打铁还需自身硬，绣花要得手绵巧”说的就是这个道理。当前中国正处于改革的攻坚阶段，各种社会矛盾和问题层出不穷，如果得不到很好的应对和处理，势必将严重影响中国的国际形象，从而抵消中国公共外交所取得的效果。

面向新世纪，中国当前的公共外交亟需从总体外交战略高度加以全面谋划。具体到国际组织公共外交层面，中国尚需在以下几个方面大力挖掘潜力：首先，应大力推进中国公共外交的“三化”，即市场化、社会化与国际化。这体现在公共外交除了要走“上层路线”，还须走“基层路线”。国之交在于民相亲，国家之间的友好归根结底是人民之间的友好，人民之间的相互理解和友好是国家友好的坚实基础。公共外交要真正发挥作用，其前提是公共外交的内容能够被外国民众理解和接受。由此可见，吸引力和感召力是决定公共外交成效的关键因素。基于西方国家民众普遍对政府信任度不足的现实，中国在国际组织公共外交实践中，应努力消除政府这只“看得见的手”的影响，而应让更多的中国民间团体、社会组织、精英人士和广大民众走上国际交往的大舞台“向世界说明和展示中国”。以民间组织为例，作为公民社会的重要代表，在开展公共外交时，其非官方的身份更易于被外国政府和民众所认可，尤其是在一些对政府和官方媒体缺乏信任的西方民众中，民间组织有更高的可信度和公信力，能够发挥吸引和感化等作用，提升公共外交的实际效果。在公共外交实践中，民间组织以其独特身份，能够有针对性地广交、深交朋友，了解外国民众的真实想法和诉求，增进外国民众对中国的了解和信任，消除误解和偏见。民间组织通过派遣志愿者在国外从事文化交流、环境保护、人道主义救援等方式，能够广泛参与塑造国家形象；通过公共传媒，能够积极传播国家理念；通过具体、生动的实例，能够准确传递国家相关信息。可以缓解、化解和处理国家关系的有关矛盾和问题。鉴于中国民间组织参与公共外交的历史较短，经验不足，实际效果有待提高，未来应进一步加强同国外民间组织的交流合作，对国外民间组织开展公共外交的基本模式和经验教训等进行深入研究，在学习借鉴的基础上，形成中国特色公共外交理论与实践。积极参与国际非政府组织活动，在国际非政府组织舞台上发声发力，不断提升中国民间组织的国际影响力和公信力。在这方面，中国政府应体现出大国的自信与风度。

其次，要积极创造条件，让更多的中国人进入到国际组织中担任要职，展现中国风貌，传播中国理念，熟悉和把握国际组织游戏规则，从而增进中国在国际组织中的话语权与影响力。从现实来看，中国人目前所担任的多数都是重要国际组织和机构的副手，远不符合当代中国的政治经济发展实际，严重制约着中国在国际组织中的影响力和话语权的发挥，同时也说明中国在此方面还有很大的空间和潜力。

其三，应充分利用现有的国际组织平台，主动制定议程，并积极“发声”，在变动的国际组织中加强规则塑造权和制订权，推进国际机构向公平公正方向改造，如此不仅可以为中国融入国际社会创造更好的外部环境，而且有助于促进国际关系的民主化，树立起负责任的和平发展大国形象。

最后，还要积极倡导和参与国际组织与合作机制的创建（目前只有上海合作组织和博鳌亚洲论坛由中国倡导建立），同时也要为国际组织及其机构落户中国积极创造条件。从公共外交角度而言，吸引国际组织落户中国不仅有利于提升中国和相关城市的知名度、美誉度和国际化程度，塑造良好的国际形象，而且有利于中国国际影响力的提升。

实现中华民族伟大复兴的中国梦，就是要实现国家富强、民族振兴、人民幸福。但中国梦不仅是属于中国的，同时也是属于世界的。如何更好地向世界传播中国梦，展示中国文明富强、和平繁荣的大国形象，从而赢得世界的尊重成为当下重要的外交使命。2009 年 7 月，胡锦涛主席在第 11 次驻外使节会议上提出公共外交是中国外交重要组成部分的重要论断，首次把公共外交提升到中国对外政策的战略层面，并提出今后应该“不断提高外交工作能力和水平，努力使我国在政治上更有影响力，经济上更有竞争力，形象上更有亲和力，道义上更有感召力”。[①] 2013 年召开的十八届三中全会进一步强调要实现中国梦必须大力加强公共外交，以实事求是的态度将一个真实的中国介绍给世界，把一个真实的世界反映回中国，使“中国改革、世界

① “第十一次驻外使节会议在京召开”，《人民日报》，2009 年 7 月 21 日。

同行”和“中国发展、世界机遇”的观念在海内外深入人心，通过不断创新公共外交为中国争取更多国际上的理解和支持，通过积极打造海外“民生工程”为中国公民的海外安全和便利提供更良好的服务，为新一轮改革发展创造良好的海外舆论环境。[①] 四个“更有力”和新公共外交的提出均为进一步加强中国的国际组织公共外交实践指明了发展前进的方向。

---

① “三中全会公报全文解读：中国步入主动谋势新阶段”，http：//kaoyan. eol. cn/zhengzhi_ 3978/20131114/t20131114_ 1039589_ 1. shtml。

第 七 章

宗教公共外交

第一节　宗教公共外交概论

宗教是人类历史上影响最为深远的精神力量和社会力量，在当今世界仍有着广泛影响。宗教具有超越意识形态，超越国界、民族和文化的特点，历来是不同国家间相互交往与文化交流的重要载体，是各国开展公共或民间外交的特色平台。

自 1648 年威斯特伐利亚体系正式确立起民族国家主权秩序以来，外交权力一直集中于世俗国家，外交亦成为一个国家中央政府最高领导人群体与职业外交官的垄断领域。而宗教作为一种社会力量，一直服从于外交权力的逻辑，对外交仅具边缘性影响。① 尽管 17 世纪晚期法国路易十三和路易十四曾一度热衷于支持海外传教运动，20 世纪早期，美国威尔逊总统的"传教士外交"（Missionary Diplomacy）②也曾在特定国家和地区将宗教与外交交织在一起，但这并非西方现代

---

① 哈罗德·尼克尔森早期就曾非常明确地评论道："传教士、空想家和律师是最差的外交家，最好的则是既理智又仁慈的无神论者。因此宗教对外交理论的塑造并无影响，这是常识。" Harold Nicolson Diplomacy，London Oxford University Press，1939，p. 50.

② 威尔逊对以基督教为核心的美国文化与民主之影响的重视胜过对经济乃至战略利益的关注，高度认可传教运动对所在国政治的影响。因此，西方学界将其任内的外交尤其是对墨西哥、中美洲和加勒比海各国的外交称为"传教士外交"。对此的权威论述可参见 ArthurS. Link，Wilson：The New Freedom. Vol 2 New Jersey Princeton University Press 1956。

外交之常态，也没有得到外交学界的认可。

然而，随着全球化的发展和全球认同政治的兴起，宗教复兴成为不可阻挡的历史趋势，宗教全球化成为全球化进程的一个重要组成部分，宗教不仅在国家安全、外交政策、地区冲突中开始扮演或隐或显的重要角色，亦与同属跨国性力量的互联网、跨界民族、非政府组织和各种国际运动等紧密结合而更具全球影响力，“宗教政治化”（Politicization of religion）与“政治宗教化”（Religionization of politics），尤其是宗教跨国化倾向的发展，使得任何国家的外交事务都不得不面对来自宗教领域的强力冲击。与此同时，宗教外交化的趋势与当代外交公开化和民主化的趋势相互激荡，促成了宗教与外交的进一步融合。受此影响，一些国家试图将宗教精神与外交力量融为一体，借助外交力量实现宗教使命或者以宗教渠道推动国家利益的实现。在这种情形之下，宗教外交正在成为一种不同于现代外交的新外交形态，对当代外交产生着深远影响。尤其是当宗教因素再度强势进入国际关系领域的时候，西方文明的特有产物——威斯特伐利亚条约所造成的地区的和国际政治的分离——正在走向终结。

尽管如此，关于宗教与外交的关系以及宗教外交的定义，国际学界迄今并没有精确的定论。美国多轨外交研究所的戴蒙德和麦克唐纳视宗教为多轨外交体系中的第七轨，认为宗教是多轨外交体系的良心。它为体系提供精神动力、理想主义和伦理基础。[①] 约翰斯顿首次提出了“以信仰为基础的外交”概念，认为对信仰的重视是现实政治的扩展，应该利用各类宗教资源来填平宗教之间的鸿沟、解决宗教冲突，或进行预防性介入。他认为在全球宗教复兴的现实背景下，外交需要新的工具，外交的形式也需要更新。他把以信仰为基础的外交视作二轨外交的一种方式，提出这一新型外交的目的、外交家应有的水平、缔造和平方式及如何预防性介入。他还提到外交使团中的宗教

① 路易丝·戴蒙德、约翰·麦克唐纳著，李永辉等译：《多轨外交——通向和平的多体系途径》，北京大学出版社，2006 年版，第 101 页。

随员和随军牧师在此类外交中的作用。[①] 复旦大学著名学者徐以骅教授对约翰斯顿提出的"以信仰为基础的外交"做了广义和狭义解释："广义解释即认为传统外交要认真看待宗教，注重宗教价值观的非传统外交可与传统外交相互补充；而狭义的则指与世俗外交有异、以宗教价值观为核心的外交。"他认为，从广义上以信仰为基础的外交具有公共外交的一轨性质。宗教交流作为民族与民族、国家与国家、地区与地区之间在思想、价值观和情感层面的互动，其影响往往要比基于现实利益的政治结盟和经贸交流等更为深刻和持久，而宗教的公共性、社区性、草根性和长期性与公共外交的基本属性十分契合，因此宗教是公共外交最重要的活动场域之一。他认为，在各国的对外关系和对外战略考量中，主要以本国宗教及其宗教团体为载体或主体、主要以国外宗教团体和信众为对象、主要涉及宗教和相关议题以及主要关乎国家宗教形象的公共外交，可以称之为宗教公共外交。[②]

还有学者们认为，宗教外交系指一个国家的中央政府以特定宗教价值观念为指导，通过职业外交官直接实施、授权或者委托各种宗教组织实施的外交行为以及默许宗教组织开展的针对另一个国家政府的游说行为。它包括两个相辅相成的方面：一方面，宗教外交是利用宗教手段服务于外交使命的行为，比如借助宗教组织对其他国家民众进行传教，并动员教众对其他国家政府施加压力的行为；另一方面，宗教外交是利用外交手段为宗教扩展服务的行为。两种行为都属于宗教外交行为，其目的是促进宗教信仰的扩散和国家利益的实现，更好地服务于国家战略和外交政策。[③]

具体来说，宗教外交具有以下四个要素：第一，宗教外交的主体必须是一国中央政府或者得到中央政府许可或默认的组织或个人，没

---

① Douglas Johnston and Brain Cox, "Faith - Based Diplomacy and Preventive Engagement", Oxford University Press, 2003. p. 11 - 32.

② 徐以骅："全球化时代的宗教与中国公共外交"，《世界经济与政治》，2014 年第 9 期，第 76 页。

③ 涂怡超、赵可金："宗教外交及其运行机制"，《世界经济与政治》，2009 年第 2 期，第 52 页。

有政府背景的宗教传播活动不能算宗教外交，只能是民间的海外传教活动。第二，宗教外交客体必须是宗教组织和广大教众。除少数政教合一的国家外，大多数国家是政教分离的国家，宗教不能干涉另一个国家的政府事务，只能影响其他国家的宗教信仰。换言之，两国政府之间的事务只能由政府部门处理，不能由宗教组织涉足。因此，宗教外交是面向公众的外交，即使对另一个国家施加压力，也必须由所在国教众为之，其他国家的教众不得越俎代庖。第三，宗教外交的基础是打破所谓主权至上的威斯特伐利亚国际关系体系，以期突破相关国家的法律或达成的外交惯例。第四，宗教外交的目的是促进宗教信仰的扩散和国家利益的实现，更好地服务于国家战略和外交政策。

为了更进一步理解宗教外交的概念，有必要将宗教外交与一系列类似的概念区别开来。宗教外交与国际传教活动旨趣迥异：前者直接具有政府背景或者体现着政府意图，后者在现代国家则基本是宗教背景，没有或甚少政府影响，在一些第三世界国家则具有一定的政府背景。宗教外交与现代外交有所区别：宗教外交以信仰为基础，而现代外交以协商为基石。宗教外交与宗教国际交流有异：前者是官方行为，后者是民间行为。宗教外交与宗教渗透以及宗教恐怖主义截然不同：前者是合法行为，后者是非法行为。①

目前，研究者们普遍认识到，从神学角度和组织角度来看，一方面，一些宗教传统中的正义战争因素可以为所谓“人道主义军事干涉”“先发制人”提供内在的精神资源和合法性。以美国为例，尽管在冷战和后冷战的漫长岁月中，地缘政治和战略考虑支配着美国外交政策，宗教问题常被受“启蒙主义偏见”影响的外交政策精英或甚至被传统人权机构所忽略，但是，美国政府在国外还是经常被指责为打“宗教牌”，以宗教的名义干涉他国的内政。哈佛的宗教学者威廉·R. 哈钦森（William R. Hutchinson）曾较为委婉地将美国海外宣教事业称为“帝国主义的道德对应物”；以至于在许多国家看来，当

---

① 涂怡超、赵可金：“宗教外交及其运行机制”，《世界经济与政治》，2009 年第 2 期。

前宗教右翼的政治行为主义及其在美国对外政策领域所发动的“道德十字军”运动，是一种地地道道的“道德帝国主义”。[①] 尤其是在“9·11”事件之后，美国的国家利益及其表达方式，几乎就是一种宗教的布道途径。如同一位美国著名作家对布什总统一些公开演讲所做的评论那样，“与其说是谈论战争，倒不如说是表达一种对宗教的敬仰。”[②]

另一方面，宗教外交对国内民众具有吸引力并获得他们的拥戴和支持。在当代民主国家，宗教对外交产生影响必须具备两大前提：一是宗教外交从理念到行动均具备高度的一致性，二是宗教外交的理念对国内民众、特别是不信教者也必须产生足够的吸引力。1967 年，社会学家罗伯特·贝拉（Robert N. Bellah）作为美国现代化理论、社会学结构功能主义大师 T. 帕森斯的亲传弟子，发表了“公民宗教在美国”（Civil Religion in American）一文。贝拉指出，在美国有“一种精微的、得到充分制度化的公民宗教”，它拥有自己的一整套“信仰、象征和仪式”。贝拉认为，在美国，教会与国家的分离并未抹杀“政治领域的宗教维度”，尽管宗教信仰和宗教活动成为严格意义上的个人事务，但绝大多数美国人的宗教倾向中仍然具有某些共同的元素，这不仅在美利坚制度创立过程中发挥了关键作用，而且“为包括政治活动在内的整个美利坚人的生活织体提供了一种宗教维度”，“赋予政治权威以宗教上的正当性”，使政治过程具有了一种超验的目标。[③] 贝拉特别分析了约翰·肯尼迪在 1961 年 1 月 20 日就任美国总统的就职演说中前后四次出现的“上帝”一词，根据它不同的语境和意义，指出美国政治生活中的宗教维度不仅是人的各项权利的合法性基础，而且还为政治进程提供了一个先验目标。它说明，宗教一

① 徐以骅主编：《宗教与美国社会——多元一体的美国宗教》第 2 辑，时事出版社，2004 年版，第 554 页。

② 鲍勃·伍德沃德著，上海美国研究所译：《2001 年布什的战争》，上海译文出版社，2003 年版，第 74 页。

③ Bellah，Robert N，1990，Civil Religion in American，From Culture and Society，Ed. By J. C. Alexander，Cambridge university Preess. p. 263.

特别是美国人对上帝的信仰，在早期美国政治家的思想中也扮演了重要的建构性角色。[①] 这说明美国人在日常生活中早已把宗教、道德、公民政治或公民责任融汇在一起了。

作为“一个笃信宗教的民族”，美国政府和人民具有希望其最神圣的信仰和价值观在公共政策中体现出来的天然愿望。对美国人而言，美国对外政策的目标不仅反映着国家安全的利益，反映着国内各大集团的经济利益，也反映着确定美国人认同的政治价值和原则。这种信仰是美国政府得以顺利推行宗教外交的民意基础。美国前国务卿奥尔布赖特就曾在科索沃战争中明白无误地声称“美国与南斯拉夫的冲突是无法协调的价值观的冲突”。[②] 对美国人来说，要实现自我利益和道义的统一非常不容易。因此，美国历史呈现这样的循环趋势：要么退守，与其他国家尽可能少发生关系，以免在污浊、敌对的环境中还要在追逐利益和坚持原则之间进行调和；要么对着干，发动“十字军东征”去净化世界，让其合乎美国人的原则，在此过程中，扩张美国的权力，保卫国家利益。[③] 基于这一行动逻辑，美国政府一直把外交政策同美国式的理想主义合而为一，使外交成了实现美国人“美德”和“使命”的手段，那就是为使美国人的准则成为放之四海而皆准的价值而奋斗。正如基辛格在考察美国外交政策时所发现的那样，美国的战略使命是成为全体人类自由的灯塔，这一思想弥漫在美国国内的冷战哲学之中。基辛格尖锐地指出：“美国领导的同盟，保证了国际秩序将以道德、甚至偶尔以弥赛亚的方式去维持。”[④]

从宗教外交内涵来看，它主要包括三种形式的外交行为：其一，由国家政府主持参与的宗教外交。由国家政府主持参与的宗教外交，

---

① 徐以骅主编：《宗教与美国社会——多元一体的美国宗教》第 2 辑，时事出版社，2004 年版，第 234 页。

② 资中筠主编，冯绍雷等著：《冷眼向洋——百年风云启示录》下卷，三联书店，2000 年版，第 266 页。

③ 塞缪尔·亨廷顿：《失衡的承诺》，东方出版社，2005 年版，第 263 页。

④ 资中筠主编，冯绍雷等著：《冷眼向洋——百年风云启示录》下卷，三联书店，2000 年版，第 266、268 页。

是指以宗教价值观为指导且由外交机构和人员代表国家直接从事的外交行动。此类宗教外交将宗教与外交合一，外交机构设立处理对外宗教事务的专门机构，将宗教嵌入外交机制。宗教不再是星期天早上的布道，而是表现为较为明确的外交指导思想、具体的可操作的规范和运行机制。例如以梵蒂冈、伊朗为代表的国家的神权外交。其二，宗教组织外交。宗教组织外交或者传教士外交是指一个国家的外交机构通过支持、授权或者委托宗教组织和神职人员履行外交使命，实现国家外交政策意图的行为和过程。近代欧洲国家传教士开展的外交和近现代沙特阿拉伯支持伊斯兰国际组织开展的外交就是宗教组织外交。在1994年的朝核危机中，葛培理福音协会成为克林顿政府与金日成之间的信使。其三，宗教游说外交。宗教游说外交是指一个国家的宗教团体在本国或他国国家政府默许的前提下，从事对本国或他国国家政府机构特别是外交机构以及政府间国际组织的游说活动，间接服务于国家外交供其使用，或者推动宗教使命的行为和过程。以色列开展的利用犹太教团体对其他国家政府的游说活动，就是比较典型的宗教游说外交。

从公共外交的角度看，宗教作为一种重要的文化和外交资源，开展宗教外交是增强国家软实力的重要的可行性手段。事实上，人类世界是一个多宗教信仰的社会，世界大部分国家和民族都信仰宗教，在国际交往、民族交流和人际沟通中，宗教都会起到非常重要的作用。宗教认同或寻求和谐共生的接触以及宗教情感的自然流露与共鸣，通常会成为不同国度或民族达到“求同存异”或“和而不同”的润滑剂。经验表明，相关的宗教情感往往会影响、支配不同国度民众在对待国与国之间关系上的态度。而外交层面的多样化决定了宗教与外交的关系不是单维的，也不是平面的。同一个外交场域中往往会汇聚不同的宗教，并产生发散性效应，而所有的宗教力量形成一种合力，就能提供一个宗教与外交的立体综合平台。宗教自身则由于不同的宗教在每个国家的政治地位、文化地位、历史地位不同，也会影响到特定宗教与外交的相关度。因此，在国际关系中善打宗教外交牌，通常会起到比较好的作用，甚至是四两拨千斤的独特效果。

美国学者约瑟夫·奈指出，一国的软实力主要来自三种资源：文化、政治价值观以及被视为具有合法性和道德威信的外交政策。而宗教作为“人类文化的一种表现形态”，是软实力的一种有效来源。这是因为宗教在不同民族、国家以及文明的形成和发展中起着非常关键的作用。宗教作为传统文化力量和精神传承，是相关国家的民族之魂和国家核心价值。从世界现代化进程来看，美国、欧洲各国、日本等国家在从中古、近代到现代社会的转型中，大多继承文化传统中的宗教，并有机结合进当代的社会结构之中，成为其社会文化传承的重要精神支撑，为普通民众提供了心理保障的底线，也为这些国家的崛起与对外扩展准备了必要的软实力。许多以宗教为文化传统的国家，宗教等同于文化。例如：基督教塑造了欧洲与美洲文明；伊斯兰教兴起以来，阿拉伯人开始走向统一和强大，并大举向外扩张，建立起幅员辽阔、影响广泛的阿拉伯帝国，形成一种以伊斯兰教为特色的阿拉伯文化；在中华文化的形成和发展中，宗教同样发挥了重要作用，对中国政治、哲学、道德、文学、语言、音乐、美术、建筑、医学、科技等都产生了深刻影响，留下了丰富的文化遗产。同时，宗教作为一种强大的道德观念体系，其既能成为一国外交政策的“路线图”，亦能为一国外交政策提供一种“黏合剂”。当一国政教关系和谐时，宗教有助于在国内促进民众特别是宗教徒对民族国家的认同，极大地增强该国的凝聚力；在国外，在能促进“同根同源”的宗教徒对本国政府认同的同时，亦能促进宗教“同质”国家之间的同盟。杰克·斯奈德就指出，在判断同盟和敌人时，“传统的权力计算和宗教意图可能同时起作用。”

从实践来看，一些棘手问题往往在国家政治层面上得不到解决，而靠宗教的力量或办法却可迎刃而解。20 世纪 80 年代中国实行改革开放以来，基督教构成了中美沟通的一个重要方面。美国前总统老布什因其在北京担任美国驻华联络办主任的特别经历而与中国基督教人士建立起良好关系。此后，美国政府也支持了至少三次美国宗教领袖代表团访华，其对中国的客观评价在美国也起到了促进中美关系良性发展的积极作用。一些美国宗教界人士对中国的支持，如美国福音派葛培里等人呼吁美国政府给予中国最惠国待遇和支持中国加入世界贸易组织等举动，曾在一定程度上促成了中美政治经济关系的改善。不少西方大国在其政治、经济、军事实力之后亦有其宗教力量的炫耀，鼓吹其宗教价值、标榜其信仰自由、输出其宗教精神。同样，一些小国在外交上也会向其宗教借力，用宗教的软实力来巩固其社会及其政权，靠宗教来完成其文化"走出去"的发展战略。

徐以骅教授认为，在国际政治中，拥有丰富宗教资源的国家完全可以借助宗教建立起自己的"信仰版图"，以为本国的国家安全提供一道隐性的战略缓冲地带，为本国经济发展提供一片广阔的"地缘经济"区域，为本国树立良好的国家宗教形象提供支撑力量。

冷战期间，美苏这两个虽社会制度迥异，但同是宗教大国的超级大国都不约而"同"拾起宗教这一"遗失的治国术"以实现本国的外交目标，美苏所开展的系列宗教外交活动对提升本国的软实力曾起到了积极的作用。①

十月革命以后，对于"人民的鸦片"② 的宗教，苏维埃政权颁布了教会同国家分离、学校同教会分离的法令，试图铲除滋生宗教的土壤，以最终消灭宗教。在这一过程中，作为苏联境内势力最大、教徒最多的宗教组织——俄罗斯东正教会——成为苏维埃政权重点打击的对象之一。虽然俄罗斯东正教会的领导人曾表达了对苏维埃政权的"忠诚"，但并未消除政府对其的"担忧"，结果俄罗斯东正教会处于一种濒临"灭绝"的边缘。以致于"1917 年俄国有 46457 座东正教堂，50960 位神甫，130 位主教，相比之下，在 1941 年只剩下 4225 座东正教堂，5665 位神甫和 28 位主教"。③ 但是，1941 年 6 月 22 日苏德战争爆发后，虽有部分俄罗斯东正教会主教及教徒与德国法西斯为伍，但大部分俄罗斯东正教会主教及教徒并没有对苏联政府"落井下石"，而是"以德报怨"，坚决谴责并反对德国法西斯，站在了

① 贾付强："冷战时期的美苏公共外交"，《公共外交季刊》，2015 年春季号。

② 《马克思恩格斯选集》（第 1 卷），人民出版社，1995 年版，第 2 页。

③ Philip Waiters, "The Living Church 1922 - 1946", Religion in Communist Lands, Vol. 6, Issue 4, 1978, pp. 235 - 243.

苏联政府一边。在苏联国内，临时代理谢尔吉谴责“所有在德占区同敌人积极合作的、像犹大（Judas）一样的神甫”，号召所有俄东正教会的“神职人员和教徒起来建立功勋，与国家一起承受考验”，并在苏联政府的允许下在银行开设了一个账户，以接收来自全国各地教会的国防捐款。在国外，俄罗斯东正教会除了出版名为“俄国宗教真相”（The Truth about Religion in Russia）的系列出版物以向国外读者表明苏联的政教关系外，还向罗马尼亚、南斯拉夫、捷克斯洛伐克和希腊等国的人民和教会发表演讲，呼吁人们坚决抵抗德国法西斯的侵略。①

俄罗斯东正教会在苏德战争中的表现促使苏联政府领导人意识到，宗教及宗教组织可以成为国家的一种“正资产”。鉴于俄罗斯东正教会在苏联卫国战争中做出的贡献，斯大林决定改变之前的宗教迫害政策，实施宗教宽容政策，并积极利用宗教服务于苏联的内政外交。苏联政府意在通过增强俄罗斯东正教会在他国的影响力，来扩大苏联在国际上的影响力。俄罗斯东正教会也“积极履行国家赋予的外交义务，以表达对国家宽容政策的感谢”。②

在苏联政府的授意下，在苏联的势力范围内，俄罗斯东正教会加强了与当地东正教会的联系，使之接受莫斯科牧首区的管辖，以增强苏联在当地的合法性；在中东地区，俄罗斯东正教会访问了中东地区除君士坦丁堡牧首区以外的几大东正教牧首区，目的是提升苏联在该地区的影响力。③

即使在“敌对”的英国、法国、美国等国，俄罗斯东正教会也试图培养亲己势力，以削减西方民众特别是宗教徒对苏联的敌意。1945 年 6 月，都主教尼古拉在牧首阿列克谢一世中东朝觐之旅中，被抽调出来率团出使英国。在为期十天的访问中，俄罗斯东正教会代表团先后拜访了坎特伯雷大主教、约克大主教、多佛尔主教等众多英

---

① Dimitry Pospielovsky, *The Russian Church Under the Soviet Regime* 1917 - 1982, p. 208.

② 乐峰主编：《俄国宗教史》（上），社会科学文献出版社，2008 年版，第 477 页。

③ 贾付强：“俄罗斯东正教与苏联公共外交”，《俄罗斯研究》，2013 年第 1 期。

国宗教界领导人，在白金汉宫拜见了英王乔治六世，还与克莱门蒂娜·丘吉尔进行了交流。此外，尼古拉还特别在菲利普俄罗斯东正教堂向伦敦的俄罗斯移民群体发表了长篇演说，劝说当地东正教会接受莫斯科牧首区的管辖。其结果是，以修士大司祭尼古拉·格里布斯为首的至圣的瓦尔福洛梅教堂接受了莫斯科牧首区的管辖，并促使英国国教会改变了对卡罗维茨东正教教派的态度，明确表示："现在我们只承认俄罗斯牧首的教会。"[①] 在法国，尼古拉于1945年8月24日抵达巴黎，与法国东正教会都主教叶甫洛基谈判，通过描绘苏联境内教会的发展盛况，劝说教区居民回归母教会，并最终促使法国的俄罗斯侨民教会回归到莫斯科牧首区的怀抱。在美国，大主教格里高利在与当地的东正教会谈判时，虽同意给予美国东正教会"自主教会"地位，但却坚持必须由莫斯科牧首区选定的主教来担任美国东正教会的领导人，这导致双方谈判无果而终。直到1970年4月10日，牧首阿列克谢一世才签署宗教谕令（Synodal Tomos），给予美国东正教会自主教会地位。[②] 在为苏联外交提供"宗教合法性"外衣的同时，俄罗斯东正教会还开辟了另一个领域，即通过参与宣传支持苏联开展的和平运动。早在1946年，斯大林就指出，在一个被战争的创伤耗尽的世界里，对和平的渴望可以成为反西方的工具。从1948年开始，苏联组织发起了世界和平运动。在波兰城市弗罗茨瓦夫（Wroclaw）举行的会议上，苏联发出了和平倡议，并于1949年初成立了世界和平委员会（the World Peace Council），以动员民众支持苏联外交政策为主要目标，即禁止西方重整军备和挫败西方建立军事同盟的企图。苏联开展和平运动伊始，俄罗斯东正教会及其领导人就成了这一运动的理想代言人。自1948年始，苏联政府积极支持俄罗斯东正教会参与世界和平委员会的活动，以影响西方公众舆论，推动苏联主导的和平运动。但随着朝鲜战争的结束，这一运动逐渐式微。

① 《尼古拉都主教关于英国之行的报告》，1945年6月，载沈志华主编：《苏联历史档案选编》（第16卷），社会科学文献出版社，2002年版，第754—758页。

② Dmitry Grigorieff, "The Orthodox Church in America an Historical Survey", Russian Review, Vol. 31, No. 2 Apr., 1972, pp. 138 - 152.

在赫鲁晓夫时期，虽然赫鲁晓夫发动了反宗教运动，但其仍未遗忘利用基督教和平会议、穆斯林团体等开展保卫世界和平、裁军、对外解释苏联宗教现状的活动。在勃列日涅夫时期，苏联政府除了利用俄罗斯东正教会以世界教会联合会为平台对西方国家民众开展反对美国的斗争外，还利用国内穆斯林团体开展对穆斯林国家、利用国内佛教徒开展对亚洲佛教国家的出访、朝圣等交流活动。在戈尔巴乔夫时期，苏联政府在“新思维”的指导下，也积极利用国内宗教组织开展与罗马天主教会、国外宗教组织领导人、宗教团体等的“请进来走出去”活动。苏联的宗教外交实质上也收到了较大回报。例如，俄罗斯东正教会代表团对英国国教会的回访促使其改变了支持卡罗维茨东正教教派的态度，转而支持莫斯科牧首区的教会。一些原本脱离莫斯科牧首区宗教管辖的东正教会又重回其怀抱，而俄罗斯东正教会拥有的巨大软实力直接成为苏联软实力的来源。

2012 年普京再次当选总统后，在两年一度的驻外使节会议上引入“软实力”概念，并于次年将其写入《俄罗斯联邦外交政策构想》，表现了普京对提升国家形象、塑造俄罗斯软实力的重视。俄罗斯运用东正教公共外交主要体现在几个方面：首先是利用东正教的辐射性加深与前苏联国家的联系。利用地缘宗教影响地缘政治，以东正教为“楔子”，积极和众多前苏联成员国拓展宗教联系，加深沟通与对话，扩大俄的影响力。第二，利用宗教的和平性、道德性、亲和性，传递国家外交意志，软化俄罗斯对外强硬的国际形象。在众多国际问题和冲突中，俄东正教会积极主动表态，或进行人道救助，或提供舆论支持，在彰显宗教精神的同时，直接或间接传达俄罗斯的外交意愿。例如，叙利亚内战期间，俄罗斯东正教会为受害者募集了一千多万卢布的捐款用于人道援助。第三，把东正教联系作为国家之间关系的缓冲渠道。每当国与国关系低迷时，俄政府都会使用东正教作为沟通的突破手段之一，积极打破僵局。第四，作为激发民族主义的因素，在涉俄利益区推广俄罗斯宗教文化，以地缘宗教扩大地缘政治利益。

美国是现代民主国家贯彻由国家政府主持参与的宗教外交的显例。冷战初期，针对冷战对手苏联利用莫斯科牧首区在东正教世界的影响力来实现苏联外交目标的行为，杜鲁门政府决定把上帝“打造”成为反对苏联的“第一道防线”，联合世界上所有信仰宗教的力量，建立一条国际反共“宗教阵线”。[①] 为建立国际反共“宗教阵线”，杜鲁门政府出台了一份名为《美国信息交流项目中的道德和宗教因素》的报告，要求美国在优先联合“天主教徒、新教徒、东正教徒和犹太教徒”的基础上，与伊斯兰教、佛教、印度教和神道教等“求同存异”，以“反对共产主义”。为此，美国利用国内外宗教组织为苏联的教会提供包括《圣经》在内的非政治性宗教文献，鼓励西方牧师和君士坦丁堡牧首区牧首的代表到苏联与东正教会领导人进行交流，创办教会无线电广播节目以把东正教会的服务和音乐传递给苏联的东正教徒，利用“美国之音”重点攻击苏联政府对宗教的“敌视”以及俄罗斯人民所遭受的“宗教迫害”，在东欧国家的社会组织中宣扬宗教自由的价值。艾森豪威尔上台后，针对缅甸、泰国、老挝等小乘佛教国家制定了“宗教行动计划纲要”，利用宗教组织、宗教领袖、普通信徒对之开展宗教交流活动，此后又将“计划纲要”扩展至其他佛教国家、伊斯兰教国家、印度教国家。在开展宗教交流的过程中，美国政府常利用基督教教会、天主教教会、犹太教教会、穆斯林团体等来实施。[②]

苏联解体、东欧剧变之后，伴随着宗教在国际关系中的地位急速提升，宗教外交的重要作用更是越来越为美国所器重。尤其是在“9·11”事件之后，美国的国家利益及其表达方式，几乎就是一种宗教的布道途径。如同一位美国著名作家对布什总统一些公开演讲所做的评论那样，“与其说是谈论战争，倒不如说是表达一种对宗教的敬仰。”[③] 美国外交和安全权力建制开始从国家安全和战略的高度来看待宗教问题，把宗教问题看成是“国家安全的界定因素”。1998年，在众多宗教非政府组织的大力游说下，《1998 年国际宗教自由法》在美国国会得以通过，从而将宗教问题对美国外交的作用和影

① 贾付强：“宗教战略在美国公共外交中的运作”，《太平洋学报》，2013 年第 2 期。

② 贾付强：“冷战时期的美苏公共外交”，《公共外交季刊》，2015 年春季号。

③ 鲍勃·伍德沃德著，上海美国研究所译：《2001 年布什的战争》，上海译文出版社，2003 年版，第 74 页。

响法律化。作为冷战后美国最重要的人权立法之一，该法虽然有促进世界范围内宗教自由的目的，但在世界范围内推行美国式民主才是其真正的用意，它为美国的外交政策提供了道德制高点，成为美国软实力的重要来源之一。

随着两大常设机构——美国国际宗教自由委员会、国务院宗教自由办公室的相继成立，美国的宗教外交走上了制度化的轨道。两大机构每年分别提出世界各国“宗教自由年度报告”，列出所谓“特别关注国”并通过美国国内立法及外交途径向这些国家施压。其中，美国国务院宗教自由办公室资料来源多为驻各国大使馆或领事馆，而国际宗教委员会的信息来源则多为国际国内众多宗教组织，两条线既彼此独立又相互补充。2002 年和 2006 年，《苏丹和平法》《达尔富尔和平法及责任法》又相继在美国国会通过，经布什总统签署生效。较之传统外交重视地缘、政治、经济等因素相比，今天的美国外交比以往任何时候都更加强调人权和宗教的重要性。美国的宗教外交不再是美国政府偶尔为之的外交手段，也不再是民间宗教团体规模不等、相对零散的活动，而是上升到不仅以宗教外交思想为基础，而且有法律保障、有执行机构、有实施步骤的更为组织化、系统化和规范化的国际化活动。

美国在对外政策上“主权问题人权化”“人权问题宗教化”和“宗教问题安全化”的做法表现得十分明显。在 2014 年 2 月 6 日的国家祈祷早餐会上，美国总统奥巴马再度公开批评一些国家的宗教政策，称所谓宗教自由“事关美国的国家安全”，而维护此种自由“是美国外交政策的一个关键目标”。①

随着全球化发展，宗教复兴和非职业外交的兴起，宗教外交正在成为全球化时代的一种新外交形态。作为一种新外交形态，宗教外交在外交主体、客体、基础和手段等方面都明显区别于现代外交。宗教外交的兴起推动了外交社会化，将宗教问题的不妥协性注入以妥协为逻辑的外交过程中，从而增加了外交的复杂性。尽管如此，宗教外交

① 徐以骅：“宗教与 2012 年美国大选及当前中美关系”，《世界宗教研究》，2013 年第 6 期，第 29—30 页。

是具有强劲生命力和发展潜力的外交形态，必将对现代外交产生深远的影响，尤其是对非宗教国家的外交带来严峻挑战，应当引起中国学术界和外交界的高度重视。

第二节　宗教公共外交案例[①]

在当代实行宗教外交实践的国家中，沙特阿拉伯应该说是比较富有特色的一个。

与埃及、伊朗等国不同，沙特是一个历史非常特殊的现代民族国家，以政教联盟为基础形成部落联盟，国家认同主要建立在可将主要部落认同联结一体的教派认同的基础之上。自1932年正式更名沙特阿拉伯王国以来，沙特一直是政教联盟的国家，伊斯兰教在沙特国家战略中一直占据显要地位。费萨尔国王曾强调沙特“世世代代都将是伊斯兰遗产的维护者和伊斯兰圣地的守护者”，法赫德国王甚至于1986年将“两圣寺的守护者”作为其首位头衔。沙特位于伊斯兰世界的地缘中心位置，担任全世界穆斯林的精神盟主，成为伊斯兰教之宗主国以增强其政权的合法性，一直是沙特对外战略的重要目标。

建国伊始，沙特在大国关系、邻国关系构建中将瓦哈比学派放在首要位置进行操作。基于王国合法性和巩固瓦哈比学派的双层需要，阿卜杜勒·阿齐兹国王高度重视伊斯兰教在公共外交中的重要性。沙特希望以伊斯兰世界性大会为契机，接过土耳其革命后哈里发制度的衣钵，由此于1926年邀请伊斯兰世界的35个代表团在麦加召开“20世纪真正的第一次伊斯兰会议”，宣告成立“世界穆斯林大会”，但未达其初衷。

冷战时期，沙特王国基于自身的统治阶级利益和教派利益，在国际和地区层次上以反共产主义为首要目标，在对外政策中大力推行以其为中心的泛伊斯兰主义，加强了伊斯兰世界的团结与合作。20世

① 案例参见潘桂英：“宗教与沙特外交：战略、机制与行动”，《阿拉伯世界研究》，2013年第4期。

纪70年代以来，泛伊斯兰主义已成为反抗各类左翼运动、抵制无神论和世俗化影响的重要渠道，获得以美国为首的西方阵营的高度支持。1970年，沙特倡导成立伊斯兰会议组织，常设机构秘书处位于吉达。1972年，伊斯兰发展银行在吉达成立，沙特自该组织成立迄今一直是最大出资国；1979年，成立国际伊斯兰援助会。在非政府组织层面，1962年5月，在沙特的支持和资助下，世界穆斯林联盟在麦加成立。在教育层面，1961年，沙特斥巨资创建麦地那伊斯兰大学，并通过奖学金等多种手段吸引其他国家穆斯林入学，力图把该大学打造成为伊斯兰世界学术中心。1981年，在沙特推动下，海湾合作委员会成立，旨在联合对抗伊朗什叶派扩张。苏联入侵阿富汗后，沙特积极鼓励“圣战者”参战。

冷战结束前后，沙特借由其官方支持的宗教扩张，在中亚、南亚和非洲加紧填补当地意识形态和基层组织机构的空白。在机制建构方面，法赫德国王设立伊斯兰事务部，主管传教、布道事务和伊斯兰高等教育机构。1994年，又创立平台性机构最高伊斯兰事务委员会和伊斯兰传教和指导委员会。在对外援助方面，沙特极其重视通过外援巩固对伊斯兰会议组织的掌控，不断加强自身在伊斯兰世界的盟主地位，并根据需要创立新的组织来处理特定事务。1993年，沙特成立沙特援助黑山高级委员会。在公共外交方面，沙特海外援助、传教、教育、慈善、宣传等工作进一步细化和完善，以传教为主，以援助、教育、慈善和宣传为翼推进瓦哈比学派的世界传播。沙特为对外宣传瓦哈比学派建立了庞大的媒体网络，一般由沙特王室人员执掌，并在海外大量援建各类伊斯兰机构。①

① 如1976年始建的巴基斯坦最大的清真寺之一 Shah Faisal Masjid 由沙特援助建立，当时耗资超过1.3亿沙特里亚尔。在法赫德国王在位期间，沙特在国外援建了210座伊斯兰中心（出全资或部分资金）、1500多座清真寺、202所学院和2000所接纳穆斯林儿童的学校。沙特在各国援建的伊斯兰中心功能全面，包括大型清真寺、图书馆、讲堂、学校和住宿楼。1973—1993年，沙特将每年GNP5.5%用做外援。1982—1999年，提供给伊斯兰会议组织国家的捐赠达1040亿美元。参见沙特法赫德国王官网介绍，http://www.kingfahdbinabdulaziz.com/main/m000.htm。参见潘桂英：“宗教与沙特外交：战略、机制与行动”，《阿拉伯世界研究》，2013年第4期。

冷战后时代，全球宗教复兴重塑了世界格局，集信仰与组织为一体的各类宗教在国际、地区和国内政治中的影响不断上升。在全球公民社会深入发展与各类大众媒体争相勃兴的格局中，宗教因其跨国性、草根性和泛阶层化，在多国公共外交中开始受到高度重视。伊斯兰教是20世纪人数增长迅速的世界性宗教，至2015年，已经拥有超过16亿信徒，占世界总人口的23.4%，其中87%—90%为沙特国教所属的逊尼派。据估计，未来20年穆斯林人数还将增长25%。[①] 伴随着全球宗教复兴、冷战时期新兴大国和非国家行为体的崛起，沙特创建和实际领导的多个穆斯林国际非政府组织已成为在全球治理中发挥重要作用的跨国网络，时代的发展更增添了沙特在外交中运用宗教元素的必要性。

在沙特的外交战略中，石油和宗教始终是最为重要的两张牌，石油是外交开展的经济基础，巩固与美国的联盟则是沙特外交的主线。其宗教外交战略可大致概括为：以维护王室家族统治的长期稳定为目标，以维持对美战略为依托，以教派、宗教为基础进行地区—全球建制，领导泛伊斯兰运动，从而确保地区安全与稳定，巩固沙特在伊斯兰世界的地位。

当前沙特发展了相互交错且结构复杂的复合外交机制来开展宗教外交。传统外交机制与公共外交机制既有交叉重叠，又有分工合作。在传统国家外交机制层面，国王及其直接领导下的外交部主导传统外交事务，王室家族委员会、宗教学者委员会、协商会议为综合解决宗教外交重大议题的顶层设计。在国际正式和非正式机制层面，沙特伊斯兰积极组建和主导一系列国际组织，如伊斯兰会议组织、海合会、伊斯兰发展银行；透过主导欧佩克国际发展基金、阿拉伯非洲经济发展银行来发展对伊斯兰世界经济援助；组建并支持各类国际伊斯兰组织及其下属机构的运作及扩展，主要有穆斯林世界联盟、世界穆斯林

① Pew Research Center Report, "The Future of the Global Muslim Population: Projections for 2010 - 2030," January 2011, http://www.pewforum.org/uploadedFiles/Topics/Religious_Affiliation/Muslim/FutureGlobalMuslimPopulation - WebPDF - Feb10.pdf.

青年大会、伊斯兰发展银行、国际伊斯兰援助会等，所需的巨额经费主要来自沙特政府。穆斯林世界联盟获得了联合国经社理事会谘商地位，在伊斯兰世界具有较大影响力。沙特亦通过政府间外交和对外援助不断扩大对总部在巴基斯坦的世界穆斯林大会的影响力。

在公共外交机制层面，沙特旨在最大限度地对伊斯兰世界进行整合，在增进全球穆斯林伊斯兰认同的同时，提高他们对沙特在穆斯林世界领袖地位的认可度。同时在全球层面支持和鼓励伊斯兰宣教事业，宣传和塑造伊斯兰教的和平形象。[①] 伊斯兰事务部和宣教部、朝觐部、高教部、内政部、卫生部、信息部等均参与以宗教为基础的公共外交；半官方的沙特发展基金等组织处理对穆斯林世界的援助事宜；由官方主导的通讯社、电视台等多种媒体网络进行海内外宣传。目前，沙特依靠其独特宗教优势和丰富财政资源开展多层次公共外交，主要举措有：

一是筹划安排各类面对穆斯林世界的、以宗教为基础的援助：（1）在援助和社区建设方面，伊斯兰事务部、各类有或明或暗官方背景的基金会与其他国家的相应部门、组织保持紧密联系，通过提供各类援助、促进伊斯兰社区发展来促进当地经济发展；沙特给一些有显著穆斯林人口的非洲国家的援助超过其他发达国家对发展中贫穷国家的资助。[②]（2）在宣传方面，沙特拥有世界最大的宗教印刷出版机构，印刷《古兰经》，用多种语言印刷多种指导性宣教材料并散发至世界各国，透过沙特控制的全球性媒体网络和组织各类活动进一步深化对伊斯兰瓦哈比教义的宣传。（3）在教育方面，大力普及伊斯兰教育，通过财政、人员援助“走出去”支持海外伊斯兰教育，通过提供奖学金吸引大量外国穆斯林留学沙特。政府大力资助国外修建伊斯兰中心、清真寺、教经学校，资助各类研究所和大学，开展各类宗教交流、进行慈善救助等。

---

① 潘桂英：“宗教与沙特外交：战略、机制与行动”，《阿拉伯世界研究》，2013 年第 4 期。

② Khaled M. Alghoraiyr，Saudi Arabia Development and Cultural Assistance to Sub – Saharan African Countries，Ph. D. Dissertation，city：Howard University，2001.

二是组织和协调宗教朝觐。麦加朝觐为世界最大的跨国宗教运动，每年的参加者达数百万之众，朝觐也成为沙特公共外交的最大公关项目。沙特对朝觐活动组织严密且安排妥善，长期斥巨资修缮和维护麦加禁寺和克尔白等。为服务世界穆斯林的朝觐，沙特政府在吉达修建了主要服务于朝觐期的阿卜杜拉·阿齐兹国王机场，占地面积之大、候机大厅之宽和建造费用之巨均居世界首位，并在吉达和麦加之间修建了世界一流的高速公路，大力改善麦加、麦地那清真寺周边环境，① 同时配备世界一流的医疗设备和医务人员。沙特国王每次亲自邀请一些世界各国的穆斯林人士（每年约1000 余人），他们在朝觐期间享有特别安排。沙特官方电视台对阿拉伯—伊斯兰世界和所有友好国家，以及西方电视机构和国际新闻社免费直播朝觐全过程。沙特政府还举办宗教活动、宗教组织会议等多层次、多类别衍生产品，力求最大弥散朝觐效应。沙特政府历来注重利用朝觐良机，采取多种方式与多国政府、组织和个人对时政重要议题进行协商，促进非正式多方协商，并在此进程中巩固沙特的领导地位。

三是进行跨宗教游说并在全世界宣传伊斯兰教的美好形象，完善沙特国家形象。沙特亦注重与罗马教廷、世界基督教协进会等与不持基督教锡安主义思想且同情巴勒斯坦人民遭遇的基督宗教组织的世界性网络建立联系并开展游说。2007 年，沙特国王阿卜杜拉与教皇本笃十六世进行了历史性会晤。前沙特驻美大使和前驻英大使图尔基·费萨尔在出使期间，不仅常去驻在国清真寺，还拜访多个教堂。2008 年，沙特国王提议，穆斯林世界联盟在马德里主办跨信仰对话，200 余位世界各大宗教的代表参会。“9·11”事件以来，沙特政府尤其注重在美国及其他非伊斯兰国家进行大幅度公关宣传，力证伊斯兰教为“和平、仁慈和宽恕”的宗教，并非恐怖主义源泉，恐怖主义偏离了伊斯兰教正道，沙特在打击恐怖网络方面恪尽职守。此外，基于中东地区教派分歧对地区安全的冲击，沙特以组织和促进教派对话作

① 时延春：《大使的四十年中东情》，世界知识出版社，2005 年版，第 334—335 页。

为缓和途径之一。①

经过多年辛勤耕耘，沙特在运用宗教达成外交目标方面取得了重大成效，军事实力不强的沙特在一定程度上成为伊斯兰世界最有影响力的国家，宗教也成为沙特通过外交巩固王室统治和国家稳定的重要基础。在理念层面，其推广的瓦哈比教义已深入世界各主要穆斯林聚居区，成为对当地影响最大的宗教思潮，甚至改变了众多穆斯林聚居区的教派生态，沙特已成为新世纪泛伊斯兰主义最主要的领导者。在组织层面，沙特在国际组织伊斯兰合作组织、海合会和穆斯林世界联盟等各类非政府国际组织具有主导权，并借此扩大其在国际社会的影响能力。沙特借助宗教建立的组织网络可直接与世界绝大多数国家的基层网络产生联系、在世界多国的穆斯林聚居区具有较大影响力，极大地增强了沙特对其他国家和社会的影响能力。在行动层面，沙特进行的各类活动，如组织朝觐、对外援助和宣传教育等不仅进一步完善了沙特的国际形象，增进了在世界穆斯林心目中的地位，也有力地帮助了沙特宗教理念的扩展和沙特公共外交组织网络的丰富。沙特培育了多国伊斯兰教界的中坚力量，全球穆斯林都将沙特作为伊斯兰教的宗主国，伊斯兰国家也承认并尊重沙特在伊斯兰世界的特殊地位。

但沙特的宗教外交也存在很多局限和隐患，特别是“9·11”事件后，由于多名劫机犯来自沙特，沙特的重要盟友美国国内掀起反沙浪潮。一时间，美国智库、学界、军界的研究者对沙特官方大力输出伊斯兰教均持否定态度，这迫使美国在不危及自身安全利益的前提下，通过机制建设、战略安排和政策实施等大力向沙特施压以促其转型，通过《美国国际宗教自由法》及其实施“大中东民主计划”促沙特进行民主政治改革，甚至通过减少从沙特进口石油，限制沙特人入境等多种杠杆的联合运用来对沙特施压。在各种压力不奏效的情形下，美国政府甚至支持公民社会组织进入沙特引导和协助相应变革，

① AFP News, “Saudi - sponsored Inter - faith Conference Opens in Madrid,” The Daily Star, July 17, 2008.

逐步展开以信仰为基础的公共外交。[①] 2016 年 5 月 19 日，美国参议院通过一项议案，允许“9・11”受害者家属起诉沙特政府。另外，冷战以来，沙特的宗教扩张活动也引起西方民主国家的高度警觉，认为直接巨资资助宗教不符合现代国家政教分离原则，以右翼为主体的众多西方民众长期坚持沙特主导的国内外宗教教育和传统与伊斯兰激进主义密切相关。在穆斯林世界，沙特的宗教外交同样遭遇挑战，一些国家认为沙特的宗教输出与当地政治、经济、民族问题相结合形成结构性问题，认为这与多元宽容的现代社会存在根本性冲突，严重危及国家安全；还有一些人认为瓦哈比教义属于伊斯兰教极端思想，破坏了当地的社会和宗教生态。这些都对沙特的国家形象和进一步的宗教外交行动产生负面影响。与此同时，冷战后中东国家乃至穆斯林世界民主化转型浪潮也对沙特的宗教外交路线产生了强大压力。基于瓦哈比教义在沙特的独特地位，沙特在外交中难以实质性回应宗教多元与宽容的世界潮流。因此，尽管沙特“9・11”后在西方花费巨资，通过促进宗教对话、资助学术研究、进行各类公共宣传等开展公共外交以重塑沙特宗教和国家形象，但成效甚微。

除沙特之外，伊朗也是一个宗教外交特色鲜明的国家。在当代伊斯兰国家中，伊朗是目前唯一实行神权政治的国家，有着高度政教合一的国家体制。《伊朗伊斯兰共和国宪法》第一章第四条规定：“所有的法律法规，包括民法、刑法、财政、经济、行政、文化、军事、政法等全部必须建立在伊斯兰的准则之上。”伊斯兰准则成为伊朗的根本国家利益，伊斯兰认同则主宰着国家的集体认同。伊朗外交极具神权外交性质，什叶派伊斯兰信仰成为伊朗外交的主导意识形态。《伊朗伊斯兰共和国宪法》第一章第三条第十六款规定，须“基于伊斯兰准则之上制定国家的对外政策，对所有的穆斯林尽兄弟般的义务，义不容辞地支持和维护世界各地受压迫的人民”。尽管伊朗的权力体系错综复杂，伊斯兰价值观仍能通过体系内互动融入伊朗外交目标及外交政策的制定和执行之中。与绝大多数国家不同，最高宗教领

① 见国际宗教与外交中心国别项目网页，http：//icrd. org/saudi – arabia。

袖同时是伊朗的最高领袖，处于伊朗政治体系金字塔的塔尖。尽管他一般不直接介入外交政策的具体制定及外交日常运作，但却是伊朗外交事务的最高决策人。而一半成员为宗教法学家的宪法监护委员会通过解释宪法、遴选和审批关键大选候选人，成为影响伊朗内政外交的关键因素，对总统、议会等进行牵制。

第三节　中国宗教公共外交

随着全球化尤其是中国国家利益全球化过程的展开，宗教问题对中国对外关系和对外战略具有越来越重要的意义，宗教领域的公共外交因此也日益成为中国传递自身宗教真实信息，促进与国外民众沟通和对话，塑造国家宗教形象，增进国家软实力和国际话语权的重要方式。

从历史上来看，宗教历来是中外文化交流的重要载体与精神纽带，玄奘西游与鉴真东渡的佳话至今传诵。同时，每当中国试图在东西、海陆两个方向的对外关系中采取积极有为的政策时，宗教亦常常扮演着开拓者与中介者的角色。举世闻名的“丝绸之路”不仅是一条贸易之路、文化之路、和平之路，亦是一条名副其实的信仰之路。而传统东亚世界不仅是一个以中国为中心的文化圈、朝贡圈、贸易圈，亦是一个以中国为中心的信仰圈。历史上，但凡中国处于国力强盛、民族自信的历史时期，都出现了中外宗教交流大发展的盛况。一方面，它意味着中国积极接纳、融合共生；另一方面，它表现为中国真诚地向域外（海外）学习或传播优秀的宗教文化。这种频繁而良性的中外宗教互动，不仅塑造了中国自身，也同时塑造了中国的周边世界。

20 世纪以来，中国逐渐开始意识到宗教在国际交往中的作用并开始尝试推展宗教外交。抗日战争时期，中国宗教界曾利用宗教的国际性特点，广泛进行民间外交，对信仰同一宗教的国家不断进行深入宣传，加深了国际社会特别是国际宗教界对中国抗战的认识，引起了国际社会对中国抗战的广泛关注和大力支持，有效提高了中华民族的国际地位。抗战刚开始时，国际社会并不了解中国抗日的真相，有的甚至为日本的欺骗宣传所迷惑。宗教界人士外出宣传后，国际社会才逐渐了解中国抗战的真实情形，“所到之地，亲华的空气，随之浓厚”。[①] 如中国回教近东访问团在埃及宣传之后，“埃及全国舆论已成大变，始了然于前受日方之种种欺骗，而转为同情中国之言论，对敌方经济制裁运动，亦获效果，敌人士数年来在各回教国欺骗蒙蔽之伎俩，自此完全揭穿。”[②] 这表明宗教界的对外宣传赢得了国际社会对中国抗战的同情。爱尔兰舆论界在中国于斌主教访问后也指出：“中国人已不是无思想的落后老朽。中国人的见解已达到人类思想的高峰。”这说明，欧美人士对中国人的看法有了一定的改变，他们“后悔以前过于低看了中国”，认为中国人“有志气有决心”。[③]

新中国成立之后，面对难以用传统外交手段处理的复杂敏感国际事务时，也往往尝试借助宗教外交这种特殊的公共外交方式。当20世纪50年代中美关系、中国与西欧关系恶化后，中国基督教一方面以“三自爱国”运动获得其在新中国的生存与发展，另一方面仍然以宗教的形式促使中国与西方社会断断续续、隐隐约约地保持了一定程度的交往。20世纪70年代，基督教在中美建交前所起的桥梁作用，一定程度上有助于美国恢复与中国的交往；特别是中国实行改革开放以来，基督教成为中美沟通的一个重要管道。

毋庸置疑，新中国的宗教外交曾走过了一段颇为曲折的道路。新中国成立之后一段时间，宗教被视为中国外交中的“负资产”，宗教研究被视为学界的“禁区”，或被打入高校科研教学的“另册”。宗教一度构成了当时中国与西方在外交和意识形态上“斗争”尖锐的领域。这一问题成为美国等西方国家用来攻击中国的主要武器。

改革开放以来，中国国内的宗教环境有了很大进步，宗教公共外交也有了较快的发展，出现了诸如“世界佛教论坛”、“国际道教论坛”、“中国基督教圣经事工展”、伊斯兰文化展演等各种宗教对外交流

---

① 陈金龙：“抗日战争时期的宗教外交”，《贵州文史丛刊》，2001年第1期。

② “中国回教访问团在埃及宣传抗战”，1938年7月2日汉口《大公报》。

③ “于斌在美工作”，1939年3月8日重庆《大公报》。

活动以及制度性交流平台。这些平台已成为中华传统文化走向世界的良好载体。中国宗教界已与世界上约80多个国家的宗教组织建立、发展了友好关系，积极参加涉及不同文明、信仰、宗教的国际宗教会议和宗教学术会议，广泛参与国际宗教组织，许多宗教领袖和宗教团体在其中积极扮演民间外交使者的角色，并且在国际宗教组织（如世界基督教会联合会）中担任重要职位，这些都对在国际社会和海外华裔社区中展示中国宗教以及实践的良好形象产生了相当积极的效果。

然而，中国的宗教公共外交起步较晚，无论从规模、层级、能力还是影响力方面都尚处于初级阶段。同时，宗教在中国官方对外发展战略中依然处于次要的地位，这与西方、俄罗斯等大国官方政治外交中宗教的存在以及参与形成强烈反差。这既有固有传统的束缚，也是宏观战略性系统思维缺失所致，需要引起我们的反思和检讨。

今天，宗教仍是中外之间相互认知水准最低、信任赤字最大、分歧最为严重的一个领域。这不仅制约了中国积极正面的国际形象的塑造，也是中国实行“全面走出去”战略、开展全方位外交进程中的短板。（1）尽管中国拥有极其丰富的宗教传统和宗教资源，并且已成为全球宗教产品的主要输出国，但中国在宗教领域的国际贡献却远未得到充分的承认与肯定；（2）尽管各种中国宗教信仰在海外拥有庞大的信众群体，却未能将其成功转化为维护与促进中国国家利益的因素，在海外亦未形成宗教领域的“知华友华派”；（3）尽管中国在政治、经济、军事等领域的硬实力已举足轻重，但在宗教、文化等领域的软实力与国际影响力却明显不足，在对外交往中呈现出鲜明的“软硬失衡”态势；（4）尽管中国始终致力于营造和谐健康的政教和教教关系，却未形成向国际社会有效阐述真实宗教国情以及在宗教领域的政策辩护能力，常常在西方国家对中国宗教问题的“政治化”和政治（主权）问题的“宗教化”运作面前陷于被动。

有学者就此认为，中国当前的政教格局是典型的“强国弱教”。①

① 徐以骅：“全球化时代的宗教与中国公共外交”，《世界经济与政治》，2014年第9期，第78页。

因此，宗教要真正成为中国在对外关系领域中的软实力，将宗教资源转化为对外关系成果和增进国家利益的因素，实现从宗教资源大国到宗教文化强国的转变，中国还有漫长的路要走。

毋庸置疑，在中国国家利益布局全球化、能源需求全球化尤其是中东化的后冷战时代，宗教对中国对外战略和对外关系的重要性正在不断增长。在中国当前的对外政策目标尤其是在“丝绸之路经济带”和“21世纪海上丝绸之路”等战略构想和倡议中，就不仅具有经济和政治面向，而且还蕴含着文化和宗教。我们很难设想没有传统文化支撑的可持续的经济“走出去”战略，同样也很难设想缺乏宗教背景和价值观基础的传统文化。同时，宗教作为超越阶层、种族、性别、文化的精神力量，历来是中外文化交流的主要载体和重要组成部分，无疑能为中国开展公共外交以及民间外交提供有力的依托。

近年来，国际恐怖主义包括打着宗教旗号或受宗教极端思想驱动的恐怖主义的重心东移，中国周边地区已成为面临严峻反恐形势的前沿区域，包括中国在内的发展中国家在国际反恐斗争中的任务和责任都在增加。随着美国在中东地区的战略收缩，国际反恐斗争出现“西缓东紧”的局面。宗教极端主义、民族分裂主义和暴力恐怖主义已经构成对中国国家安全最直接、最具突发性和暴力性的威胁。在国际反恐格局发生变化以及中国实施“一带一路”战略的大背景下，中美在宗教领域的博弈将在更大的空间、更复杂的层次以及更多边的舞台上展开。因此，我们必须从国家对外战略和构建中国国家安全利益防线的高度来看待宗教问题，充分认识到宗教是中国综合国力的重要组成部分，是实现中国对外战略目标的重要途径、提升中国国际形象的重要方式以及推动国际治理的重要力量，而宗教公共外交正是将上述目标和构想付诸实施的有效手段。而如何把宗教转变为中国国际战略中的软权力，在国际宗教舞台上化被动为主动，目前已日益成为中国需面对的一项迫切的战略选择。

面对复杂的国际形势，当代中国宗教公共外交需要深入分析世界宗教发展趋势和当前各种宗教互动态势，增强讲述“中国宗教故事”和设置相关议题的能力，以引导国际舆论，塑造中国宗教良好国际形象。

首先，从更好发挥宗教在对外发展战略中的作用上来看，其基本立足点应该睿智地看到绝大多数国家的宗教与其文化、价值观及意识形态的协调一致、有机结合、统一和谐、整体共构；由此从文化战略上重新审视和评价宗教，还原其在中国社会的生存状态。这样，我们就可以充分发挥宗教在中国对外发展战略中的积极作用。

基于公众关系的公共外交与基于政府关系的传统外交不同，强调的是瓜熟蒂落、水到渠成。注重民众思想和心灵沟通的宗教公共外交则更要讲究滴水穿石、润物无声的长期和细致的工作。中华民族具有更注重取经而非传教的民族传统，中华文化艺术的许多优秀成果也都是不胫而走、遍传世界的。在历史上作为多神信仰的国家，中国在宗教上向来不主张咄咄逼人的劝信改宗甚至在信仰层面的反客为主，具有促进全球宗教和谐的潜质。宗教公共外交就是要将中国宗教多元融通、和合共生的和顺之道发扬光大，使之成为可供国际社会参考、借鉴和选择的一种普遍的宗教生态。

其次，要充分发掘宗教作为中国外交重要资源的潜力，化被动为主动，通过中央、地方与民间社团相结合，公共外交和民间外交相结合的方式积极向海外投射中国的宗教影响力。

众所周知，在底蕴深厚的中国传统文化中，宗教文化占有重要地位。在中国传统文化的三大主干——儒、释、道中，佛教、道教三者有其二，可谓是传统文化的重要载体。在长期的历史发展中，无论是外来宗教，还是本土宗教，都浸润于中国传统“和”文化的汪洋大海中，形成了崇尚和谐、包容互鉴、多元共存、和合共生的优良传统。在新的时代背景下，中国宗教的这一传统得到了进一步发扬光大。对于宗教冲突时有发生、宗教对话举步维艰的当今世界来说，中国宗教多元共存、和合共生的历史经验，无疑具有重要的启示与价值。美国学者保罗·尼特曾经评价说：“如果中国对世界大家庭的贡献不仅是经济发展和政治睿智，还有宗教间的和谐与合作，那么我们的世界一定会有更大的和平，或者说更大和平的潜力。”因此，通过适当平台，向世界展示中国宗教和谐的风采，分享宗教和谐的经验，倡扬宗教和谐的价值，正是提升中国文化软实力的一个有效切入点，我们对此应充满信心，并做出实际努力。

例如，我们可以发挥儒佛道在中国传统文化中的主体作用，通过正常文化输出和传播而让世界认识、体悟真正的中国文化及其宗教信仰精神，使世界上具有精神情感和文化志趣的人们形成一种“中国情结”，并对之有着宗教情感。我们可以发挥中国基督教对西方文化，伊斯兰教对阿拉伯、波斯文化的联结、联谊作用，使之能在复杂的国际矛盾、冲突中起化解、沟通的桥梁作用，消解在意识形态、文化心态上的抗衡和对峙，或至少能留下斡旋、商讨的余地。我们还可以充分发挥中国民间宗教及民间信仰在海外华人中对中国文化的向心作用和亲和作用，这些民间宗教信仰历史悠久、源远流长、根深蒂固，属于国际上“文化中国”理念中的核心价值及精神灵魂，我们决不可轻视或小看。它们能够在世界上起到对中国文化传统体系的基础维系作用、培土固根作用和水土保护作用，是中国文化成长、发展的生态基地及其草根植被。对待宗教与中国对外发展战略的关系，我们在看待宗教上应去除其不必要的政治敏感性，但在运用宗教文化战略上则应充分发挥我们的政治敏锐性。

重要的是，在“后传教时代”，我们不仅要“把中国宗教的真实情况告诉世界人民”，而且也需要“把中国宗教的真实情况展现给世界人民”。国家宗教事务局局长、中华宗教文化交流协会会长王作安指出，在对外交流中要讲好“中国的故事”，就必须讲好“中国宗教的故事”。“中国宗教的故事”大体上可分为两大部分，即传统宗教思想和文化以及当代宗教政策和实践。作为中国传统文化基础性的组成部分，前者已经享有很高的国际吸引力和接受度，具有所谓软实力的所有基本要素，而后者却是当前中外尤其是中美之间“相互认知水准最低、信任赤字最大、分歧最为严重”的一个领域。与中国博大精深的传统文化以及与改革开放多年来中国经济快速崛起等“中国故事”相比，由于中外意识形态、政治制度和政教体制的差异，中国当代宗教政策和实践是一个较难讲述的“故事”。但正因为中外之间在对中国当前宗教政策和实践的认知上存在着较大的差距、疑虑、误解甚至曲解，我们更应重视宗教公共外交在消解这些差距、疑虑、误解和曲解，进一步树立中国积极正面的国际宗教形象方面的作用。

要继续配合做好对美工作，在宗教问题上继续加强交流与对话，尽量减少宗教因素对中美两国关系造成的干扰。要继续发挥“中韩日三国佛教友好交流大会”的机制作用，进一步巩固和加强三国佛教“黄金纽带”；发挥中国佛教圣物的独特作用，进一步凝聚东南亚国家对我友好力量。要在“东盟+3”机制、金砖五国机制、上海合作组织等区域性合作机制中设立宗教对话机制，发挥宗教的特殊优势，寻找共同的价值观念，增加粘合力量；要继续配合开展宗教领域的国际人权对话活动；配合参与中国与其他国家的双边及多边人权对话。

要充分依托中国所拥有的宗教圣地、圣物等宝贵财富，积极将港澳台地区、海外华人以及外国信众“请进来”，通过他们的亲身观察向国际社会展示更为真实的中国宗教状况。同时，凭借中国拥有的多元宗教与信仰资源，以更加开放的心态鼓励熟悉中国宗教国情的宗教人士及各界人士“走出去”，提升中国在国际宗教舞台的对话和论述能力。

实践表明，由宗教界人士对外宣导中国的宗教政策，传播中华文化的和谐理念与中国宗教的和谐经验，往往更容易被人接受，有利于增进同各国人民的了解和友谊，提升中国宗教文化的国际影响力，展示中华文化的软实力，塑造和平、友善、文明、包容、开放的国家形象。

以中国佛教为例，就有许多具体的实例。中国佛教主要是在“请进来”与“走出去”的民间外交中，在持续不断的“求法”与“传法”的双向推进中，逐步成长与完善，进而发展成为世界佛教的主体和中心的。以玄奘为代表的求法者和以鉴真为代表的传法者，他们无不是在博通三藏、精研宗门之后，自觉地将纯正的个人信仰转化成社会担当，将悟彻的生命智慧升华为文化精神，将深切的人文关怀凝聚成普度众生的愿行，不唯成为“中国的脊梁”，而且也可以说是世界佛教文化的“脊梁”。

多年来，“少林文化热”经久不衰，原因也是多方面的。其中一个重要因素，就是得益于少林寺“走出去”的战略举措。他们善于凭借少林寺“禅武”文化品牌，借助大众喜闻乐见的形式，在世界范围内建立了“少林文化网络”，以中国嵩山少林寺祖庭与散布在有关国家和地区的少林寺下院、武馆等机构，共同举办“少林文化节”、“少林功夫大赛”等活动，相互呼应，良性互动，掀起了一波又一波的热潮。由此，在宣传少林文化、佛教文化的同时，更是架起一座平台去彰显中国文化丰富的思想内涵与精神气质，开通一条渠道去增进中国与世界人民之间的交往与友谊，打开一扇窗口让世界人民了解中国人民健康多元的人生信仰与和平向上的价值追求。据介绍，每年有 20 余万国际友人参观访问少林寺，数百名外国弟子到少林寺学习功夫和体验禅修生活，还不断有海外武功爱好者与团体到少林寺“认祖归宗”。这正是少林寺“走出去”带来的“走进来”，并由此产生的“连锁效应”。

实际上，官民并行、多层互动的公共外交和民间外交正是党的统一战线和群众路线理论在国际层面的灵活运用。无论是中美基督教领袖论坛、世界佛教论坛、国际道教论坛等高级别会议，还是更富草根性的各种民间性宗教信仰往来都旨在展现中华民族的精神世界。假以时日，中国宗教的国际吸引力完全有可能从目前的“圣物”（如“圣经事工展”“宗教文化展”“佛牙/佛指舍利赴外供奉”）和实践层次(如“少林武功”“家庭教会”“圣经出口”“各教和谐”）逐渐提升到制度、范式和思想层次。

要充分认识到海外华人与外国信众团体的组织、动员和参与能力。除了中国宗教信仰的“走出去”与各种公共外交举措以外，“信仰中国”的第二、三板块是中国宗教信仰在海外最具经常性、建制性、广泛性和草根性的存在，也是西方世界认识中国宗教信仰的一个窗口。因此，通过强化与这部分人群的精神纽带和人员往来，从而塑造所在国民众和政府对中国宗教现状的正确和正面认知，切实增进中国的国家利益，无疑具有相当的可行性。

1997 年 11 月 2 月，江泽民主席在洛杉矶会见美国著名基督教福音派牧师葛培理时，引用了“百闻不如一见”的古语，欢迎葛培理牧师经常来中国访问，看看中国的变化。就中美关系而言，宗教通常被认为是中美关系中的“问题”或“结构性分歧”领域，但加强交流和互动以及管控冲突和分歧，拓宽中美国民意沟通的渠道，缩短两国在宗教问题上的认知差距，减少横亘在两国之间的消极宗教因素，同样也有可能成为中美增强互信的领域。

2013 年 5 月 28 日，习近平总书记在会见美国洛杉矶市市长安东尼奥・维拉莱戈萨时，便对公共外交的性质、公共外交与传统外交的交叉关系及其对中美关系的影响做了很好的诠释。他在会见中指出，推动中美关系发展，不仅要自上而下，也要自下而上，因为“中美关系根基在地方、在民间、在基层”。宗教作为中美关系最具地方性、民间性和基础性的因素之一，其对推动中美关系进一步向前发展的潜能和必要性都是不言而喻的。2013 年 9 月 7 日，习近平总书记在哈萨克斯坦纳扎尔巴耶夫大学发表演讲时，再次强调“国之交在于民相亲”的朴素道理，认为古丝绸之路留给后人的宝贵启示，就是“只要坚持团结互信、平等互利、包容互鉴、合作共赢，不同种族、不同信仰、不同文化背景的国家，完全可以共享和平，共同发展”。宗教不仅能为中国公共外交提供重要平台和载体，向国际社会展现中国人民丰富多彩的精神世界，而且能为“和谐世界”以及“亲、诚、惠、容”等外交理念和实践提供深刻的思想基础和资源。

其三，结合中国国情，积极制定对外宗教外交战略，同时要夯实宗教文化软实力，这也是中国宗教外交真正取得实效的长远性工程。随着中国逐渐走向世界，包括宗教界在内的亿万民众对外交往的公共外交作用不可估量，而作为公共外交的主导者，政府责任更为重大。从战略上看，除了应该抛弃一些固有的、不合时宜的观念之外，重视宗教在对外关系中的意义与价值，在纷繁复杂的国际环境中学会熟练地打宗教外交牌也是应有之意。正如学者陈冠桥所建议的，中国应积极制定宗教外交战略，确定中长期目标；要积极与各种国际宗教组织展开接触和交往，并通过建立宗教外交机制，整合国内相关部门、地方和领域的力量，协同推进宗教外交战略的实施。同时，切实引导好、利用好有利于中国宗教外交的国内民意，加强宗教专项基金、智库和各类非政府组织的建设，积极推进这些组织参与国际对话与交流，形成多元化的、立体式的、全方位的公共外交大格局。

作为中国公共外交战略措施的重要组成部分，宗教文化软实力建设不可或缺。在这方面，政府需要创造宽松的氛围，有助于宗教界阐释和研究宗教在文化内涵和社会功用上与中国社会相融相通的共同点，拓宽“相适应”的共同基础，寻找“相适应”的切入点；有利于发掘、发现和发挥宗教与中国社会相适应的内生因素和内在动力，发挥其在构建中国文化软实力中的积极功能。在当今全球化浪潮中，中国宗教界理应放开眼界观量、敞开胸怀接纳全球的宗教文化智慧，形成开放的宗教文化系统，并有机结合当代中国的社会结构之中，使宗教文化不但成为中国社会文化传承的重要精神支撑，也成为中国在世界舞台上有所作为的载体。总之，只有大力推进宗教文化建设，夯实宗教文化软实力，才能使中国宗教外交这张牌打得漂亮！

在建立危机管理机制方面，中国政府的作用更加显要。在信息全球化时代，宗教领域的各种突发性事件将因各种传统和新兴媒体的传播而迅即放大，其所造成的负面国际公共舆论足以使各国此前刻意打造的国际形象和公共外交努力毁于一旦，而现代信息传递所造成的简单化和片面化的强烈视觉效应也足以使任何姗姗来迟的有关官方声明黯然失色。信息时代公共外交的最大考验之一，就是能否迅速就有关事件尤其是突发性事件做出符合实情的即时和有效的回应。因此，中国政府有关部门应强化宗教领域的危机管理机制的建立，形成有效的危机预警、信息披露和舆情引导体系，动员包括上述教界和学界力量在内的社会力量和新兴媒体参与对公共事件的处理，以专业化和常态化的方式来提升宗教领域公共危机管理的效能。

其四，中国各宗教和宗教团体必须加强自身的基础设施和能力建设。中国的国情决定了政府在公共外交和民间交流中的关键作用，这在较为敏感的宗教领域尤为如此，但如事事由政府包办和管控，处处把政府推到前台，宗教团体缺乏自主性和自发性，甚至将宗教作为公共外交的载体工具化，都会使宗教在对外交流中的积极作用大打折扣，甚至造成事倍功半、得不偿失的局面。因此在宗教以及宗教团体的对外交流活动中，应根据具体情况，建立宗教团体为主、政府为辅，宗教出面、政府隐身，宗教牵头、政府督导，政府主办、宗教配合等多种交流模式，以适应实际交流活动的不同需要。

中国各宗教和宗教团体在开展对外交流中需固本强基，加强自身的基础设施和能力建设，在经典研究、学术发展、思想建设、社会服务等领域形成人有我有甚至人无我有、人有我优的全面系统的理论、实践、制度和模式，实现宗教体制内的自我救赎和完善，否则将自顾不暇，疲于应付；即使走出国门也势必捉襟见肘，顾此失彼。宗教作为“软硬兼施”的力量，其影响依赖于一定的物质条件，如无基础设施的支持，宗教软实力便无从谈起。在当今世界上，美国是在宗教上最具有扩张性且最有能力向世界各地投射宗教影响力的国家。美国在向世界“输出民主”的同时，也通过其教牧明星、慈善事业、宗教尤其是基督教传媒、宗教或基于信仰的非政府组织以及传教团体等“宗教出口业”的“要害部门”将美国宗教以及美国宗教观念和模式输送到世界各地。中国各宗教和宗教团体要在对外交流领域有所作为，也必须在宗教传媒、慈善事业、宗教院校、宗教团体、宗教场所等宗教基础设施或硬件上加大投入力度，从而加强“信仰中国”的周边影响力以及远程投射力。各大宗教在开展对外交流时，可参考和借鉴台湾地区宗教尤其是佛教的“行动人世化、管理企业化、信徒志工化、庙宇据点国际化”等特色和经验。

汤因比曾经指出，未来社会的生机源泉将来自于宗教，不过，宗教也必须不断发展以满足人类的新需要。在人类社会的发展中，需要信仰的力量来凝聚社会共识，团结社会公众，对于人类和平而言，不同国家的民众团结在同一宗教信仰之下，必然会产生积极的文化与文化认同，从而培植和平理念，助推和平进程。作为公共外交重要表现形式的宗教和平活动将成为实践宗教和平理念的重要途径和平台。与此同时，宗教外交的形成和发展也给世俗化程度更高或宗教文化迥异的国家外交带来了严峻的挑战。意识形态的落差使双方对问题的看法截然不同，而披上宗教外衣的一厢情愿的指责或制裁尽管对另一国来说不无荒谬，却能在本国民意调查中多获好评。宗教外交往往会成为一些国家政府打国际牌获取政权合法性和支持度的工具，而这样势必对国际关系产生负面影响。因此，需要对宗教外交的影响和局限继续深入研究。

第八章

侨务公共外交

第一节 侨务公共外交概论

侨务公共外交是中国国务院侨务办公室最早提出的一个概念。2011 年 9 月，国务院在《国家侨务工作发展纲要（2011—2015 年）》中，对“十二五”期间的侨务工作做出了全面规划和部署。该纲要首次把“拓展侨务公共外交”列为中国侨务工作未来五年的重要任务之一。在一个月后召开的全国侨务工作会议上，国务委员戴秉国指出，目前中国面临复杂的外部环境，在此种情况下，要鼓励海外侨胞以多种方式向住在国政府及主流社会介绍中国的基本国情、发展道路和内外政策，帮助他们客观看待和认识中国的发展进步。国务院侨办主任李海峰指出，侨务公共外交要重视以“以侨为桥——沟通中国与世界”为主线，加强侨务公共外交，要使海外侨胞成为促进中国与住在国各领域合作交流的友好使者。此举既有利于海外侨胞的长期生存发展，也促进了住在国的经济社会进步，同时更为增进侨胞住在国民众对中国的亲近感，提升中国的国际形象奠定了基础，可以说是达到了“三方共赢”。①

---

① 李海峰：“努力开创侨务工作新局”，中央政府门户网站，http：//www. gov. cn/jrzg/2012 -01/01/content_ 2035568. htm。

一般而言，侨务是一国政府为处理各种与侨民事务而制定的政策行动方案，涵盖了维护海外侨民权益，增进本国与侨民居住国家之间的关系，维护良好国家形象等内容。① 在国际上，通行的做法是将侨务置于一国外交的整体考虑之中，由政府设立专门的领事服务和外交保护部门，为海外侨民提供各种服务，因此，国外并无侨务外交一说。侨务外交在国外最早被称为领事外交（Consular diplomacy）。近年来，随着全球化的深入发展，领事事务和海外侨民事务日益走向混合，且均转化为外交事务，外交越来越成为以外侨为轴心的社会性事务，因此现在国外通常把侨务外交称为外侨外交（Diaspora Diplomacy）。由此可见，侨务公共外交是全球化时代背景下外交公众化与侨务外交化融合的产物，并逐渐成为各国外交所重视和依靠的重要力量。

海外侨务工作之所以能与公共外交产生交集，或者说侨务公共外交之所以成为一种公共外交模式来源于其必要性与现实性。除了全球化的因素，原因还在于公共外交和侨务工作存在着诸多共同点，那就是均强调“公众因素”对于一个国家的重要意义，均强调本国公民和海外侨民对一国外交政策的意义和影响力。有学者认为，一国的外侨通常具有三个特征：散居海外、母国情怀和边界维持。② 其中侨民的母国情怀显然是一国开展侨务公共外交的重要基础和依托。另外，公共外交在越过边界与对方国家公众进行交流与沟通时，遇到的最大障碍就是跨文化差异与意识形态障碍，因此，能否有效地进行跨文化沟通就成为公共外交能否取得成功的关键。很显然，侨民在理解祖国与其居住国之间文化差异，化解文化偏见，按照居住国文化思维方式与其公众进行沟通方面具有得天独厚的优势。由此可见，侨务公共外交一方面显示了国家政策层面上“侨务”与“公共外交”对接与融合的必要性，同时外侨在化解文化和意识形态障碍，尤其在传递特定

① 张赛群：《中国侨务政策研究》，知识产权出版社，2010 年版，第 1 页。

② Makumi Mwagiru. The African Union's Diplomacy of the Diaspora: Context, Challenges and Prospects . African Journal On Conflict Resolution, Vol. 12, No. 2, 2012, p. 73 – 85.

国家的“真实形象”过程中的作用体现了其现实性与可能性。

值得指出的是，侨务公共外交是一国政府对海外侨民的外交沟通，它与公共外交、领事外交、文化外交、民间外交等概念相互联系并彼此交织。侨务公共外交仅仅是与侨务相关的那一部分公共外交事务，仅仅强调对海外侨民和归国侨眷的沟通，公共外交涵盖的范围要比侨务公共外交大得多，目的也要复杂得多。而“领事外交，又叫领事保护，是指一国的领事机关或领事官员，根据本国的国家利益和对外政策，在国际法许可的限度内，在接受国内保护派遣国及其国民的权利和利益的行为”。[①] 领事保护是一种侧重于商业、民事和社会事务的预防性保护，不仅包括本国公民事务，也包括非本国公民事务。侨务公共外交则锁定本国侨民，非本国侨民不在工作对象范围之内。从活动的内容来看，侨务公共外交包括文化交流，即文化外交的主要内容，而又不仅限于此。通过侨务公共外交，外侨可以代表国家表达诉求，有更多政治方面的内容。民间外交的范围虽然广、内容和侨务公共外交也大体相似，但参与的人群却大相径庭。民间外交的参与者更多的是本国民众和他国民众，而侨务公共外交的主体是海外的外侨，这也是侨务公共外交最显著的特征之一。[②]

概言之，所谓侨务公共外交，就是一个国家的（中央或地方）政府通过有效利用自身的侨务资源，把侨务工作与公共外交有机结合起来，使二者相互借鉴、相互促进，共同服务于政府的官方外交，共同致力于维护和增进自身国家利益的外交活动。

第二节　侨务公共外交案例

一、“小国雄心”——以色列侨务外交

犹太人被誉为当代世界最富有智慧，事业最为成功的民族之一。

① 梁宝山：《实用领事知识》，世界知识出版社，2001 年版，第 235 页。

② 赵可金：“中国侨务外交的兴起”，《东北亚论坛》，2013 年第 4 期。

以色列侨务公共外交的核心目标旨在充分发挥世界各国犹太人的影响力，使居住国的内外政策向有利于以色列的方向发展。为此，以色列通过努力弘扬犹太文化传统，不断加强与境外犹太人的精神文化纽带，为侨务公共外交奠定了深厚的文化基础。同时，以色列历届政府所制定的政策因地、因时制宜，充分发挥了以色列自身的优势和特长，从而保证了以色列侨务公共外交的成功。

以色列侨务外交在美国开展得最为成功，也最为典型。2007 年，芝加哥大学教授约翰·米尔斯海默（John. Mearsheimer）和哈佛大学教授斯蒂芬·沃尔特（Stephen M. Walt）在其新著《以色列游说与美国对外政策》一书中指出，决定美国中东政策的不是国际格局，也不是美国国家利益，而是以色列与美籍犹太人群体的游说活动。[①] 美国国内有一句俗语，“控制世界的是美国人，控制美国的是犹太人”。这表明，在当代美国的政治、经济、文化诸领域，犹太人作为以色列对美公共外交的重要资源，拥有着毋庸置疑的影响力，特别是对美国公众舆论的形成、意识形态的塑造和对外政策的制定都发挥着举足轻重的作用。

美国犹太人之所以能形成如此巨大的影响力，固然出于美国犹太人自身社会经济地位的大幅提升及其独特的政治行动主义态度，也离不开美国的政治制度环境以及整个社会亲犹、亲以主流民意的同情和支持。

首先，犹太人在美国举足轻重。根据美国 2015 年人口普查，美国犹太人约 600 多万人，约占美国人口比例的 3%。但在美国政治、经济、文化等领域影响巨大，这也成就以色列侨务公共外交今日的辉煌——有力影响了国会、政府、智库、传媒和高校，甚至是“草根阶层”。据统计，最近几届政府中，犹太人在参议院一般会有 10—15 个席位，众议院中也有 10% 左右的席位。可见，犹太人在政坛有着与其人口数不成比例的巨大影响力。美国政府的要职上常见到犹太人

---

① John Mearshemer, Stephen Walt, *The Israel Lobby and American Foreign Policy*. Middle East Policy, Vol. 13, No. 3, 2006, pp. 29 - 87.

的身影，如前国务卿基辛格、奥尔布赖特，以及布什父子政府中著名的鹰派人物、有着“伊战教父”之称的沃尔福维茨，克林顿内阁中有国防部长科恩等六位犹太裔，奥巴马的白宫办公厅主任伊曼纽尔、白宫国家经济委员会主席萨默斯、美联储主席伯南克等都是犹太人。难怪美国前总统罗斯福曾感叹，影响美国经济的只有两百多家企业，而操纵这些企业的只有六七个犹太人。在美国2015年《福布斯》杂志公布的富豪榜上，前40位中有16人是犹太人，华尔街的金融精英中也有半数是犹太人，如“股神”巴菲特、“金融大鳄”索罗斯，高盛、雷曼兄弟、英特尔等公司的创建人也都是犹太人。有的犹太商人更是由富而贵，有财有势，最新的例子是纽约市长布隆伯格。他是彭博资讯社的创办者，当选纽约市长的时候身价50多亿美元，现在两任市长任期将满，还想连任，而且很有希望当选。他在纽约的名望超过了奥巴马，是名副其实的纽约第一人。面对如此巨大能量的犹太人族群，在选票至上的美国，任何政治家都不敢小视犹太人选票。正是因为美国犹太人的较高的经济和社会地位，以及政治威望，为他们进行政治参与创造了条件。另外，犹太教和犹太复国主义，也称锡安主义[①]，是他们在涉及美以外交政策中表现亲以倾向的精神动力和纽带。

其次，美国犹太人的成功也与美国国内政治制度和社会文化环境有关。美国社会“亲以”和“亲犹”具有深层次的宗教文化原因[②]。由于犹太教和基督教的渊源以及对犹太人在二战期间遭受大屠杀的同情，美国公众对犹太人及其国家以色列一直抱有亲近的态度。早在1922年，美国国会就通过了《在巴勒斯坦为犹太人建立一个民族之家》的决议。经过以色列多年的公共外交努力，这种最初的同情和

① 锡安主义，即犹太复国主义，起源于犹太人的风俗传统，他们祈祷着能早日回归家园。它诞生于19世纪欧洲的思想政治运动，旨在巴勒斯坦重建第一个属于犹太人的主权国家。这种思想赋予了他们顽强的意志和坚定的决心，使得分散于世界各地的犹太人团结起来建立一个犹太国家。

② 彭肇一：“冷战后犹太人利益集团对美国以色列政策的影响”，《外交评论》，2008年第4期。

亲近逐渐转化成为一种持续而稳定的支持和理解。大多数美国人认为，以色列是一个特殊的国家，与美国有着密切的关系，政府应该尽可能予以援助，以维护其安全和独立。美国各类民意调查机构的最新问卷调查显示：约有58%的美国公众在总体上持支持以色列的立场。这一数据在过去几十年中，虽有波动，但总体变化不大。即使在得知以色列是每年接受美国援助最多的国家之后，仍有半数以上的受访者保持初衷，并认为以色列值得美国这样做。同时，根据《纽约时报》的调查，有76%的美国人认为以色列面临着来自阿拉伯世界的巨大威胁，且对美国的利益至关重要，美国政府要对此予以重视。因此，布兰代斯大学美国犹太史教授约拿单·萨纳指出："总是有大批人士希望美国和以色列的关系能够维持在一个非常稳固的基础上。"① 而部分公众对以色列的支持甚至已经达到愿意政府付出任何代价的地步。

出于自我保护意识和民族责任感，美国的犹太人参政的意愿和能力普遍非常强烈，而美国三权分立的民主政体为犹太教政治组织能够介入到政策决策程序之中创造了机遇。美国的政治分析家米切尔·巴德曾说过，犹太人是以一种宗教式的热情参与政治，他们的投票率比其他任何族裔都高，② 而且他们在决定投票前都要看政党候选人对以色列所抱的政治倾向。据统计，历届美国大选，仅占美国3%的犹太人有超过90%的人参与投票，每逢大选，各个候选人为了争取选票，都竞相向犹太选民们表明他们在中东问题上的亲以态度。美国的两党在选举问题上都希望犹太人投自己候选人的票，进而得到犹太人的大量资金援助。

从美以关系发展史来看，"罗斯福新政"和"六日战争"是造就20世纪以来犹太人在美国政坛强势崛起并对美国公共事务开始产生越来越强大影响的重要转折点。

---

① 周意岷："以色列工党对美国的公共外交（1948—1977）"，《公共外交季刊》，2013年冬季号。

② 许德亮："犹太人控制美国"，《扬子晚报》，2011年12月6日。

1933—1945 年富兰克林·罗斯福执政时期，正是纳粹德国反犹、迫犹逐步升级的时期，在法西斯侵略面前，罗斯福总统选择了“充当世界民主的堡垒”，在救助犹太难民方面显示出人道主义的姿态。为恢复和发展 1929—1933 年大萧条后的经济，罗斯福总统起用了一大批精明强干的犹太人在美国各级政府内出任要职，使犹太人从过去基本上只是美国政治的旁观者转变为美国政治的积极参与者和行为者。罗斯福总统对犹太人的青睐有加是在他之前的美国历届总统中从未有过的。这个巨大转变深刻地影响到了犹太人在美国的身份、地位、心态和政治倾向，同时也对犹太复国主义运动以及其后的历届美国政府对犹太人的政策产生了深远的影响。

建国初期，以色列对美国而言几乎没有任何价值，甚至是“负资产”：不仅土地贫瘠，资源匮乏，在经济和战略价值上都无法满足美国的要求，而且还因为第一次中东战争对以色列的军事援助，恶化了美国与阿拉伯世界的关系。此时以色列的软实力——美国犹太人在维系美以关系中所发挥的作用就显得极为重要。从 1948 年开始近 20 年的时间里，在以色列政府的积极运作下，美国犹太人和社团组织不仅成为以色列的重要资金来源，缓解了以色列的财政危机，而且成为美国和以色列沟通的重要桥梁。犹太人“院外集团”开始积极影响政府决策，他们宣称：犹太人在历史上多次惨遭劫难，有理由赢得美国人民的同情，支持在他们的祖先居住之地建立一个犹太人国家，而且“在一个政治不稳定但又至关重要的地区建立一块民族的亲西方的飞地，将保护今后美国在该地区的利益”。① 20 世纪 50 年代中期，在以色列政府和美籍犹太人的积极运作和支持下，一批致力于维护和加强美以特殊关系和以色列安全的组织开始如雨后春笋般大量出现，如“美以公共事务委员会”“主要美国犹太人组织主席会议”等，前者主要针对美国国会进行游说，后者主要是对总统施加压力。② 1956

① 赵伟民：《中东问题与美国的中东政策》，时事出版社，2006 年版，第 44 页。

② 汪舒明：“美国犹太人的自由化和保守主义”，《世界民族》，2008 年第 2 期，第 52 页。

年苏伊士运河战争期间，艾森豪威尔总统基于第一次阿以战争的教训，在阿以问题上采取“中立”政策，并要求以色列在领土、难民和水资源等被以色列认为与其生存与安全息息相关的问题上妥协，战后又严令以色列归还西奈半岛，致使美以关系跌入到历史最低点。但以色列在苏伊士运河战争中的表现使后来的肯尼迪政府开始重新考虑其冷战价值。美籍犹太人有亲民主党的传统，肯尼迪当选总统获得了90%以上犹太人的支持。在犹太人利益集团的积极游说下，肯尼迪总统基于战略考虑第一个承认了美国与以色列存在特殊关系，加大了对以色列的军事援助。

1967年“六日战争”期间，犹太利益集团利用其“大棒和胡萝卜”并施战略，成功地迫使在阿拉伯问题上犹豫不决的美国约翰逊政府放弃了对以色列的“再次评估”政策，扩大了对以色列的军事经济援助，最终帮助以色列打赢了战争。“六日战争”的重大胜利不仅使以色列获得了“生存与安全”的战略目标，而且极大地振奋了美国犹太人的民族精神，保卫以色列从此成为美籍犹太人的共识和目标。同时，通过“六日战争”，以色列奠定了美国中东战略资产的地位，美国对以色列的援助开始由道德层面发展到战略层面，美以关系基础变得更加牢固，犹太利益集团也拥有了向美国国会和政府游说的重要资本。犹太利益集团的游说策略随后发生了重大改变，由“道德游说”发展到“策略游说”，同情犹太人的地方民间社团组织也开始得到美国社会的支持和认可，美籍犹太人由此进一步扩大了在美国社会的影响力，成为以色列开展对美公共外交的重要侨务资源。

综合起来看，以色列对美国开展侨务公共外交主要有以下途径：

首先，调动美国犹太人的积极性，发挥其对美国对外政策的影响力。19世纪以后，随着欧洲排犹运动的兴起，大批犹太人开始向美国移民。20世纪30年代，由于纳粹德国对犹太人的迫害，这一移民达到高潮。目前，美国的犹太公民数量超过600万，约占美国总人口的3%，但是其能量巨大，控制美国大约5%的国民收入，且在美国工商界、金融届、文化传媒界、政界等领域都独占鳌头。以文化传媒业为例，美国1750家报纸中，犹太人经营的占50%以上。《纽约时报》《华盛顿邮报》《华尔街日报》等世界著名报纸都在犹太人的控制之下。美国三大广播公司哥伦比亚广播公司、全国广播公司和美国广播公司也均为犹太人所创立。而在美国政界，也涌现出一大批能够直接影响对外政策的知名人物，如基辛格、布热津斯基、沃尔福威茨等。他们一方面忠于美国，另一方面又忠于犹太民族。对于以色列来说，这些在美犹太人无异于一笔巨大的国家财富。

以色列对美侨务外交成功的前提不仅在于犹太人的巨大影响力，更在于美国犹太人是以色列的坚定支持者。作为美国一个少数族裔群体，他们通过一系列的方式去进行政治参与，例如支持亲以色列的总统候选人；积极游说国会；组织政治宣传去影响美国的主流媒体和公众评论。以色列政府通过他们引导美国的公众舆论，塑造美国精英阶层对以色列的认同，从而对政府在制定对外政策方面产生最直接的影响，促使其维护以色列的国家安全，并为以色列的发展提供帮助。

其次，利用美国政治的特性，通过各种美籍犹太人和犹太利益集团影响美国的内政外交。美国犹太人影响政治有多种方式，选举投票是最直接的方式。长期以来，美国选举的投票率不高，但犹太人的投票积极性却一直高涨，平均达到90%。由于近90%的犹太人集中居住在纽约州、加利福尼亚州、宾夕法尼亚州和密歇根州等12个关键选区，他们对大选的影响可想而知。为了在政治博弈中获利，犹太人还非常热衷于搞政治捐款。2000年美国大选捐款名次中，前五名中有四名是犹太人。一开始，犹太人的政治捐款很缺乏组织，但犹太人在20世纪80年代成立了专门协调捐款的“政治行动委员会”，此后情况便大有改观。

通过犹太利益集团间接影响美国内政外交是以色列公共外交的重要方式。犹太利益集团是以犹太人为主体的亲以利益团体，形成于19世纪60年代，是特定历史与美国独特的政治文化相结合的产物，在犹太复国主义出现之后迅速发展，到目前共组建300多个团体，其中，影响力较大的有美以公共事务委员会、反诽谤联盟、美国犹太人委员会以色列联合会等。

由于特定历史、文化、宗教的原因，犹太利益集团一直将在外交上关怀以色列视为集团至高事业。犹太人的自我奋斗精神、极高的参政热情和雄厚的经济地位构建了犹太利益集团的实力基础。经过近百年的历练，无论从组织结构还是游说技巧来评判，犹太利益集团均是美国最优秀的利益集团之一。以色列建国以后，这些团体空前团结，开始为支持以色列这个犹太人自己的国家而奔走。历届以色列政府也与美国的犹太人团体广泛接触，双方的合作不断深化。与其他的宗教利益集团相比，犹太利益集团更加倾向于采取直接游说的方法与决策者进行面对面的沟通，利用媒体后盾进行舆论造势，通过提供资金支持影响选举大局。与此同时，各利益集团还注意扩大在公众中的影响力，特别是争取年轻的拥护者，在全美培养亲以势力。

以色列利用犹太利益集团开展公共外交最突出的成就是，它以灵活的游说策略与强大的政治动员力将以色列的利益始终置于美国人关注的前台，使得以色列利益成为美国中东外交的核心。

2014 年初，傅立民被奥巴马总统提名为美国国家情报委员会主席。但傅立民一直被美国犹太人游说集团视为眼中钉。原因在于他曾多次公开批评以色列的政策。2006 年哈佛大学和芝加哥大学的两名学者撰写了一篇批评犹太游说集团的论文《以色列游说集团与美国外交政策》，在美国遭到封杀而不得发表，而傅立民却帮助推广这篇文章。结果在对傅立民的提名公开之后，“美以公共事务委员会”展开了强大的游说活动，以犹太裔参议员乔·利伯曼为首的亲犹势力也向政府施加压力，宣称傅立民是一个“错误的人选”。在舆论不利的情况下，傅立民只好主动放弃。尽管他“观点鲜明、极具创造力及分析精神”，但也只能败在势力强大的犹太人手下。

1981 年 6 月，在美国以色列公共事务委员会的活动下，有 54 名参议员和 224 名众议员共同签署了一封给里根总统的信，反对他决定售予沙特阿拉伯五套防空警报设备，结果使该出售计划泡汤。

“9·11”事件后，伊拉克一度被视为以色列的最大威胁之一。在伊拉克战争中，犹太游说集团发起了大规模的情报公关活动，目的是使人们相信萨达姆政权的威胁迫在眉睫。2005 年 3 月，美国犹太人委员会的巴里·杰克布承认，在美国的情报界，认为以色列和新保守主义分子联合起来令美国卷入伊拉克战争是“非常普遍的看法”。一份调查显示，有40%的美国人认为亲以犹太“院外集团”是美国发动伊拉克战争的关键因素。

第三，根据美国社会宗教氛围浓厚的特点和独特的犹太基督教传统，开展公共外交，构建美国民众和精英对以色列的认同。美国是一个开放的国家，同时也是一个保守的国家。自立国以来，宗教势力一直在美国社会扮演着重要角色，而民众也有着强烈的宗教情结。从某种程度上说，美国社会的宗教氛围比欧洲要浓厚得多。在各种宗教之中，基督教（确切地说是新教）无疑是美国影响力最大的宗教。从美国总统在宣誓就职时需要手按《圣经》这一点，可见一斑。犹太教与基督教有着密切的关系，可以说基督教是源于犹太教的。于是，美国社会也就形成了一种犹太基督教传统：美国大多数基督徒们认为他们所信仰的基督教和犹太教有着共同的渊源，相信基督教是犹太教的继承和发展。同时他们还认为犹太人也是上帝的选民，支持以色列就是遵从上帝的旨意，能得到上帝的庇佑。因此，这些亲以基督徒成为以色列在美国的一支重要代言势力。他们与犹太人、犹太利益集团一道，影响政府决策，发表亲以言论，影响国内选举，从而促使政府制定出各种有利于以色列的政策。

第四，利用大众媒体宣传他们在以色列的利益，表达他们的亲以倾向，使得美国支持以色列并符合美国国家利益的这一观念受到公众的普遍接受。

美国奉行西方民主政治，因此在其政府制定政策的时候，常常会考虑公众舆论的影响，如果没有公众的支持，新制定的政策就不会得到支持，政府不久也会危机四伏直至垮台。而公众的舆论很大程度上又受到大众媒体的影响，这种隐形力量深深地制约着每个公民思想观念的形成和改变。因此，大众媒体是使公众影响美国政策制定和实施的重要因素。在美国，犹太人控制着媒体，他们在新闻界、出版界和影视界都占据举足轻重的地位。在好莱坞，犹太老板掌控之下的时代华纳、梦工厂、米高梅等公司，斯皮尔伯格、卡森博格等著名犹太人导演不断出品反思二战、追忆犹太人历史的作品。美国三家著名的广播公司：美国广播公司、哥伦比亚广播公司、国家广播公司都是亲犹太人的；主导美国报业的三大报纸《纽约时报》《华尔街日报》《华盛顿邮报》都是犹太人持有最多的股份，他们利用新闻舆论向美国政府施压，争取公众对以色列的支持，使美国政府许多政策的制定都满足了美籍犹太人的利益。

从美以关系来看，自从 1948 年以色列实现了建国的梦想，美国和以色列就一直保持着紧密而特殊的关系。在长达几十年中，美国无论是从军事上、经济上，还是政治上都给予了以色列大量的援助和支持。美以特殊关系，以及美国对以色列的援助和支持虽然主要是从美国国家利益出发的，然而，美国社会中犹太人这个关键的因素也是不能忽视的。其中来自美国主流社会基于宗教的同情、理解和善意正是犹太人在美国社会政治中影响力大幅提升的不可忽视的原因。

针对以色列政府的侨务公共外交，2006 年约翰·米尔斯海默与斯蒂芬·沃尔特联合发表了一篇名为《以色列游说集团与美国对外政策》调查报告，指出长期以来美国中东政策的基点是美以特殊关系，而非美国国家利益，并且认为美国的犹太利益集团和以色列游说集团在这一问题上扭曲了美国的国家利益。作者指出，对以色列不加区别的支持，破坏了美国在阿拉伯世界的信誉，助长了恐怖主义，妨碍了中东和平进程，使美国的国际形象严重受损，国际地位日益削弱。作者大声疾呼："是时候了，美国应该视以色列为普通国家，就像对其他任何国家一样。"该报告的出笼一方面遭致美籍犹太人和犹太利益集团的愤怒反击，结果导致美国没有一家出版社和杂志社敢于出版和发表此文，另一方面也引起美国现实主义政治学派对犹太利益集团控制美国中东政策活动的严重不满和激烈批评。迫于压力，犹太利益集团开始注意其政治活动的方式，逐渐减少了直接的游说活动，转而更多地选择间接游说，如以"基督教—犹太教"为纽带，展开宗教公关，借助媒体力量，争取美国民众对以色列的认同，制造民间的亲以声音等。可以说，这是犹太利益集团和亲以右翼保守势力在现实主义者面前的一次妥协和变通，但其强大的政治影响力并未因此而削弱，对以色列的关注和支持也不会因此而有所转变。[①]

冷战结束以来，恐怖主义和大规模杀伤性武器的扩散成为美国和以色列共同关心的首要问题。美籍犹太人对于以色列的生存和发展尤为关心，他们将会一如既往地在美国社会发挥重要的作用并积极参政。同时，美国也将考虑到他们在美国的利益并制定亲以政策。可以预测，随着美以之间的特殊关系的维持和发展，以色列对美侨务公共外交也将焕发出新的活力。

二、“侨民日不落国家”——印度侨务外交[②]

近年来，印度政府积极开展侨务公共外交活动，通过数量众多的海外印度人这一公共外交资源，充分发挥其软实力的作用，取得了良好的效用，被誉为发展中国家侨务公共外交实践的典范。同时由于印度的侨务公共外交涉及全球的很多地区，印度也被称之为“侨民日不落国家”。[③]

当前，海外印度人是印度侨务公共外交的主要资源，海外印度人包括拥有外国国籍的印度血统的人，称为印度裔外国人；拥有印度国籍但侨居国外的印度人，称为非居住印度人；海外原印度籍人士，称为海外印度公民。海外印度人事务部2014—2015年年度报告称海外印度人的人口总量在2700万以上。海外印度人一方面通过情感和家庭纽带与印度保持联系，另一方面通过文化、社会和经济利益与祖籍国互动。借助高度的信息工程网络和廉价的交通运输服务，海外印度人联系起来，组成了海外印度人社团网。海外印度人社团还创立了方便侨汇、资本和投资运作的渠道，不仅与祖籍国联系，还与居住国相对应的贸易伙伴互动，实现了双赢。海外印度人这一公共外交资源的主要职责是扮演桥梁纽带的作用，获取市场信息、投资机会、专业知

① 王俊民：“美国犹太利益集团政治活动方式解析”，《外交评论》，2012年第21期。

② 康晓丽：“印度侨务公共外交方式及其特点”，《公共外交季刊》，2015年第3期。

③ Sanjay Chaturvedi. Diaspora in India's Geopolitical Visions：Linkages，Categories，and Contestations. Asian Affairs，Vol. 32，No. 3，2005，p. 141.

识和技术。他们通过已有的互动和参与形式，推动了移民的发展，协调了祖籍国和居住国的移民政策。

印度政府将海外印度人视为其公共外交的重要组成部分，如何有效管理海外印度人事务，充分发挥其在公共外交方面的软实力，扩大祖籍国影响力，进而为居住国和海外印度人本身发展谋福利是印度政府外交工作的重要一环。为此，印度政府专门设立了“海外印度人高级委员会”和“海外印度人事务部”专门负责海外印度人的所有事务，海外印度人各项政策的执行是通过海外印度人高级委员会为主的印度侨务组织实现的，这些组织是海外印度人践行印度侨务公共外交的重要行为主体和作业平台。印度政府对海外印度人政策的主旨在于充分发挥其对居住国社会经济的贡献力，如创新思维、人才培养、多元文化因素等，这有助于推动居住国社会经济发展，也是印度公共外交资源软着陆的表现。在此基础之上，海外印度人也为印度创造了和谐的国际环境、良好的国家形象和潜在的经济机遇。

印度侨务公共外交的具体内容包括：一是出版刊物和书籍。由图书委员会（Books Committee）负责，将印度的经典翻译成各种外语，向海外印度人居住国出版各种印度经典刊物和书籍，全面介绍印度。《印度视野》是印度侨务公共外交出版物中的最佳刊物，被翻译成17种语言，传播至150多个国家，主要介绍印度的文化遗产，多元的社会和繁荣的经济。二是印度侨务公共外交将音乐和电影作为主要的软实力，将当前印度的流行和传统音乐通过电子传媒的方式向世界展示，最有特色的有宝莱坞音乐、古典音乐和理疗音乐。此外，印度公共外交部还出版了一系列纪录片，全面展示印度丰富的文化内涵、文明、价值观、民主、多元的社会、繁荣的经济发展、民族的创新和进取心，每年还定期组织电影节通过海外印度人向其居住国展示印度电影和文化。三是杰出讲座项目。2010年2月开始，印度定期召开由著名的印度外交官在海外大学和研究机构开展讲座的项目。同时，还提供网上系列讲座视频，旨在让居住国民众参与该项目，了解印度对外事务，参与到印度发展的各项事务中。四是电子化平台。印度侨务公共外交制作了一系列的视频短片，深度介绍印度的历史、文化、建筑、节日、文学、音乐、科技、政治等。这些短片可以在印度公共外交网上下载观看，也可以在大型视频和交友网站如 YouTube、Facebook、Twitter 等获得。此外，还专门建立了电子化购物网站，提供购买这些视频短片的电子平台。

印度对美国开展的侨务公共外交最具有典型意义。根据联合国人口司 2015 年调查，美国的印度侨民和印裔美国人的总数超过 400 万人，其中印裔移民 210 万。海外印度人的教育和收入水平远高于其他族群。美国的海外印度人分布于各行各业，主要的职业构成是医生、工程师（IT 方面最多）、企业家和金融分析家。海外印度人对美国社会的影响十分广泛，尽管占总人口还不到 1%，但 3% 的印度裔美国人是工程师，7% 是 IT 领域技术人才，8% 是内科和外科医生。其中四分之一的海外印度人在信息工程行业工作，三分之一的工程师在硅谷工作，硅谷中 7% 的高技术公司由海外印度 CEO 直接管理。

除了海外印度人在美国经济社会中的影响之外，印度文化对美国社会的影响也很深。凡是有印度人的地方，就自然形成印度社区，印度广播电台在印度社区中极为普遍。例如，纽约州的 Easy96. com，旧金山的 KLOK 1170 AM 频道，芝加哥的 RBC 广播、Humsafar 电台、Desi Junction 广播，达拉斯的 Salaam Namaste 广播和休斯敦的 FunAsia 电台、Sangeet 电台、NayaAndaz 广播，这些广播电台已经普及全美，并通过互联网全球播放，面向成人和儿童分别提供各类节目。此外，《南亚》杂志、《时尚》杂志（SBR Magazine，之前称为 Sabse Bada Rupaiya Magazine）在全球出版，极具影响力，并同时向读者提供纸质版和电子版，内容涵盖美容、健康、时尚和各类娱乐新闻，还及时向全美更新介绍海外印度人社区中的时尚年轻专业人才。在美国，有线和卫星电视台也提供印度频道，如 Sony TV、Zee TV、Star Plus、Sahara One、Colors、Big Magic，还有一些地区频道，向美国民众介绍印度的如板球世界杯（Cricket World Cup）等活动。海外印度人较多的一些大城市还建有电影院专门向美国民众展示印度电影，特别是宝莱坞电影。在宗教领域，来自印度的印度教徒、穆斯林教徒、基督教徒、锡克教徒、耆那教徒、佛教徒、帕西教徒和犹太教徒已形成自己专属的社区，并在美国发展自己的宗教。根据2012年皮尤研究中心报告，海外印度人中51%认为自己是印度教徒、18%认为自己是基督教徒（包括10%的新教徒、5%的天主教徒和其他3%的基督教徒）、10%认为自己是穆斯林教徒、5%认为自己是锡克教徒、2%认为自己是耆那教徒，另外14%未归入任何教派社群。这些宗教社群广泛分布在美国50个州的各种寺庙和宗教社区内。2015年，美国的印度教人口超过220万，成为印裔美国人的主流。信仰印度教的美国人创建了自己的印度美国人基金会，传播印度教理念和教育人们。这些都对美国公众产生了潜移默化的影响。

海外印度人还根据各自方言群落成立了相关的社团，比较大的社团如北美喀拉拉邦联合会、美国埃纳德昆塔语协会、北美泰米尔森格姆联合会、北美孟加拉会议和奥利萨邦美国人社团，这些社团的主要工作是在印度节日以及美国圣诞节和新年期间举办印度文化节目、播放和演出戏剧、演唱会等宗教和文化活动。借此，海外印度人的公共外交活动以一只看不见的手影响到全美社会生活的方方面面。

印度侨务公共外交具有下述四个特点：

首先，着力培养具有个人魅力的“灵魂人物”。印度在重视自己海外侨民，开展侨务公共外交工作中对海外精英人才特别重视，认为他们是祖籍国海外的重要资源。如萨尔达尔·扎基特·辛格（Sardar Jagit Singh），既有深厚的印度文教基础，又对美国和美利坚民族特性有深邃见解，且在美国政界、商界广有人脉。其优势在于能够提出美国政府和民众所接收的利益共识。印度政府通过设立相关奖项表彰海外精英、开设相关职务欢迎海外精英为祖籍国服务、通过海外精英在居住国的影响力推动居住国开展有利于祖籍国的政策，如印度精英对美国的影响，他们凭借自己在金融财经、教育文化和政治领域的影响，为美国亲印度创造了环境。

其次，重视非政府组织。印度侨务公共外交的开展除通过政府层面之外，大多具体活动均是通过非政府组织完成。印度的海外侨民社团体系完整，以职业、祖籍地、宗教等为依据成立的相关社团组织在开展公共外交活动、影响居住国民众方面将海外侨民联系起来，对居住国民众的影响更为多元，各国民众的接受度较高。

再次，利用政治与经济的对接来推动外国高官与相关利益集团联手为促进与印度的合作服务。例如，2002 年，美国 28 家钢铁企业联合起来发起所谓“超级 201 法案”，力图阻止外国钢铁企业于 2008 年前向美国出口钢材。印度最大的五家钢铁企业除了联手美国斯特普托和约翰逊有限责任合伙企业游说美国政府外，还联合了在美印裔组织向美国商务部、国务院和国会进行对话，最终获得成功。2003 年，印度向美国的钢产品出口较之 2001 年增长了三倍，而包括中国在内的其他国家，则被美国多征收 30% 的钢铁出口税。

最后，注意学习以色列的做法，雇佣美国国内的公共关系公司和律师事务所，这些集团懂得按照美国政治游戏规则来为印度实现利益最大化。同时，印度鼓励在美侨民团体以各种酒会形式主动邀请国会议员，向他们提供旅游的机会，并通过电话、电子邮件与对话长期联系国会议员助理。他们向美国智库、媒体和其他组织提供数据来提升印度的国家形象。他们设计并包装美国版“印度人情味故事”，吸引了美国老百姓与高官的同情与认同。印度驻美外交官鼓励并推动印裔参与政治，并使用自己的投票权来影响美国政治家。此外，印度还向其海外侨民灌输侨务公共外交的宗教使命。宗教使命赋予海外同胞以宗教方式开展与居住国民众的互动，并对各国公众产生潜移默化的影响。印度在美国形成了各类教徒自己专属的社区，与美国 50 个州的各种寺庙和宗教社区互动并成立相关宗教社团和组织，以宣传自己的教义为理念，举行印度文化节目和宗教活动。

三、“韩流之国”——韩国侨务外交①

韩国侨务公共外交的主要资源是海外韩国人。根据韩国《移民和海外韩国人法律地位法案》（Act on the Immigration and Legal Status of Overseas Koreans）规定，海外韩国人特指：（1）在外国已获得长

① 康晓丽：“略论韩国的侨务公共外交”，《八桂侨刊》，2015 年第 3 期。

期居留许可的韩国人，或现居住在国外并有意长期居住者；（2）在海外但持有韩国国籍者（包括韩国政府成立前移民国外的韩国人）或其直系后裔、或持有外国国籍的子孙。[①]

韩国人移民海外经历了几次高潮。在20世纪初叶日本殖民统治时期，朝鲜人为寻求生存空间纷纷移民海外，主要前往的是具有较多朝鲜移民的国家和地区，如中国、日本和俄国，此外还有大量的种植园农场工人前往美国的夏威夷，这时期的海外移民超过百万。二战结束后，朝鲜半岛摆脱了日本的殖民统治，分为南北朝鲜。1950—1953年的朝鲜战争引起了人口的大迁徙。朝鲜战争结束后，特别是1965年美国修改移民法、大量接受欧洲地区以外的移民之后，大批韩国人开始移民美国求学或寻找新的生存环境。这期间还有为数众多的护士和矿工前往德国谋求发展。20世纪70—80年代，几百万的韩国合同工前往中东参与中东建设项目，但这部分短期劳工移民在完成建设项目后大部分都返回了韩国。也就是从这一时期后，韩国逐渐从移民净输出国变成了移民净接收国，但留存海外的韩国人及其后裔仍规模庞大。2010年，在韩国的外籍人超过120万，其中46.1%是劳工，大多从事低技术劳动工作。此外，通婚者占11.4%，留学生占6.8%。[②]

根据韩国外交和贸易部统计，截至2010年，韩国的海外移民超过700万，主要前往美国、中国、日本、加拿大、澳大利亚、德国和中东。在全球财富500强排行榜中，韩国人的公司占据13席。然而，大量海外韩国移民的身份是留学生、家庭团聚和劳工（如农场劳工、工矿业劳工、护士和其他行业劳动力）。可以说，韩国侨务公共外交资源丰富，700多万海外韩国人是韩国侨务公共外交的主体。韩国是亚洲四小龙之一，经济发展潜力十足。韩国的传统文化和悠久历史是韩国侨务公共外交文化宣传的坚实基础。

---

① Oneclicklaw Korea. Overseas Koreans [EB/OL]. http://oneclick.law.go.kr/CSM/CcfMain.laf? csmSeq =505, 2010-12-11.

② Schwekendiek Daniel. Korean Migration to the Wealthy West. New York: Nova Science Publishers 2011, p. 42.

韩国侨务公共外交资源中最著名的是“韩流”，当前海外“韩流”粉丝俱乐部有830个，广泛分布在80多个国家，会员超过670万人。[①]“韩流”的核心是韩国的流行音乐、电视剧和电影。此外，韩国体育、韩国菜、韩语都是“韩流”的重要组成部分。目前，全球共有640多所大学和2100多所初高级中学提供韩语课程。韩国在海外各地设立韩语教学机构世宗学院推广韩语及提供韩国资讯，目前全球分布已有90多所。此外，韩国传统服装韩服也颇具潮流，成为各大名流在重要节日场合的着装首选。韩国传统文化中的儒家思想在家族中根深蒂固，韩国的医学也闻名遐迩。韩国这些重要的公共外交资源在海外韩国人身上得到淋漓尽致地体现和宣传，对其居住国民众产生潜移默化的影响。

韩国政府历来十分重视侨务公共外交，通过建立涉侨机构、制定侨务方针政策、提供法律和财政保障、维护海外侨胞的权益等与海外侨胞建立了广泛的联系和信任。

韩国在国籍法基础上对其侨政实行法规化管理，使得侨务公共外交的开展具有坚实的法律基础。在法律层面视海外同胞为国民，不但国民待遇可推及所有的海外同胞，尚可根据海外同胞的处境和特点，以法律法规形式，规范侨政的职责和具体内容，初步形成侨政的法制化。其特点是从宪法到包括侨务机构的具体政府部门的行政法令，形成一整套法律法规体系，借由制定相关涉侨行政政策推行。尤其值得注意的是韩国侨政所惠及的范围，包括那些所谓的海外非法移民或作为劳务输出的同胞。无论这些人在哪个国家，他们在当地的身份是否合法，都享有母国赋予侨民的全部权利。以选举权为例，韩国政府成立了海外选举委员会，在选举期间负责为在海外无法返回韩国的公民提供选举的机会和条件。此外，海外韩国人在获得长期居留权后的三年内，可在当地的海外选举委员会注册参加韩国的地方委员会和地方政府领导的选举。当前，韩国政府正在商议提案，考虑在今后几年内批准授予海外韩国人参加全国大选的选举权。由此可见，海外同胞在

① Sung－hwan Kim. Diplomocy Out in Puhlic. Joongang Daily，August20，2012.

享受到与国民同等待遇的情况下，对于在居住国开展侨务公共外交活动以及国家所赋予的公共外交使命的认同感得到增强，进而有助于提升韩国侨务公共外交活动的成效。

韩国侨政的基本出发点是为侨服务，重在保障海外侨胞和归侨的利益。韩国的侨政主要集中在如何保护海外韩国人的权益和为归侨融入本国社会提供各类方便。在保护海外韩国人的权益方面，根据韩国法律规定，海外韩国人允许有条件地获得双重国籍，还可凭有效的韩国公民护照随意进出韩国。同时，海外韩国公民与本国公民在房地产交易、金融财政交易、医疗保险、就业许可、服兵役和选举权等方面均受到韩国政府和相关机构的保护。当前，韩国政府正在实施培训项目，推广韩国语学习、为海外韩国人提供韩国语学习的课程和培训资料。海外韩国人可在居住地的相关韩国海外教育机构获得资助和培训。同时，韩国还成立了一些非政府组织，旨在保护海外韩国人权益，如海外韩国人政策委员会、海外韩国人基金会、韩国人国际医疗基金会等。就归侨融入本国社会方面，主要包括两个部分，一是入境管理规定，二是入境融合政策。工作、居住、社会保障和教育等。韩国政府对技术移民实行宽松的政策，对非技术人员实行管制政策，旨在充分利用海外人才。此外，海外韩国人的子女可转学或直接在韩国境内学校就读。韩国政府为符合条件的海外韩国人子女授予相关的入学配额，除了法律法规限定的学校学生名额外，海外韩国人子女可进入韩国的其他初级学校和大学就读。这样就解决了大量海外韩国人子女跟随父母返回韩国后的教育问题。因此，根据海外同胞特点而开展的侨务工作更加有的放矢，也为侨务公共外交工作的开展创造了良好的平台。

韩国侨务公共外交的开展是在侨务施政的基础上，通过海外韩国人开展公共外交活动，推进大韩民族国家品牌的树立，全方位提升韩国的国际形象。具体的目标：第一，通过海外韩国人发展韩国与其居住国国家关系。第二，全方位支持海外韩国人社群的生存和发展。第三，侨务公共外交以文化外交为主线，借助海外韩国人，彰显大韩民族国家软实力。

韩国侨务公共外交的主要运作方式包括：第一，国民外交。韩国政府认为海外各国对韩国国家形象的认知是来自韩国国民特别是海外韩国人，因此，韩国政府通过建立社交网络来向韩国人传递公共外交的理念，增强使命感以将其变成国民的自发行为。社交网络里包含韩国政府对海外韩国人政策、公共外交内容、韩国旅游景点、文化胜地等内容，旨在通过海外韩国人或韩国国民与对此感兴趣的人们分享，将韩国国家形象传播至海外。网站内的各栏目均可以下载相关资料和应用程序，按照用户自己喜欢的方式运作。第二，韩国音乐、电影和电视剧。该类侨务公共外交成为韩国文化外交的主轴，海外韩国人通过韩国流行音乐、韩剧和电影等与海外公众进行沟通和互动。海外韩国人社团经常建立“韩语角”，提供关于韩国文化的书籍、期刊、软件、CD 或 DVD。第三，韩语教学。世宗学院是提供正规常态化韩语教学的主要海外机构，并定期举行一系列活动。如“我爱韩国……因为”等视频大赛，该比赛要求作者制作三分钟的视频短片，上传至 YouTube 进行评比。类似的这类活动经常展开，通过新型传媒互联网向全球各地传播，对韩国形象的认知和塑造收到了很好的效果。第四，重视海外精英和非政府组织。韩国在重视自己海外侨民，开展侨务公共外交工作中对海外精英人才特别重视，认为他们是祖籍国海外的重要资源。通过设立相关奖项表彰海外精英、开设相关职务欢迎海外精英为祖籍国服务、通过海外精英在居住国的影响力推动居住国制定有利于祖籍国的政策。此外，侨务公共外交的开展除通过政府层面之外，大多具体活动均是通过非政府组织完成。韩国的海外侨民社团体系完整，以职业、祖籍地、宗教等为依据成立的相关社团组织在开展公共外交活动、影响居住国民众方面将海外侨民联系起来。这些韩国侨民社团对居住国民众的影响较为多元，当地民众的接受度较高。

海外韩国人对居住国的公共外交则主要是通过社团组织、公司企业和媒体展开，这些渠道更广泛地向居住国民众宣传了韩国的文化。海外韩国人对居住国公共外交的成果之一即是海外韩资企业通过各种项目向居住国公众展示韩国人的慷慨和社会责任意识。如三星电子公司在南非、尼日利亚、肯尼亚建立工程学院，旨在帮助当地民众掌握更多的专业技术，赚取更高的工资。现代汽车公司研发相关技术，降低交通事故率，改善印度交通基础设施状况差的现状。韩国浦项钢铁公司建立了社会责任项目包括在越南为无家可归者建立家园，在蒙古共和国偏远山区提供免费的医疗诊所等。韩国生命保险项目向当地医院和孤儿院提供服务，大大改善了越南海外韩国人的形象。[①] 此外，媒体也是对海外韩国人及其居住国公众开展公共外交的重要媒介。韩国电视台"国际 IBS"和"阿里郎电视台"向海外韩国人和居住国民众提供电视和广播服务，拥有广大的国际受众。阿里郎电视台目前已经在 188 个国家覆盖了 1 亿户家庭，超过 1 亿的受众，旨在促进海外各国民众更好地了解韩国。[②] 从短短几年的侨务公共外交实践来看，海外韩国人对居住国的公共外交成效显著。

韩国侨务公共外交第一个突出特点是注重发挥海外同胞的积极性和主动性，同时积极传播以韩流为代表的韩国文化，使其能对居住国民众和政府发挥潜移默化的影响，进而改善韩国与海外韩国人所在国之间的双边关系，从而塑造和提升韩国的国家形象。海外韩国人具有强烈的民族主义激情，以大韩民族的繁荣和发展为使命，这是韩国侨务公共外交最值得信赖和引以为荣的理念，本身也是韩国文化软实力的体现。韩国侨务公共外交的第二个突出特点是韩国政府充分利用现代科学技术尤其是互联网促进了海内外韩民族的认同感、亲韩感和凝聚力，并通过在外同胞财团等组织机构建立起有效的"全球韩人网络"将散居在各地的韩国人有效地连接起来，通过海外韩国人向其居住国公众传播韩国电影、电视剧和音乐，特别是"韩流"粉丝群，进而扩散至更多受众。海外韩国人通过社团，定期举行如"韩语角"等活动，在扩大韩国文化影响力的同时，也为居住国公众普及韩国知识。韩国政府在海外建立的世宗学院，将海外韩国人和韩国侨务公共外交紧密结合在一起，借助这一正式的常规化机构，使海外韩国人的

---

① Jin – seok Lee . Hyundai Motors Efforts to Reform India's Driving Culture. Dongya Daily, January 12, 2012.

② Lee Hyun – jae. *Arirong TV now shown in more than 100 million households.* Korea Herald September 18.

侨务公共外交更加常态化。在进行韩语教学的同时，定期举行与韩国文化相关的比赛，拓展海外公众对韩国历史、人文、文化、科技的认知。

韩国侨务公共外交效果主要表现在两个方面：一方面，韩国侨务公共外交强化了海外韩国人的民族自豪感和凝聚力。韩国是亚洲国家中将文化产业化做的较有特色的国家之一，根源在于韩国文化突出强调大韩民族的凝聚力。韩国人对于传统和流行文化的兼容是韩国民族特性的一部分，在其侨务外交工作中也得到淋漓尽致的展现。冷战后，韩国将文化立国作为法律和法规确定起来，以“韩流”为例，有韩国人的地方就有韩语、韩国音乐、电影、电视剧，特别是韩剧，影响力波及全球。韩国通过发挥海外韩国人的凝聚力，旨在将“韩流”变成“亚流”甚至“世流”。这种使命观的确立，无疑与全球韩国人的凝聚力和向心力不无关系。另一方面，构建了韩国人的世界形象。韩国通过侨务公共外交，成功地输出了自己的文化。1997 年面临经济危机时，韩国政府在拯救韩国经济的同时，塑造了自强不屈的形象，韩国新办的世宗学院面向世界，在为东亚民众免费教韩国文字和文化的同时，还充分发挥国际化企业在居住国的社会责任意识，建立相关项目为当地民众提供便利，这无形中树立了韩国人良好的世界形象——谦逊、柔和、温良的民族性格完整地展现出来，现代文化中认真、沉稳、高效的工作态度，韩国人的传统和现代形象公之于众。

总体来看，韩国侨务公共外交效果显著，被美国认为是亚洲国家侨务公共外交独特的典范。韩国政府的侨务公共外交具有鲜明的特色，主要体现在韩国开展侨务公共外交工作时突出强调其在历史、文化、语言方面的独特性，能够充分发挥海外韩国人的民族情怀和能量，利用互联网将韩国侨务公共外交的内容如电视剧、书籍、电影、音乐、韩语等充分网络化和市场化，不仅促进了海内外韩民族的认同感、亲韩感和凝聚力，也对所在国的民众和政府产生了较强的吸引力和影响力，因而取得了不俗的效果。

第三节　中国侨务公共外交

众所周知，中国是世界公认的侨务资源大国，[①] 在拓展侨务公共外交方面有着得天独厚的优势。这可以从几个方面理解。首先是分布在海内外的众多华侨华人[②]数量庞大，分布广泛，并具有不同程度的组织性。根据中国著名学者庄国土的研究，2015 年时全世界的华侨华人总数已超过 5000 万，这个数值超过了世界上大多数国家的总人口，广泛分布在亚洲、美洲、欧洲、大洋洲和非洲。[③] 华侨华人聚居区几乎遍及全球各大洲的各个国家，尤其是以前中国移民很少光顾的拉丁美洲、非洲和中东各地，近年来也出现了若干人数过万的华侨华人聚居区。近年来，随着海外华人数量的急剧增加，华侨华人社团也如雨后春笋般涌现，海外侨团的凝聚力和影响力显著提高。随着侨胞人数增多、经济科技实力增强以及素质提高，华侨华人谦和、忍让、勤奋和以家庭为重的美德在居住国主流社会中赢得广泛尊重，他们融入住在国主流社会的公民意识、参政意识和维权意识增强，逐渐摆脱“只重事业发展不问政事国事”的传统做法，走入社会主流。更多华人加入主流政党，参与选举，进入议会和政府，并通过游说、质询等方式表达诉求。部分华人成为部长、州长、市长、大使和各级议员。当地政要更加重视华人的作用，主动争取华裔族群的支持，成为影响

---

① 侨务资源大国，指海外同胞众多（与祖国人口相比）并与祖国发展保持密切关系的国家。并非所有拥有大量海外移民及其后裔的国家都是侨务资源大国，如意大利、德国、西班牙、葡萄牙等欧洲国家，虽然其海外裔群人口数量接近乃至超过母国，但无论作为个体或裔群，与母国并无密切联系，与母国社会的发展相关度不大。

② “华侨”（Overseas Chinese）在不同时期有不同内涵。1955 年以前“华侨”泛指在海外定居的有中国血统并在某种程度上保存中国文化的群体和个人，无论是否正式持有中国国籍。1955 年以后，中国政府正式放弃双重国籍的政策。此后“华侨”仅指那些保留中国国籍者。“华人”（Chinese，Ethnic Chinese，Chinese overseas）在法律意义上，通常指一定程度上保持中华文化（或华人文化）、中国人血缘的非中国公民。当不强调法律身份时，可涵盖华侨。故本文为行文方便，以“华人”统称“华侨华人”。

③ 庄国土：“世界华侨华人数量和分布的历史变化”，《世界历史》，2011 年第 5 期。

中国和所在国关系的重要因素。

同时，随着全球化和信息革命的深入，海外华文传媒成长非常迅速，推动侨民群体与母国的联系日益紧密。据统计，华侨华人创办的包括出版社、电台、电视台、报刊杂志在内的中文媒体达1000多家，并呈大发展趋势。华文媒体影响力的上升，有助于突破“西强我弱”的话语权劣势，对于提升中国外交影响力意义深远。海外华侨华人的庞大数量和广泛分布，以及他们影响力的不断增大，将是中国开展对外公共外交的重要资源和财富，也是我们拓展侨务公共外交最根本的现实基础。

英国考文垂大学的阿兰·亨特（Alan Hunter）把中国的海外华人同中国在东南亚和非洲的政治存在、中国的大学、中国的语言文学、中国对亚太地区媒体的影响、中国的旅游和体育、中国的宗教和传统文化一起归结为中国软实力的存在。[①] 无论是作为软实力核心的文化传播，还是“中国模式”在海外的影响，华侨华人无疑是最好的桥梁，他们本身就代表中国存在于世界各地，是中国与所在国之间的重要桥梁。华侨华人对增进国际社会对现实中国的了解，改善中国国际形象，提升中国国际影响力具有重要作用。

中国拓展侨务公共外交的第二个优势是炎黄子孙的爱国爱乡优良传统。中华民族是一个具有强大向心力和凝聚力的民族，无论是居住在祖国本土还是异国他乡，对中华文化的认同始终不渝。对故土的依恋、对故国的怀念、对自身文化根源的追溯，是中华民族的优良传统，也是中华文化的重要特征。这是中国拓展侨务公共外交的重要精神文化基础。历史地看，移居海外的华侨华人多数都与故国故土保持着某种形式的联系，时刻关注、甚至积极参与到故国故土的发展变化之中。在中国革命、建设和改革开放的各个历史时期，广大海外侨胞和归侨侨眷都曾做出重大的历史贡献。在新的历史条件下，继续发扬华侨华人爱国爱乡的优良传统，鼓励他们通过各种方式积极与居住国

---

① Alan Hunter, “China: Soft Power and Culture influence (2008)”. Available at. http://www. Coventry. ac. uk/peacestuda.

的公众和政府进行良性互动，在增进中国的对外友好关系、支持中国的现代化进程、促进中国的统一大业等方面，发挥更大的作用。这实际上也是我们拓展侨务公共外交的根本目的。

第三个优势是中国近年来快速增长的综合国力。目前，中国已经是世界第二经济体，我们在经济、科技、文化、国防、外交等方面的实力与新中国成立之初相比，都有了翻天覆地的变化。祖国的发展与强大一方面增强了海外华侨华人对中国的自豪感与向心力，使得他们更愿意为祖国的各项事业贡献自己的智慧和力量；另一方面也使得我们更有能力整合和壮大侨务资源，在利用侨务资源开展公共外交方面拥有更大的灵活性与可操作性。事实上，“侨务公共外交”这个概念正是在我们的综合国力有了新的飞跃、我们的侨务资源有了新的壮大的历史背景下提出来的。日益强大的综合国力是我们拓展侨务公共外交最根本的物质基础。

实质上，随着中国综合国力和国际地位提升，海外侨胞与祖国联系更加紧密，开展交流合作、共享发展机遇的积极性高涨，推动中外经济、科技、文化交流的意愿强烈，保持民族和文化特性更加自觉。遍布世界的 2 万多所华文学校、2 万多个华人社团、数百家华文媒体以及独具特色的唐人街、中国城、中餐馆和中医诊所等，已成为传播中华文化、丰富各国多元文化的重要载体，也是在海外推广中国语言文化基础最牢、覆盖最广、效果最好的平台。

从公共外交的角度看，首先，遍布世界各地约 5000 万华侨华人兼通中外文化，具备融通中外的传播优势。公共外交的重要作用就是沟通不同文明和文化，搭建起不同国家和民众之间交流的桥梁。华侨华人的天然优势，使他们能从博大精深的中华文化中选取易于被居住国民众所接受的内容，选择他们喜闻乐见的方式和途径，同时以“当事人”的角色开展公共外交。这使他们所传播的信息更有说服力和感染力。其次，华侨华人是所在国经济社会发展的长期推动者、贡献者，许多人在实践中获得巨大成功，他们取得的成就无不展示出中国人勤劳、勇敢、正直、善良的品质，成为中国国际形象的重要符号。再次，随着中国国际地位的提高，许多国家对华侨华人政策的改善，华侨华人的经济、政治、社会地位也发生很大变化，这为他们在世界舞台展示能力，施加影响提供了更为广阔的空间，其所作所为都在有意识无意识地传播中华民族优良品质和炎黄子孙的良好形象。同时，积极宣传树立中国的正面形象，对华侨华人和中国能实现“双赢”。华侨华人素来重视血浓于水，具有展示祖（籍）国和乡土正面形象的情结引导住在国人民和政府认识和了解中国、支持中国的对外友好政策，帮助中国创造良好的外部发展环境，对中国和海外华侨华人来说是一举两得的好事。

随着中国日益融入国际社会，中外交流愈加频繁，中国国际地位显著提升，华侨华人在中国的对外公关活动中也扮演了重要的角色。例如在2008年奥运会圣火传递中，在伦敦，华侨华人唱歌、舞狮、舞龙、挥旗，营造出节日盛典的气氛；在旧金山，华人网友租用飞机宣传北京奥运；在堪培拉，两万余名华侨华人、留学生和中资机构职工沿途助威，到处可见飘扬着的五星红旗；在日本长野，5000多中国留学生以及华侨华人赶到长野火炬传递沿线，为北京奥运加油。当少数“藏独”分子和反华势力打着“和平示威”的旗号妄图加以干扰时，海外华侨华人通过电视、媒体和广播也表现出了强大的抗议声势。与以往海外华侨华人唱起《故乡的云》、吟诵《游子吟》那种低调内敛的思乡形象不同，从一定意义上说，在2008年北京奥运会前夕，在全球视野面前，海外华侨华人第一次以一种团结统一的形象支持中华民族的复兴进程，甚至成为了中国对外公关形象中不可或缺的一部分。在此后2010年上海世博会、2011年广州亚运会等大型中国对外公关活动中，海外华侨华人这一形象也在不断延展和强化，这也成为我们进行华侨华人参与中国公共外交具体实践的崭新切入点。

同以色列、印度和韩国等国相比，中国式的侨务公共外交具有自己的模式和特色，可界定为中国政府通过政治、经济和文化手段，动员海外华人华侨资源，运用文化交流等手段，经由传播、媒体和公关等方式，把一个真实的中国推销给世界，减少由文化差异造成的其他国家政府和公众对中国产生的错误观念，从而通过外国公众舆论提高中国国家形象和文化软实力，并最终为中国外交政策目标的成功实现提供良好的外部生态的一种公共外交方式。[①] 中国侨务外交的核心问题是海外华侨华人的参与，本质是中国的国家营销，根本目标是构建良好的国家形象。在中国的侨务公共外交中，中国政府尤其是中国特色的“五侨”系统[②]是主体，华侨华人既是侨务公共外交的受体，又是主体。侨务公共外交在影响华侨华人的同时，又通过华侨华人的媒介作用，向外国政府和民众传达和介绍中国基本国情、价值观念、发展道路、内外政策等信息，以消除误解，增进了解、促进合作，从而维护和实现国家的根本利益。

尽管中国侨务资源丰富，在拓展侨务公共外交方面享有得天独厚的优势，但中国的侨务外交从一般的侨务工作发展到当代国家总体外交重要组成部分还是经历了一个不断探索、逐渐完善的过程。新中国成立前后，出于革命事业的需要，毛泽东、周恩来等领导人一直高度重视海外华侨群体对中国革命的意义，充分肯定“海外华侨输财助战”，明确提出“要求保护华侨利益，扶助回国的华侨”，把广大华侨看作是中国革命的重要依靠力量。新中国成立后，侨务工作的重点放在保护华侨利益，着重解决双重国籍问题、维护祖国统一等问题上。1954 年至 1955 年，中国与印尼通过谈判，签署了《中华人民共和国和印度尼西亚共和国关于双重国籍问题的条约》，宣布放弃“双重国籍”。这是中国自近代以来，将侨务与外交密切联系在一起的最为重大的历史事件，是新中国在权衡周边安全环境和国家利益得失后进行外交战略和策略调整的重大举措，也是同一时期中国进行外交战略和策略调整的重要佐证。“双重国籍”的放弃，是新中国打开外交局面，争取印尼等东南亚国家的一个突破口，是实践其和平共处五项原则的示范。

从新中国宣布放弃“双重国籍”前的国外侨务工作来看，就已有立足于华侨在当地的长期生存发展和侨务工作不影响外交工作开展

---

① 隆德新、林逢春：《侨务公共外交：理论内核、本体特征与效用函数》，《东南亚研究》，2013 年第 5 期，第 88 页。

② “五侨”系统是指中央专司侨务工作的五个机构，即全国人大华侨委员会、国务院侨务办公室、全国政协港澳台侨务委员会、致公党中央和中国侨联。

的指导思想。如1952年6月发布的《关于国外华侨报刊编辑的指示》指出，华侨报纸要以当地大多数华侨为读者对象，其主要任务是宣传祖国的建设与成就，用爱国主义精神来教育团结广大华侨，同时要与国民党办的报纸进行斗争，但“不要参与当地政治运动，只以保护华侨的正当权益为己任”。为加强对海外华侨的宣传工作，1952年9月14日，中侨委在北京成立了“中国新闻社”。廖承志在成立大会上强调应确立“侨”的新闻作风：一是要“群众化”，即面向当地大多数华侨，二是要报道祖国的消息，但“消息还必须适合侨报登载，不妨碍其生存”。

1953年8月，中共中央统战部召开中央侨务工作会议，明确了建交国家和未建交国家侨务工作的方针，并在具体操作时把侨务工作划分为“三大块”来分别处理，即华侨众多的民族主义国家（主要是东南亚）、西方敌对国家和社会主义兄弟国家的侨务工作：（1）对于在社会主义国家的华侨，要求他们全部加入当地国籍，与当地人民尽同样的义务，亦要求当地给予入籍华人以平等的公民权；（2）对于在新兴民族国家（主要是东南亚）的华侨，要求华侨遵守当地的政策法规，不介入当地的革命、政治斗争，同时要求所在国保护华侨的合法利益；（3）对于在敌对的西方资本主义国家的华侨，则无“清规戒律”，可“身在曹营心在汉”，用各种手段开展斗争，同时也要求防范西方发达国家的个别华侨回国从事“反革命”活动。从此意图来看，放弃“双重国籍”对一个新生的共和国来说，除了有利于发展与东南亚国家的关系、有利于华侨华人“落地生根”之外，亦有防止外来颠覆与干涉，减少外交纠纷的好处。

1954年3月，根据这次会议的精神，中共中央批转了《资本主义体系国家内华侨统一战线与社团工作的若干意见》，明确了国外侨务工作的基本方针已由建国初的“保护华侨正当权益，为华侨服务，团结多数华侨，打击蒋帮反动势力”发展到“教育侨胞团结爱国，力求在当地长期生存下去”。为了更好地协调侨务与外交工作，1954年10月，周恩来总理主持国务院第二次全体会议，在安排领导人员具体分工时，还亲自分管了外交部和华侨事务委员会。①

改革开放以来，广大华人华侨在中国现代化建设中的影响力日益扩大，成为新时期中国外交的重要资源。邓小平强调“海外关系是个好东西”，“鼓励华侨与住在国人民搞好关系，这是我国发展与住在国友好关系的重要一环。”②

在改革开放的洪流中，侨务工作与外交工作的联系日益紧密。特别是随着“走出去”战略的实施，中国不仅面临着老侨问题，也产生了大量的新侨问题。适应此种形势变化，江泽民同志创造性地提出了华侨华人是我国现代化建设的独特优势和宝贵资源，为侨务工作注入了更加丰富的战略内涵。③ 进入新世纪以来，胡锦涛同志则第一次把“海内外同胞关系”列为我国社会与政治领域关系党和国家工作全局的五大关系之一，为侨务公共外交开启了广阔的发展空间。④ 2011 年，中国共产党十七届六中全会《决定》中明确提出“支持海外华人华侨积极开展中外人文交流”。特别是在 2011 年 10 月 20 日，全国侨务工作会议强调拓展侨务公共外交，积极沟通中国与世界，侨务公共外交已经成为新时期中国公共外交的重要实现形式。党的十八大以来，以习近平为总书记的新一代中央领导集体提出了“中国梦”的思想，将“中国梦”提升到国家发展战略全局的高度，成为新时期中国治国方略的核心理念。“中国梦 ”和“一带一路”战略的提出为侨务工作提出了新的更高要求，同时也使得侨务外交的目标发生了变化，侨务外交不仅要为国家利益服务，更要服务于民族大义，服

① 程希：“五十年代中国侨务与外交关系浅议”，《八桂侨刊》，2004 年第 3 期。

② 中央文献研究室第三编研部编：《邓小平思想年谱（1975—1997）》，中央文献出版，1999 年版，第 54 页。

③ 国务院侨务干部学校编印：《江泽民论侨务（内部发行）》，国务院侨办，2002 年版，第 18—24 页。

④ 中共中央统战部研究室：《新世纪新阶段统一战线》，华文出版社，2006 年版。胡锦涛会见全国侨务工作会议代表时强调，“把海内外中华儿女的力量凝聚起来，为实现中华民族伟大复兴共同奋斗”，《人民日报》，2005 年 3 月 1 日。

务于人民幸福。[①] 侨务不仅是中国公共外交的重要形式，更成为中国总体外交的重要组成部分。

近年来，中国政府高度重视对华人华侨的公共外交，中国政府的推动性和引导性作用开始加强。外交部在2006年5月专门设立了领事保护处，2007年8月设立了领事保护中心，并颁布了《中国领事保护和协助指南》。国务院侨办为适应侨务发展的需要，先后共进行了四次机构改革。在1998年的改革中出现了以前从未有过的外交职责，即在中央对外方针指导下，制定对华侨宣传工作政策，开展对华侨宣传、文化交流及华文教育工作，联系华侨文化社团、华文学校，并支持其工作。鼓励广大华侨华人充分发挥自身优势，通过不同方式，增进中国与所在国之间的政治互信。在新颁布的《国家侨务工作发展纲要2011—2015年》中，侨务涵盖的范围十分广泛，包括服务中国社会经济发展，推动实现国家统一，拓展和提升侨务公共外交，弘扬中华优秀文化，培育壮大国际友好力量，以及依法依规维护侨益等。为加强侨务工作的外交职能，2012年外交部副部长何亚非被任命为国务院侨办副主任，2013年3月中央任命中共中央外事办公室常务副主任裘援平担任国务院侨办主任，让熟悉外交的资深外交领导干部负责侨务工作，充分表明中央对新时期侨务外交职能的重视。可见，侨务部门和外交部门的相互交流和功能重叠，使得中国侨务公共外交成为不可阻挡的历史趋势。

侨务公共外交是侨务工作一项新课题，蕴含侨务外宣、华文教育、海外联谊、权益保障等许多基础性工作，对于有效提升中国国际形象、增强软实力，具有不可替代的重要作用。但是我们在认识到侨务公共外交的重要作用及自身在拓展侨务公共外交方面具有明显优势的同时，还应清醒地认识到在这方面的劣势或存在的障碍。

我们在拓展侨务公共外交方面的第一个障碍，是错综复杂的台海两岸关系。两岸自1949年以来的绝大部分时期里在侨务领域进行的

① 习近平在十八届中共中央政治局常委同中外记者见面时强调人民对美好生活的向往就是我们的奋斗目标，《人民日报》，2012年11月16日，第4版。

激烈竞争，从本质上说正是错综复杂的两岸关系在侨务领域的一种投射。早期，两岸之间的问题主要围绕全中国唯一代表的合法性展开，在侨务领域，双方竞相联络海外侨界，并通过海外侨界针对居住国公众和政府开展舆论宣传、形象塑造、游说公关等本质上属于侨务公共外交的活动。之后一段时期，两岸在侨务领域的竞争主要围绕“台独”与反“台独”而展开。自2008年5月岛内实现所谓“二次政党轮替”、国民党重新掌权以来，虽然马英九当局提出“侨务休兵”的口号，但由于两岸在政治关系定位、长远发展目标等核心议题上鲜有交集，因此双方在侨务领域的竞争表面上虽稍有缓和，实际上依旧暗潮汹涌。尤其是考虑到分裂势力曾在岛内掌权长达20余年，两岸侨务部门未来在拓展侨务公共外交时围绕“台独”与反“台独”的斗争将长期存在下去。这无疑将极大地耗费我们的侨务资源，构成我们拓展侨务公共外交的首要障碍。

特殊的历史和现实因素对中国侨务工作的负面影响，构成我们拓展侨务公共外交的第二个障碍。从历史因素看，自1949年新中国成立以来、尤其是在改革开放之前的那段时期里，我们在内政外交等方面都曾走过不少弯路，反映到我们的侨务工作领域，就是有过不少失误。这些失误造成的负面影响迄今并未完全消失，成为我们今天拓展侨务公共外交的一个“历史包袱”。从现实因素看，由于我们坚持走中国特色社会主义道路，在意识形态、价值理念、政治制度等方面不同于在当代国际体系中仍占主导地位的西方国家，许多海外侨胞由于长期受到西方意识形态、价值理念尤其是媒体宣传的影响，对祖国大陆难免存在不同程度的误解或偏见。这些误解或偏见无疑对我们拓展侨务公共外交构成现实障碍。

从现实来看，海外华人与公共外交既有同构契合性，也有异质冲突性。这种同构契合性主要体现在海外华人大都具有中华文化认同与华人族裔的身份认同上，而异质冲突性主要体现为中华文化认同与中国认同二元分化上。一些海外华人会在“中华”与“中国”之间做出区分，这种异质冲突还体现为海外华人的多元性与复杂性，由于历史与政治等原因，华人中不仅存在知华派、亲华派还存在反华派。但随着中国的崛起和取得的成就，社会调查显示，大部分华人（以美国华人为例）对中国政府当前的表现还是持积极与乐观的评价，并且大部分海外华人通过社会交往、探亲、侨汇、华人媒体与网络等方式与中国保持密切的交往。因此，要实现海外华人与公共外交的异质冲突性向同构契合性转化，必须提高中国的国家形象，激发华人的“中国意识”。在加强政府引导的同时，更要加强侨务公共外交民间基础的培育。

此外，由于我们目前正处于经济社会转型的历史时期，国内存在短期内难以克服的诸多不良现象，这些不良现象通过现代信息技术传播到世界各地尤其是关注国内发展的海外侨胞群体当中，难免造成负面影响。这显然不利于我们拓展侨务公共外交。从某种意义上说，我们今后拓展侨务公共外交的一项重要任务，就是要逐渐化解上述“历史包袱”，努力克服由于误解、偏见或其他因素造成的现实障碍。道理很简单：我们要想通过海外侨胞来说服外国公众，首先就要说服我们的海外侨胞；要想通过侨务公共外交来提升中国在他国公众心目中的形象，首先就要提升中国在海外侨胞心目中的祖国形象。

我们在拓展侨务公共外交方面的第三个障碍，是中国自身所面临的复杂的国际环境。目前，国际体系仍处于大变革、大动荡、大转型之中，2008 年爆发的国际金融危机进一步强化了国际体系的这一特征。中国作为一个实力快速上升的发展中大国，同时也是一个社会主义大国，在诸多重大国际问题上与以美国为首的西方国家存在战略分歧实难避免。在中国的周边地区，存在着多个事关中国领土主权核心利益和重大战略利益的热点难点问题。这些热点难点问题在某些条件下又很容易与上述战略分歧纠结在一起，使之更加复杂难解。这些战略分歧和热点难点问题既是中国所面临的复杂国际环境的主要组成部分，其本身也构成中国发展对外关系，包括拓展侨务公共外交的结构性障碍。中国拓展侨务公共外交的根本任务，就是要配合国家的政府间外交工作，通过对海外侨务资源的灵活高效运作，努力协助中国政府与相关国家缩小上述战略分歧，缓和相关热点难点问题。

综上所述，海外侨团在中国与住在国之间的桥梁纽带作用无可替代。海外侨团通过回馈社会，促进当地经济社会发展，履行社会责任，树立起华侨华人的新形象，并通过加强与主流社会的沟通合作，与住在国民众和睦相处，从而既有利于华侨华人的长期生存发展，也促进了住在国的经济社会进步，同时更为增进住在国民众对中国及中国人民的亲近感，提升中国的国际形象奠定了基础。但是也面临着一系列的障碍和挑战。为此，中国政府一方面要加强侨务公共外交的顶层设计，同时也要充分发掘和利用丰富的侨务资源，扎实推进面向广大华人华侨的“草根战略”。

首先，要加强侨务公共外交理论研究，既要准确认识华侨华人的定义和范畴，又要准确认识华侨华人的地位和作用。随着对侨务工作发展规律认识的深化和侨务工作领域的拓展，华侨华人在公共外交层面蕴含的重大能量凸显。但当前侨务公共外交研究还停留在对华侨华人开展公共外交的具体案例分析上，缺乏反映当前大调整、大变革、大发展时代的侨务公共外交理论。因此，在实践的基础上加强侨务公共外交理论研究，制定侨务公共外交战略十分重要迫切。

代际维度和身份认同问题是影响侨务公共外交成败的两个核心因素，也是侨务公共外交理论研究必须认真研究的问题。从身份认同来看，涉及到两个层次的问题，即海外华人有无对于中华的文化认同和种族认同？存在文化认同和身份认同的海外华人如何处理国家认同和文化认同？王赓武教授根据历史时段将海外华人分为四种类型：1850年前的华商型；19 世纪 50 年代至 20 世纪 20 年代的华工型；20 世纪 20—50 年代的华侨型；20 世纪 50 年代以来的华裔型。这四种类型的华人不仅所处的时代背景不一样，他们对于中华的身份认同以及在当地具有的社会资本也不一样，如若不做区分笼而统之，对他们的认识便会出现严重偏差，以此为基础的侨务公共外交就有可能成为无源之水，无本之木。① 因此，在研究侨务公共外交之时，有必要对于华人华侨做一个详细的分类，在此基础上才能提出相对具有针对性的对策建议。

---

① 王赓武：《中国与海外华人》，台湾商务印书馆，1994 年版，第 5—12 页。

从代际维度上看，不同代际的移民在中华文化与中国人身份意识上存在明显的差异。从空间维度上看，不同地区的移民，比如大陆移民、香港移民与台湾移民在对待中国的态度上表现出明显的差异。就算是来自同一地区移民，也可能存在不同“色彩”的政治倾向。另外，从世界其他地区的再移民，如越南华裔、新加坡华裔等对“中国情结”的差异也相当明显。基于海外华侨华人复杂的政治社会现实生态，代际与地区差异的叠加不仅对居住国华人社会产生复杂的影响，而且还给侨务公共外交的施展带来巨大的挑战，因为虽然华人华侨拥有丰富的智力资源、雄厚的经济实力、广泛的商业人脉，但这些都只是说明了华人华侨成为中国公共外交中重要因素的可能性，并不意味着他们必然愿意成为中国公共外交的一部分，甚至是公共外交的主体。这使我们在开展侨务公共外交时，不仅要针对不同国家地区的情况开展公共外交，而且即使在同一地区或国家，还需针对不同代际、不同地区华裔制定具体的公共外交政策。① 因此，对于侨务公共外交理论与实践的研究不仅必要而且极具实践价值，它是开展侨务公共外交的基础和出发点。

其次，认真探索侨务公共外交的机制、途径和方式方法。要注重在侨务文化交流、对外宣传、中华文化传承等领域，融入公共外交的理念和实践，推进侨务公共外交的系统性、规范性建设。海外华文教育的发展是华侨华人参与公共外交事业持续培养、壮大绵延不绝的有声力量，是华侨华人参与公共外交的长期性、基础性的“留根工程”，必须高度重视和扎实推进；应支持和引导重要侨团、知名华人、智库专家开展公共外交，客观、真实地讲述“中国故事”，阐释中国特色道路；海外华文媒体是沟通中国与世界、促进中华文化传播的重要依靠和推动力量，海外华文媒体不仅参与到关于中国的重大政治活动报道，传播中华传统文化，还在美国和其他一些国家与地区的政治选举中主动出击，通过加大力度报道华裔候选人情况和华人选民

① 隆德新、林逢春：《侨务公共外交：理论内核、本体特征与效用函数》，《东南亚研究》，2013 年第 5 期，第 89 页。

意见，而使不少竞选者积极借重华文媒体来提升选举中的关注度。应鼓励海外华文媒体整合力量，创办双语刊物、网站、电视，建立全媒体传播能力，扩大对主流社会的影响；实施精品文化战略，做强做精“文化中国”品牌；应支持海外侨胞开展人文交流，主动参与侨胞住在国文化交流活动，将“四海同春”“名家讲坛”“中华医学”“中华美食”等特色文化推向主流社会，展示中华文化和社会主义核心价值观；推动和谐侨社建设，引导侨胞发扬中华民族优秀品德，遵守住在国法律，尊重当地习俗，融入主流社会，树立“守法诚信、举止文明、关爱社会、团结和谐”的族群形象。

其三，要加强侨务外宣工作，建立“融通中外”的话语体系。习近平主席提出，要精心做好对外宣传工作，创新对外宣传方式，着力打造融通中外的新概念、新范畴、新表述，讲好“中国故事”，传播好中国声音。侨务公共外交要充分考虑中国独特的历史文化背景、话语体系、传播方式，尽快建立融通中外的话语体系，全方位阐述中国的发展，阐释中国的政策、道路和理念。让对方听得进去、听得明白中国的故事。同时，各国国情、价值观念和风俗习惯千差万别，侨务公共外交的思路不能千篇一律。要找到一条符合中国国情和其他国家国情的侨务公共外交思路，深入了解对象国国情，研究对象国的历史、文化、习俗。知己知彼，方能有的放矢。

其四，应注重培养侨务精英和意见领袖，在华人华侨中间培养一批能够沟通中外、影响驻在国政府、智库、媒体的援外力量，配合中国的外交战略。美国学者尼古拉斯·卡尔曾明确指出：“公共外交不是为了国内宣传”，“自己的声音有时候不是最有公信力的声音”，“公共外交需要人人参与”。[①] 解决上述问题，往往离不开华侨华人中的侨务精英和“意见领袖”。因为“一般在谈到某个国家的情况时，人们大都愿意听取专家的意见，倾听那些见多识广的社会名流的看

---

① 尼古拉斯·卡尔：“公共外交：以史为鉴的七条法则”，《国际新闻界》，2010 年第 7 期。

法”。[①] 需要明确的是，他们在华人华侨参与中国侨务公共外交的具体问题上，不仅往往是话语的制造者，而且在一定程度上掌握着其话语权，甚至是话语的主导权与话语的制造权。特别应该明确的是，具体界定当代海外华人华侨的“意见领袖”时，不宜将其简单地等同于德高望重的侨领。以下几类人员，通常也应该被考虑在内。第一，海外华人华侨中的后起之秀。第二，海外华人华侨中的各界名流。第三，海外华人华侨中的知名媒体人。第四，华人华侨中各种 NGO 组织的主要负责者。[②]

最后，网络空间应成为侨务公共外交的新领域。随着网络时代的到来，互联网已成为侨务公共外交的重要渠道。要在对华侨华人的公共外交资源做深入而具体的了解和调研的基础上，充分调动和鼓励国内社团、非政府组织与华人社团之间的联系和合作，并开发相关合作项目，构筑侨务公共外交的网络平台，搭建海外华侨华人和侨乡之间的信息共享平台。要多用、巧用新媒体工具，鼓励更多社会力量投身侨务公共外交，邀请更多有国际知名度的华人精英利用社交媒体发声。要拓宽思路，在侨务公共外交上巧用“脸谱”“推特”等国际社交媒体，逐步深化对象国民众对中国的理解与认知，更好地传播中国的政策主张和悠久的中华文化。

总之，未来中国侨务公共外交的拓展，需要立足于自身的资源与能力，认清我们的优势与不足，在此基础上制定合理可行的目标与路线图。这是一个发挥自身优势与克服各种障碍的过程，这个过程本身将为侨务理论工作者提供肥沃的创作土壤。理论来源于实践，既要对实践有指导意义，又要接受实践的检验。侨务公共外交的理论建构与完善也是如此。

---

① 韩方明：《公共外交概论》，北京大学出版社，2011 年版，第 79 页。

② 金正昆：“海外华人参与：当代中国侨务公共外交路径研究”，《社科纵横》，2014 年第 3 期。

参考文献

中文著作

1.《毛泽东文集》，人民出版社，1993 年版。

2.《周恩来外交文选》，中央文献出版社，1990 年版。

3.《邓小平文选》第二卷，人民出版社，1994 年版。

4. 鲁毅等：《外交学概论》，世界知识出版社，1997 年版。

5. 周启朋等编译：《国外外交学》，中国人民公安大学出版社，1990 年版。

6. 管文虎：《国家形象论》，电子科技大学出版社，2000 年版。

7. 刘继南：《国际传播和国家形象：国际关系的新视角》，北京广播学院出版社，2002 年版。

8. ［美］兹比格纽·布热津斯基：《大失败：二十世纪共产主义的兴亡》，军事科学出版社，1989 年版。

9. 董云虎：《人权：中美较量备忘录》，四川人民出版社，1998 年版。

10. ［美］雷迅马著，牛可译：《作为意识形态的现代化：社会科学与美国对第三世界政策》，中央编译出版社，2003 年版。

11. 韩召颖：《输出美国：美国新闻署与美国公众外交》，天津人民出版社，2000 年版。

12. ［美］兹比格纽·布热津斯基：《大棋局：美国的首要地位及其地缘战略》，上海人民出版社，1998 年版。

13. ［美］亚历山大·温特著，秦亚青译：《国际政治的社会理论》，上海人民出版社，2000 年版。

14. ［美］玛莎·费丽莫著，袁正清译：《国际社会中的国家利益》，浙江人民出版社，2001 年版，中文版自序。

15. ［美］克利福特·格尔茨，韩莉译：《文化的解释》，译林出版社，1999 年版。

16. 赵全胜：《解读中国外交政策》，台北月旦出版股份有限公司，1999 年版。

17. ［美］伊丽莎白·埃克诺米、米歇尔·奥克森伯格：《中国参与世界》，新华出版社，2001 年版。

18. ［美］沃尔特·拉塞尔·米德著，曹化银译：《美国外交政策及其如何影响了世界》，中信出版社，2003 年版。

19. ［美］朱迪斯·戈尔斯坦、罗伯特·基欧汉编，刘东国等译：《观念与外交政策：信念、制度与政治变迁》，北京大学出版社，2005 年版。

20. ［德］乌·贝克、哈贝马斯：《全球化与政治》，中央编译出版社，2000 年版。

21. 俞正梁：《全球化时代的国际关系》，复旦大学出版社，2000 年版。

22. 王逸舟：《当代国际政治析论》，上海人民出版社，1995 年版。

23. 李慎明、王逸舟主编：《2001—2002 年：全球政治与安全报告》，社会科学文献出版社，2001 年版。

24. ［美］弗朗西斯·福山著，黄胜强、许铭原译：《历史的终结及最后之人》，中国社会科学出版社，2003 年版。

25. 李正国：《国家形象构建》，中国传媒大学出版社，2006 年版。

26. 俞新天：《强大的无形力量》，上海人民出版社，2007 年版。

27. 李铁成：《联合国五十年》，中国书籍出版社，1995 年版。

28. 张贵洪：《国际组织与国际关系》，浙江大学出版社，2004 年版。

29. 宋新宁：《国际政治经济与中国对外关系》，香港社科出版社，1997 年版。

30. 李智：《国际政治传播：控制与效果》，北京大学出版社，2007 年版。

31. ［美］戈尔·布思主编：《萨道义外交实践指南》，上海译文出版社，1984 年版。

32. ［美］阿尔蒙德等：《比较政治学：体系、过程、政策》，上海译文出版社，1987 年版。

33. 赵黎青：《非政府组织可持续发展》，经济科学出版社，1998 年版。

34. ［英］安东尼·吉登斯：《第三条道路——社会民主主义的复兴》，北京大学出版社，2000 年版。

35. 俞可平：《全球化：全球治理》，社会科学文献出版社，2003 年版。

36. ［英］戴维·赫尔德、安东尼·麦克格鲁著，曹荣湘、龙虎等译：《治理全球化：权力、权威与全球治理》，社会科学文献出版社，2004 年版。

37. 张辛欣：《我知道的美国之音》，中国社会出版社，2000 年版。

38. 于群：《美国国家安全与冷战战略》，中国社会科学出版社，2006 年版。

39. 杨伟芬：《渗透与互动：广播电视与国际关系》，北京广播学院出版社，2000 年版。

40. 王晓德：《美国文化与外交》，世界知识出版社，2000 年版。

41. 刘金质：《美国国家战略》，辽宁人民出版社，1997 年版。

42. 张观发、佳玉编著：《政府公共关系概论》，北京邮电学院出版社，1990 年版。

43. 赵可金：《公共外交的理论与实践》，上海辞书出版社，2007 年版。

44. 赵启正：《向世界说明中国》，新世界出版社，2005 年版。

45. ［挪威］弗里德约夫·南森研究所：《绿色全球年鉴（1999—2000）》，中国环境科学出版社，2001 年版。

46. 饶戈平：《全球化进程中的国际组织》，北京大学出版社，2005 年版。

47. 饶戈平：《国际组织法》，北京大学出版社，1996 年版。

48. 汪晖：《文化与公共性》，三联书店，1998 年版。

49. 毕波编：《美国之音透视》，青岛出版社，1990 年版。

50. 韩方明、赵可金、柯银斌：《公共外交概论》，北京大学出版社，2011 年版。

51. 王惠岩：《政治学原理》，高等教育出版社，1991 年版。

52. ［日］小仓和夫：《日本的文化外交》，日本国际交流基金，2010 年版。

53. ［美］汉斯·J. 摩根索著，徐昕等译：《国家间政治：寻求权力与和平的斗争》，中国人民公安大学出版社，1990 年版。

54. ［美］本尼迪克特·安德森：《想象的共同体：民族主义的起源与散步》，上海人民出版社，2003 年版。

55. ［美］威廉·富布赖特：《帝国的代价》，世界知识出版社，1991 年版。

56. ［美］威尔伯·施拉姆、威廉·波特：《传播学概论》，新华出版社，1984 年版。

57. ［英］R. P. 巴斯顿：《现代外交》（第二版），世界知识出版社，2002 年版。

58. ［美］罗伯特·福特纳：《国际传播：国际都市的历史、冲突及控制》，华夏出版社，2000 年版。

59. ［美］曼纽尔·卡斯特：《认同的力量》（信息时代三部曲：经济、社会与文化），社会科学文献出版社，2003 年版。

60. ［美］托马斯·博克、［中］丁伯成：《大洋彼岸的中国幻梦——美国“精英”的中国观》，外文出版社，2000 年版。

61. ［美］塞缪尔·亨廷顿：《文明的冲突与世界秩序的重建》，新华出版社，1997 年版。

62. 王逸舟：《当代国际政治析论》，上海人民出版社，1995年版。

63. 王逸舟：《西方国际政治学：历史与理论》，上海人民出版社，1994年版。

64. 宋强、张藏藏、乔边等：《中国可以说不：冷战后时代的政治与情感选择》，书目文献出版社，1996年版。

65. 杨伟芬：《渗透与互动——广播电视与国际关系》，北京广播学院出版社，2000年版。

66. 文化部对外文化联络局编：《中国对外文化交流概览》，光明日报出版社，1993年版。

67. ［德］尤尔根·哈伯马斯：《合法性危机》，台北时报出版公司，1994年版。

68. 朱建民：《外交与外交关系》，台北正中书局，1977年版。

69. 陶文钊、陈永祥：《中美文化交流论集》，中国社会科学出版社，1999年版。

70. 秦亚青：《文化与国际社会：建构主义国际关系理论研究》，世界知识出版社，2006年版。

71. 李惠斌主编：《全球化与公民社会》，广西师范大学出版社，2003年版。

72. 胡元梓、薛晓源主编：《全球化与中国》，中央编译出版社，1998年版。

73. 李希光、刘康等：《妖魔化中国的背后》，中国社会科学出版社，1996年版。

74. 刘华蓉：《大众传媒与政治》，北京大学出版社，2001年版。

75. 刘继南等：《国际传播与国家形象——国际关系的新视角》，北京广播学院出版社，2002年版。

76. 杨雪冬：《全球化：西方理论前沿》，社会科学文献出版社，2002年版。

77. 周启朋：《国外外交学》，中国人民公安大学出版社，1990年版。

78. 王宁主编：《全球化与文化：西方与中国》，北京大学出版社，2002 年版。

79. 王缉思：《文明与国际政治：中国学者评亨廷顿的文明冲突论》，上海人民出版社，1985 年版。

80. 肖元恺：《全球新坐标：国际载体与权力转移》，国际文化出版公司，2003 年版。

81. 俞可平、黄卫平：《全球化的悖论》，中央编译出版社，1998 年版。

82. 俞正梁、陈玉刚、苏长和：《21 世纪全球政治范式》，复旦大学出版社，2005 年版。

83. 张骥、刘中民：《文化与当代国际政治》，人民出版社，2003 年版。

84. 张玉国：《国家利益与文化政策》，广东人民出版社，2005 年版。

85. 刘国平：《美国民主制度输出》，社会科学文献出版社，2006 年版。

86. 倪世雄等：《当代西方国际关系理论》，复旦大学出版社，2001 年版。

87. 杨奎松主编：《冷战时期的中国对外关系》，北京大学出版社，2006 年版。

英文著作

1. Arquilla，John and Ronfeldt，David：Networks and Net Wars：The Future of Terror，Crime and Militancy，Santa Monica，CA：R. AND，2001.

2. Gore – Booth，Lord：Statows Guide to Diplomatic Practice，St" ed. Longman Group Limited，1979.

3. Krieger，Joel：The Oxford Companion to politics of the World，2" a ed. Oxford：Oxford University Press，2001.

4. Stephens, Oren: Facts to a Candid World, Stanford University Press, 1955.

5. U. S. Department of State, Dictionary of International Relations Terms, 1987.

6. U. S. Department of State, US Advisory Commission on Public Diplomacy, Washington.

7. Jonathan Mercer, Reputation and International Politics, Ithace and London: Cornell University press, 1996.

8. Peter G. Peterson: Public Diplomacy and the war on Terrorism, Foreign Policy, Vol. 81, No. 5, September/October, 2002.

9. Rachel Brett, *The Role of NGOs – An Overview*, in Gudmundur Alfredsson, etc, ed, *International Human Rights Monitoring Mechanisms*, Martinus Nijhoff, 2001.

10. B. C. Cohen, "The Press and Foreign Policy", Princeton, NJ: University Press, 1963.

11. Kenneth G. Lieberthal and David M. Lampton, ed. , "Bureaucracy Politics and Decision Making in Post – Mao China", Berkeley: University of California Press, 1992.

12. David D. Newsom, "The Public Dimension of Foreign Policy", Indiana University Press in early, 1996.

中文论文

1. 韩召颖："美国公众外交与美国对外政策"，《太平洋学报》，2001 年第 4 期。

2. 唐小松、王义桅："美国公共外交研究的兴起及其对美国对外政策的反思"，《世界政治与经济》，2003 年第 4 期。

3. 唐小松、王义桅："从'进攻'到'防御'：美国公共外交战略的角色变迁"，《美国研究》，2003 年第 3 期。

4. 唐小松、王义桅："公共外交对国际关系理论的冲击：一种分析框架”，《欧洲研究》，2003 年第 4 期。

5. 赵可金：“美国公共外交的兴起”，《复旦学报》，2003 年第 3 期。

6. 王逸舟：“中国与国际组织关系研究的若干问题”，《社会科学论坛》，2002 年第 8 期。

7. 张胜军：“国际政治与国际组织的功能主义分析”，《欧洲》，1998 年第 3 期。

8. 张胜军：“全球化与国际组织的新角色”，《国际论坛》，2004 年第 5 期。

9. 江忆恩：“美国学者关于中国与国际组织关系研究概述”，《世界经济与政治》，2001 年第 8 期。

10. 门洪华：“国际机制与中国的战略选择”，《中国社会科学》，2001 年 2 期。

11. 刘洪松：“中国的国际组织外交：态度、行为与成效”，《国际观察》，2009 年第 6 期。

12. 樊勇明：“全球化与国际关系行为主体的多元化”，《世界经济研究》，2003 年第 3 期。

13. 王彦志：“非政府组织参与全球环境治理”，《当代法学》，2012 年第 1 期。

14. 陈耀春、杨东风：“论政府国际公共关系的特点要求”，《中国行政管理》，1994 年第 11 期。

15. 谢喆平：“中国与联合国教科文组织的关系演进：关于国际组织对会员国影响的一项经验研究”，《太平洋学报》，2010 年第 2 期。

16. 许华：“俄罗斯：应对国家形象困境”，《对外传播》，2011 年第 3 期。

17. 孙洁琬：“中国与国际组织亲密接触”，《人民论坛》，2007 年第 11 期。

18. 章百家：“改变自己，影响世界”，《中国社会科学》，2002 年第 1 期。

19. 李然："国际组织在全球化中的角色定位"，《沈阳大学学报》，2005 年第 1 期。

20. 金灿荣："从'中国威胁论'到'中国责任论'"，2010 年 8 月 23 日，新华网。

21. 王逸舟："中国与国际组织关系研究：理论解释及现实难题的一种探究"，《世纪周刊》，2001 年第 2 期。

22. 高飞："公共外交的界定、形成条件及其作用"，《外交评论》，2005 年第 6 期。

23. 王逸舟："中国与国际组织关系研究的若干问题"，《社会科学论坛》，2002 年第 8 期。

24. 窦小文："德国重塑国家形象的经验与启示"，《对外传播》，2008 年第 12 期。

25. 王木克："朝鲜的公共外交：不动声色 + 不同寻常"，《新华月报》，2012 年第 2 期。

26. 崔建立："富布莱特项目对我国国际文化教育交流的启示"，《东北大学学报》，2011 年第 2 期。

27. 蔡鹏冯："变动中的国际组织与中国的和平崛起"，《全球化与格局化》，2004 年第 3 期。

28. 鄂晓梅："简析国际组织特权与豁免的理论依据"，《内蒙古大学学报》，2000 年第 1 期。

29. 赵黎青："非政府组织与联合国体系"，《欧洲》，1999 年第 5 期。

30. 陈少强："联合国关于全球经济合作的研究"，《经济研究参考》，2004 年第 96 期。

31. 饶戈平："论全球化进程与国际组织的互动关系"，《法学评论》，2002 年第 2 期。

32. 那力："联合国与环境保护"，《当代法学》，2005 年第 5 期。

33. 沈进建："联合国可持续发展的理念及欧盟的行动"，《国外社会科学》，2006 年第 1 期。

34. 牛志军："从阿富汗战争、伊拉克战争看联合国在当今国际反恐中的地位和作用”，《国际关系学院学报》，2004 年第 6 期。

35. 张霞：“美国国际开发署与非政府组织的合作模式”，《国际资料信息》，2011 年第 1 期。

36. 王郦久：“俄罗斯公共外交及我国的策略”，《公共外交季刊》，2010 年秋季号。

37. 张笑一：“超实力发挥：加拿大公共外交的历史、特色与启示”，《国际论坛》，2011 年第 5 期。

38. 曹展明：“北大西洋公约组织公共外交管窥”，《学理论》，2011 年第 1 期。

39. 饶戈平：“论全球化进程中的国际组织”，《中国法学》，2001 年第 6 期。

40. 陈尧光：“美国人的文化价值观”，《国外社会科学》，1985 年第 7 期。

41. 樊建新：“‘美国之音’如何进行意识形态渗透”，《中华魂》，2005 年第 9 期。

42. 顾宁：“评冷战的文化遗产：中美教育交流（1949—1990）”，《史学月刊》，2005 年第 12 期。

43. 国林霞：“中国软实力现状分析”，《当代世界》，2007 年第 3 期。

44. 郭景哲：“美国 2002—2007 对外广播战略计划”，《中国电视》，2006 年第 4 期。

45. 胡礼忠：“富布赖特项目与中美教育交流”，《国际观察》，2000 年第 5 期

46. 胡耀亭：“美国‘无硝烟战争’的新战略——《冷战后美国之音的六大任务》出台”，《中国广播电视学刊》，1996 年第 10 期。

47. 纪玉祥：“全球化与当代资本主义的新变化——兼及考察全球化的方法问题”，《马克思主义与现实》，1998 年第 6 期。

48. 范徽：“论国际公共事务管理：国际组织与全球治理”，《上海管理科学》，2011 年第 5 期。

49. 李智：“试论文化外交”，《外交学院学报》，2003 年第 1 期。

50. 刘国华、李阵："浅析日本的公共外交及其局限"，《日本学论坛》，2006 年第 4 期。

51. 罗会钧："论构建中国软实力的外交战略"，《湘潭大学学报》（哲学社会科学版），2008 年第 32 卷第 5 期。

52. 齐前进："公众外交：政府决策与公众参与"，《世界知识》，2003 年第 15 期。

53. 孟晓驷："中国：文化外交的魅力"，《人民日报》，2005 年 11 月 11 日。

54. 邱凌："解析软实力与公共外交的关系"，《现代传播》，2009 年第 2 期。

55. 苏淑民："公共外交与提升国家软实力"，《兰州学刊》，2008 年第 2 期。

56. 唐小松："中国公共外交的发展及其体系构建"，《现代国际关系》，2006 年第 2 期。

57. 王宏伟："'9·11'后的美国公众外交"，《国际论坛》，2003 年第 1 期。

58. 王沪宁："作为国家实力的文化：软权力"，《复旦学报》，1993 年第 3 期。

59. 王晓德："拉丁美洲与美国文化外交的起源"，《拉丁美洲研究》，2007 年第 3 期。

60. 王义桅："'三个代表'与中国公共外交"，《学习月刊》，2003 年第 10 期。

61. 仵胜奇："美国在伊拉克开展公众外交的困境——历史与现实"，《兰州学刊》，2007 年第 4 期。

62. 严波："浅析美国对阿拉伯世界公众外交之悖论"，《兰州学刊》，2006 年第 4 期。

63. 杨友孙："美国文化外交及其在波兰的运用"，《世界历史》，2006 年第 4 期。

64. 杨友孙、胡淑慧："美国公众外交与东欧巨变"，《俄罗斯研究》，2005 年第 3 期。

65. 尹学朋、陈兴丽："论中国软实力资源的整合和开发"，《东南亚纵横》，2008年第6期。

66. 元青："民国时期的留美学生与中美文化交流"，《南开学报》，2000年第5期。

67. 章前明："论现实主义的国际秩序模式"，《开放时代》，2002年第5期。

68. 张玲枣："提升国家文化软实力的政府职能探析"，《管理观察》，2009年第3期。

69. 张声海："公共外交与中日关系"，《当代亚太》，2005年第5期。

70. 张天、邓红梅："英美心理战中的三色宣传"，《心理世界》，1996年第5期。

71. 赵国军："'文化战争'与'反恐战争'关系辨析"，《兰州学刊》，2007年第2期。

72. 赵启正："加强公共外交，建设国际舆论环境"，《对外大传播》，2007年第4期。

73. 钟龙彪、王俊："中国公共外交的演进：内容与形式"，《外交评论》，2006年第3期。

74. 资中筠："略论美国战后外交的若干特点"，《美国研究》，1988年第1期。

75. 周庆安："美国之音'转战'65年"，《国际先驱导报》，2007年3月5日。

76. 邓显超："提升中国软实力路径"，《理论与现代化》，2006年第1期。

77. 杨雪冬、王列："关于全球化与中国研究的对话"，《当代世界与社会主义》，1998年第3期。

后　　记

自从1965年美国塔夫茨大学弗莱彻法律与外交学院院长埃德蒙·格利恩首次界定公共外交的定义以来，公共外交的历史已经走过了半个多世纪的历程。20世纪90年代以来，伴随全球政治民主化浪潮的发展，公民社会逐步发展壮大，参与公共外交的主体日益多元化。与此同时，信息化时代传播手段和技术更新所引发的新媒体革命又给公共外交实践者带来了严峻挑战。换句话说，21世纪的时代特征赋予了公共外交新的内涵，使传统公共外交呈现出新的发展趋势和风貌，在世界各国对新公共外交模式方兴未艾的实践探索和国际学术界激情满怀的研究声浪中，传统的公共外交及其研究已经翻开了新的一页。

在本书的整个构思和写作过程中，累积了对很多人的感激，而写完这本书的真正乐趣之一在于向很多向我提供支持、建议和批评的人表示由衷感谢。本书从2014年4月开始酝酿，原定于2015年9月完成。这期间敬爱的父母先后离世，他们病重期间虽然痛苦难熬，但一直默默支持我的工作，我因工作之故无法倾情顾及，但善良的父母自始至终没有对我提出过任何过分要求，没有发出过任何不满和抱怨。他们的遽然离世给我带来了无可言状的痛楚，这无法释怀的伤痛使我很长一段时间对研究和写作工作望而生畏。《诗经》云："欲报之德，昊天罔极。"此书的最终完成寄予了对父母拳拳养育之恩的深深感激和永恒的怀念。

公共外交研究院张恒龙副院长是我学术研究生活中的良师诤友。多年以来，他对我的毫不吝啬的鞭策、持之以恒的鼓励和各方面的大力支持成为我学术研究的不竭动力。公共外交研究院院长李伟研究员公务虽然繁忙，但他对学术的深刻理解和倾力支持足以表明他并不是一个世人眼中的“行政官僚”；副院长张丹华、吴信训教授和外国语学院的庄恩平教授在繁忙的工作之余一直非常关心和支持我的研究工作。公共外交研究院办公室的王国正、张真真、洪丹丹各位老师也为我提供了诸多的支持和帮助。正是有了他们的关爱、照顾和提携，本书的研究工作才得以顺利完成。在此，我愿向他们表示崇高敬意。

我的研究生冉磊、杨娇娇和史荟佳不仅帮我收集整理了大量资料，而且还承担了本书部分章节的写作工作，对他们的辛勤劳动和认真负责的精神表示感谢。

另外，由于新公共外交实践还处于不断发展之中，相关议题的理论研究也还存在不少争论，本书在写作过程中引用和参考了国内外诸多专家学者的专著和论文，由于篇目繁多，在这里无法一一列举，谨向所有著述的原作者和译者们表示深切谢意。

最后，我还要特别感谢时事出版社的编辑老师们，他们为本书的顺利出版和质量保证提出了许多宝贵的意见并做了大量令人致敬的工作，在此一并表示崇高的敬意和诚挚的感谢。

李　华

2016年7月于上海